Reihe *Praxis Deutsch*
Herausgegeben von Jürgen Baurmann
und Clemens Kammler

Kaspar H. Spinner

Kurzgeschichten – Kurze Prosa
Grundlagen – Methoden – Anregungen für den Unterricht

D1719815

Klett I Kallmeyer

Bibliografische Information der Deutschen Nationalbibliothek
Die Deutsche Nationalbibliothek verzeichnet diese Publikation in der Deutschen Nationalbibliografie;
detaillierte bibliografische Daten sind im Internet über http://dnb.d-nb.de abrufbar.

Impressum

Kaspar H. Spinner
Kurzgeschichten – Kurze Prosa
Grundlagen – Methoden – Anregungen für den Unterricht
In der Reihe *Praxis Deutsch*
Herausgegeben von Jürgen Baurmann und Clemens Kammler

4. Auflage 2020

© 2012. Kallmeyer in Verbindung mit Klett
Friedrich Verlag GmbH
D-30159 Hannover
Alle Rechte vorbehalten.
www.friedrich-verlag.de

Redaktion: Michael Banse, Leipzig
Druck: medienhaus PLUMP GmbH, Rheinbreitbach
Printed in Germany

ISBN: 978-3-7800-1099-5

Reihe *Praxis Deutsch*
Herausgegeben von Jürgen Baurmann
und Clemens Kammler

Kaspar H. Spinner

Kurzgeschichten – Kurze Prosa

Grundlagen – Methoden – Anregungen für den Unterricht

Klett I Kallmeyer

Teil F: Vorschläge für den Unterricht

Einleitung

Kurze literarische Prosatexte sind im Deutsch- und im Fremdsprachunterricht weit verbreitet. Sie finden sich in Lese- und Sprachbüchern, sie werden für Lesetests verwendet und es gibt viele Kurzgeschichtensammlungen für den Unterricht. In unteren Klassen werden sie von Lehrerinnen und Lehrern häufig zum Vorlesen verwendet. Im Buchhandel allerdings spielen kurze Prosatexte keine große Rolle, in Büchereien werden sie selten ausgeliehen. Ihr Publikum erreichen sie eher durch Zeitungen und Zeitschriften, in denen man Kurzgeschichten und Satiren von Gegenwartsautorinnen und -autoren findet. Eine neues Verbreitungsmedium ist das Internet, in dem sich z. B. Portale finden, in denen auch Laien Kurzgeschichten veröffentlichen können (vgl. Quinten 2010, S. 262 ff.).

Mit dem vorliegenden Band möchte ich Anregungen für einen abwechslungsreichen Umgang mit kurzer Prosa im Unterricht geben. Der Schwerpunkt liegt dabei auf der Sekundarstufe I und II, vieles gilt aber auch für die 3. und 4. Klasse der Grundschule. In einem ersten Teil gebe ich einen Überblick über die verschiedenen Typen kurzer Prosa, anschließend erläutere ich die Zielsetzungen im Unterricht und stelle dann die methodischen Möglichkeiten für den Unterricht vor; im letzten und zugleich umfangreichsten Teil finden sich Text- und Unterrichtsvorschläge. Bei der Textauswahl beschränke ich mich auf deutschsprachige Texte. Ein besonderes Anliegen ist mir, auf Texte aufmerksam zu machen, die noch nicht in unzähligen Lesebüchern, Sammlungen und Handreichungen enthalten sind; es finden sich bei den Unterrichtsvorschlägen deshalb viele Texte der jüngsten Literatur. Für diejenigen, die Interpretationen zu bekannten Kurzgeschichten suchen, verweise ich auf die beiden Reclam-Bände von Bellmann 2004 und Bellmann/Hummel 2006; dort findet man auch ausführliche bibliografische Hinweise.

Die Begriffe „Kurzgeschichte" und „kurze Prosa" sind in der Fachdiskussion nicht eindeutig definiert. Ich verstehe hier unter beiden Begriffen literarische Prosatexte von einem Umfang bis etwa 15 Seiten – wobei diese quantitative Angabe zugegebenermaßen ziemlich willkürlich ist. Texte, die länger sind, werden in der Regel als Erzählungen bezeichnet. Kurze Prosa ist ein Sammelbegriff, der Gattungen/Genres wie Kurzgeschichte, Prosafabel, Anekdote, Volkssage u. a. umfasst. Sachtexte sind damit nicht gemeint, wobei die Übergänge allerdings fließend sind, wie das etwa bei der Glosse der Fall ist. Textsorten wie die Reportage und den Essay ordne ich wegen der Dominanz der Informations- bzw. Erörterungsfunktion nicht mehr der literarischen Kurzprosa zu (auch wenn man sie durchaus als Literatur bezeichnen kann) und lasse sie hier deshalb unberücksichtigt.

In einigen Teilen des vorliegenden Bandes greife ich auf Ausführungen in meinem 1984 erstmals erschienenen, inzwischen vergriffenen Bändchen *Moderne Kurzprosa in der Sekundarstufe I* (Spinner 1984) zurück.

Teil A: Kurzgeschichten – Kurze Prosa: Typologie

In der Geschichte der Literatur haben sich verschiedene Formen von kurzen Erzähltexten herausgebildet, die allerdings nicht immer streng voneinander zu trennen sind und die in vielen Variationen vorkommen. Die folgenden Charakterisierungen beziehen sich auf Grundmuster, die, vor allem wenn es sich um schon länger tradierte Formen handelt, im kulturellen Bewusstsein verankert sind. Gegenwartsautoren gehen sehr frei mit den tradierten Untergattungen um; oft greifen sie sie verfremdend und variierend auf.

Die folgende Charakterisierung der am meisten verbreiteten Typen literarischer Kurzprosa soll einen Einblick in deren Vielfalt vermitteln und der Orientierung dienen. Eine gewisse Vertrautheit mit den verschiedenen Ausprägungen unterstützt auch das literarische Verstehen der Schülerinnen und Schüler. Das muss allerdings nicht ein abfragbares Merkmalwissen sein; auch prototypisches Wissen im Sinne der Fähigkeit, sich ein typisches Beispiel einer Kurzprosagattung vorstellen zu können, kann hilfreich sein. Wenn man Charakteristika verschiedener Untergattungen erarbeiten oder vertiefen will, ist ein vergleichendes Vorgehen besonders ergiebig. In den Unterrichtsvorschlägen wird dies für Fabel und Märchen weiter unten unter F 4 und für Kalendergeschichte und Anekdote unter F 10 gezeigt.

1. Schwank

Der Schwank gehört zu den ältesten und volkstümlichsten Erzählformen. Man bezeichnet mit dem Begriff kurze Erzählungen mit komischem, oft deftig-grobem Inhalt. Die Helden sind Schelme und Bösewichte, auch Dummköpfe. Die Geschichten von Eulenspiegel oder von den Schildbürgern sind in Deutschland besonders populär geworden. Diese beiden Beispiele zeigen auch, dass Schwänke oft als Serie vorkommen. In den Schwänken werden immer wieder Hochmütige, Geizige und Egoisten verspottet; nicht selten ist auch eine Kritik an den Mächtigen enthalten. Normen des wohlanständigen gesellschaftlichen Zusammenlebens und die Macht der Höhergestellten werden subversiv infrage gestellt, Missstände werden aufgedeckt. Neben sexuellen Anspielungen sind unmäßiges Essen und Trinken häufige Motive. Im Schwank zeigt sich so ein anarchisches Bedürfnis, das sich im Lachen Luft verschafft. Deshalb ist die Sprache des Schwanks oft derb oder zumindest von Wortspielereien geprägt. Durch viel wörtliche Rede entsteht eine alltagsnahe Lebendigkeit. Solche schwankhafte Züge zeigt die Kindergeschichte *Die kleine süße Sau* von Bernhard Lassahn, auf den sich unten der erste Vorschlag für den Unterricht (F 1) bezieht. Auch Robert Walsers *So! Dich hab ich* in F 11 hat eine Nähe zum Schwank. Terminologisch etwas verwirrend ist, dass es auch Schwänke als Theaterstücke gibt. In der deutschen Literatur sind vor allem die Bühnenschwänke von Hans Sachs bekannt geworden.

2. Anekdote

Anekdoten beziehen sich auf bekannte Personen, gelegentlich auch auf bestimmte geschichtliche oder auch aktuelle Ereignisse, und haben meist eine witzige Pointe. Sie sind kurz und aufs Wesentliche konzentriert. Missgeschicke, menschliche Schwächen, merkwürdige Zufälle sind häufige Themen. Anekdoten werden auch mündlich erzählt, bezogen auf Personen, die die Gesprächsrunde kennt – Tratsch und Klatsch sind ein Nährboden für Anekdoten. Das eher ausufernde mündliche Anekdotenerzählen erfährt in der schriftlichen Form eine Verknappung, die durch Prägnanz wirkt. In der Frühzeit des Zeitschriften- und Zeitungswesens gab es keine klare Trennung zwischen Nachricht und Anekdote, wie man z. B. bei den berühmten Anekdoten von Heinrich von Kleist sehen kann (siehe dazu den Unterrichtsvorschlag F 10: „Kalendergeschichte und Anekdote: Hebel und Kleist"). Anekdoten dienen der Unterhaltung, befriedigen das Vergnügen an Überraschendem, sie können Schadenfreude und ein Lächeln über Unzulänglichkeiten des menschlichen Lebens auslösen. Manchmal sind sie auch moralisch-belehrend oder gesellschaftskritisch. Eine moderne Form der Anekdote, in der das Belehrende der provokanten Irritation gewichen ist, findet sich bei Thomas Bernhard in seinem Band *Der Stimmenimitator* von 1978; in ähnlicher Weise greift Ror Wolf (z. B. in *Nachrichten aus der bewohnten Welt* von 1991) das Muster der Anekdote auf. Die Übergänge zur Kürzestgeschichte sind dabei fließend.

3. Witz

Der Witz ist die volkstümlichste Form kurzer literarischer Prosa; er spielt mündlich im geselligen Umgang eine Rolle, es gibt aber auch viele Witzsammlungen in Büchern und man findet Witze in Zeitungen und Zeitschriften, besonders auch in solchen für kindliche Leser. Kennzeichnend für den Witz ist neben der Kürze die Ausrichtung an einer Schlusspointe, die zum Lachen reizen soll; das Geschehen ist meist auf einen kurzen Dialog konzentriert. Dem Witz verwandt ist die Karikatur, die man als sein visuelles Äquivalent bezeichnen kann. Witze arbeiten mit Erwartungs- und Normbrüchen, und zwar vom harmlos-lustigen Sprachspiel bis zum Tabubruch und zur politischen Kritik. Da Witze im Unterricht besonders für Sprachreflexion eine geeignete Textgrundlage bilden, habe ich sie bei den – literaturdidaktisch ausgerichteten – Vorschlägen für den Unterricht nicht berücksichtigt.

4. Kalendergeschichte

Für Kalendergeschichten gibt es keine scharf abgegrenzte Begriffsdefinition. Es handelt sich ursprünglich um kürzere unterhaltende, oft belehrende Erzählungen in Volkskalendern, die im Zeitalter der Aufklärung und im 19. Jahrhundert große Verbreitung fanden und die z. T. bis heute überlebt haben. Solche Kalender erschienen und erscheinen jeweils zum Beginn eines neuen Jahres als kleine Bücher oder Hefte; sie enthalten neben den Kalenderspalten vielfältige Informationen und Ratschläge, je nach Adressatenkreis z. B. für die Landwirtschaft, ferner Berichte über historische und aktuelle Ereignisse und eben auch erzählende Texte. Insofern handelt es sich bei der Kalendergeschichte um eine Erzählform, die es erst seit der Verbreitung der Drucktechnik gibt. Allerdings stützt sich die Kalendergeschichte auf frühere Erzählformen, vor allem auf die Anekdote und den Schwank, sodass klare Abgrenzungen kaum möglich sind. Dadurch, dass sich die Kalendergeschichte im Laufe der Zeit vom Publikationsmedium Kalender gelöst hat, verwischen sich erst recht die Grenzen. Charakteristikum bleibt, dass Merkwürdiges, das Menschen widerfährt, erzählt wird und Unterhaltung sich mit Nachdenken über menschliche Schicksale verbindet; deshalb ist die Kalendergeschichte weniger derb als der Schwank, eher zum Schmunzeln anregend. Im Vergleich zur Anekdote ist sie ausführlicher, vom Märchen und von der Fabel unterscheidet sie ein stärkerer Realismus. Am bekanntesten in Deutschland sind die Kalendergeschichten aus Johann Peter Hebels *Rheinländischem Hausfreund* (siehe dazu den Unterrichtsvorschlag F 10: „Kalendergeschichte und Anekdote: Hebel und Kleist"), aber auch Bert Brecht hat unter dem Titel *Kalendergeschichten* eine Auswahl seiner Texte veröffentlicht.

5. Fabel

Die Fabel ist eine alte Erzählform, für die in der europäischen Tradition der legendäre Grieche Äsop, der ein freigelassener Sklave gewesen sein soll, als Ahnvater gilt; ob Äsop wirklich existiert hat oder nur eine literarische Fiktion ist, weiß man nicht. Fabeln sind kurze, oft gereimte Erzähltexte, in denen Probleme des menschlichen Zusammenlebens pointiert dargestellt werden; die Figuren sind dabei meist Tiere, die zeichenhaft für typische menschliche Eigenschaften stehen. In den ältesten literarischen Quellen sind Fabeln Exempla, also Beispielgeschichten innerhalb größerer Texte. In ihrer prototypischen Form besteht die Fabel aus einer knappen Situationsangabe, einer Aktion (Rede oder Handlung) der einen und einer Reaktion der anderen Figur. Oft ist noch ein Ergebnis formuliert und eine Lehre angefügt. Diese knapp erzählte Grundform in Prosa ohne schmückende Schilderungen hat im Lauf der Literaturgeschichte viele Erweiterungen erfahren, wobei insbesondere die Fabel in Versform weite Verbreitung gefunden hat. Einen Höhepunkt dieser Entwicklung stellen die Fabeln des Franzosen Jean de La Fontaine (17. Jahrhundert) dar. In Deutschland hat Lessing der kurzen Prosafabel wieder Geltung verschafft und damit das Begriffsverständnis im deutschen Sprachraum bis heute geprägt. Interessant ist, dass Lessing in seinen Abhandlungen über die Fabel von 1759 auch eine Fabeldidaktik entwickelt hat. Er schreibt der Fabel einen „besonderen Nutzen in den Schulen" zu und legt den

Schwerpunkt darauf, dass die Schüler selbst Fabeln erfinden sollen; dabei verweist er auf die damals gebräuchlichen rhetorischen (Vor-)Übungen, bei denen Fabeln z. B. erweitert oder verkürzt werden sollten. Ihm ging es aber nicht um rhetorisch-stilistische Übung, vielmehr hatte er – ganz Aufklärer – die Förderung des selbstständigen Denkens im Sinn. Die Schüler sollten selber den Schluss einer Fabel schreiben, sie sollten eine Fabel im Hinblick auf eine veränderte Moral umschreiben oder sie sollten einen einzelnen Umstand in einer Fabel verändern und unter dieser Voraussetzung die Fabel neu schreiben, so wie er es selbst bei der Fabel von dem Raben und dem Fuchs gemacht hatte: Das Stück Fleisch ist vergiftet, woraus eine veränderte Lehre folgt. (Zur Fabel siehe den Unterrichtsvorschlag F 4: „Von der Fabel zum Märchen: Der Wolf und die sieben jungen Geißlein".)

6. Parabel

Die Parabel ist der Fabel verwandt; wie bei dieser kann man bei der Parabel eine Bild- von einer Sachebene unterscheiden. Die Parabel ist in der Regel ausführlicher als die Fabel und bedient sich nicht der fabeltypischen Tierfiguren. Bei der Definition der Parabel gehen allerdings die fachwissenschaftlichen Ansichten stark auseinander. Bei einem weiten Begriffsverständnis werden auch größere parabolisch deutbare Texte zu den Parabeln gezählt; so hat Brecht z. B. sein Theaterstück *Der gute Mensch von Sezuan* als „Parabelstück" bezeichnet. Strittig ist auch, ob man die Gleichnisse Jesu zu den Parabeln zählen soll. Als typische Parabel gilt Lessings Ringparabel in seinem Stück *Nathan der Weise* – das Beispiel zeigt, dass die Parabel nicht an die Prosaform gebunden ist und dass sie in einen größeren Text eingebettet sein kann. In der modernen Literatur werden auch Texte als Parabeln bezeichnet, bei denen die Sachebene, also das Gemeinte, rätselhaft bleibt, der Leser aber dennoch den Eindruck hat, dass der Text im Hinblick auf eine tiefere Bedeutung erschlossen werden sollte. Typische Beispiele für solche irritierende moderne Parabeln findet man bei Kafka, der einen kaum zu überschätzenden Einfluss auf die weitere Entwicklung parabolischer Kurzprosa ausgeübt hat (siehe dazu den Unterrichtsvorschlag F 14: „Rätselhafte Geschichten – Kafka, Brecht und Schubiger"). In der zweiten Hälfte des 20. Jahrhunderts sind es vor allem Günter Eich, Günter Bruno Fuchs, Günter Kunert und Christa Reinig gewesen, die den Typus aufgegriffen haben. Neben Texten, die eine moralische und gesellschaftskritische Intention enthalten, gibt es auch das Vergnügen am Surrealen und an der Irritation. In der neueren Literatur findet man das insbesondere bei Schweizer Autoren wie Franz Hohler und Jürg Schubiger, die auch für Kinder und Jugendliche schreiben. Fantastisch-parabolische Kurzprosa ist auch international in anderen Sprachen eine typische Ausdrucksform moderner Literatur, wobei dem Argentinier Jorge Luis Borges eine besonders herausragende Bedeutung zukommt.

7. Sage

Die Sage entstammt der mündlichen Erzähltradition; sie bezieht sich auf bestimmte Orte oder Personen und berichtet in knapper Form über etwas Erstaunliches oder Schreckenerregendes. Oft geht es um numinose Erscheinungen, die Unglück bringen. Die Sage gibt vor, dass das Berichtete, auch wenn es fantastisch erscheint, tatsächlich geschehen sei. Viele Sagen sind im kulturellen Bewusstsein sehr präsent, dienen der lokalen, regionalen und nationalen Identitätsbildung und werden auch touristisch genutzt, z.B. *Der Rattenfänger von Hameln* oder *Wilhelm Tell*. Sagenstoffe dienen, wie letzteres Beispiel zeigt, oft auch als Grundlage für größere Werke (Dramen, Romane). Neben der Volkssage, für die die genannten Charakteristika gelten, gibt es die Götter- und Heldensagen, die den Rahmen von Kurzprosa überschreiten. Im Unterricht werden Sagen oft im Vergleich mit Märchen behandelt; das bietet sich vor allem bei Sagen- und Märchentexten an, die eine gleiche oder verwandte Stoffgrundlage haben, z.B. Sagen und Märchen von Frau Holle. In den Unterrichtsvorschlägen habe ich die Sage nicht berücksichtigt – es findet sich da ein Vergleich von Märchen und Fabel zum *Wolf und den sieben jungen Geißlein* (F 4). Man könnte ergänzend eine Sage, z.B. von einem Werwolf, beiziehen. In den *Deutschen Sagen* der Brüder Grimm findet man Werwolf-Sagen unter den Nummern 214 bis 216 (Brüder Grimm: Deutsche Sagen. Hrsg. von Lutz Röhrich, Stuttgart 1974, S. 225–228).

8. Legende

Die Legende zeigt ähnliche strukturelle Merkmale wie die Sage, bezieht sich allerdings auf Heiligenfiguren und hat so eine religiöse Funktion. Vorbildlicher Lebenswandel, Bekenntnis zum christlichen Glauben und wunderbares Eingreifen der göttlichen Macht sind zentrale Inhalte. Die wirkungsmächtigste Legendensammlung ist die lateinische *Legenda aurea* des Jacobus de Voragine aus dem 13. Jahrhundert. Es gibt allerdings auch säkularisierte Formen, man spricht z.B. von Legendenbildung in Bezug auf berühmte Politiker oder Stars.

In die Unterrichtsvorschläge ist keine Legende aufgenommen; beim Unterrichtsvorschlag zum *Wolf und den sieben jungen Geißlein* (F 4) könnte jedoch die Legende vom *Wolf von Gubbio* aus den Legenden zu Franz von Assisi berücksichtigt werden (im Internet leicht zu finden).

9. Märchen

Das Märchen gilt als eine der ältesten mündlich tradierten Erzählformen. Allerdings hat der Begriff erst durch die Märchensammlung der Brüder Grimm am Anfang des 19. Jahrhunderts die Bedeutung erhalten, die wir heute mit ihm verbinden. Unter einem Märchen verstehen wir eine kürzere Erzählung, die, anders, als dies bei der Sage der Fall ist, keine realen Ortsangaben enthält und keine bestimmte Zeit nennt, in der das Erzählte stattgefunden haben soll. Die Figuren sind typisiert, meist klar in Gute und Böse aufgeteilt, die Erzählweise ist linear, ohne größere Ausschmückungen. Ein immer wiederkehrendes Hauptmotiv ist der Auszug der Hauptfigur, das Bestehen von Abenteuern, die Begegnung mit wunderbaren Wesen und ein gutes Ende. Da Märchen auch in einfachen Volksschichten verbreitet sind und nicht mit einem bestimmten Autorennamen verbunden werden, spricht man vom Volksmärchen; es weist allerdings durchaus auch Einflüsse der schriftlichen literarischen Tradition auf. Durch die starke sprachliche Bearbeitung ihrer Vorlagen haben die Brüder Grimm dem Märchen eine unverkennbare stilistische Gestalt gegeben, die sich meist auch auf Übersetzungen von Märchen aus anderen Sprachen ausgewirkt hat. Die oft derben Anzüglichkeiten volksliterarischer Erzähltradition haben die Brüder Grimm ebenso aus dem Märchen verbannt wie die explizite moralische Belehrung. Manche Märchen der grimmschen Sammlung haben schwankhafte Züge, man spricht dann von sogenannten Schwankmärchen. Neben dem Volksmärchen gibt es das Kunstmärchen, das an Umfang in der Regel den Rahmen von Kurzprosa sprengt. Im 18. Jahrhundert, also vor der Sammlung der Brüder Grimm, waren vor allem die französischen Feenmärchen weit verbreitet, die ursprünglich für ein höfisches Publikum geschrieben wurden und als Kunstmärchen zu bezeichnen sind.

Moderne Autoren spielen vielfach mit dem überkommenen Gattungsmuster. In den 70er-Jahren des 20. Jahrhunderts geschah dies oft in kritischer Wendung gegen die grimmschen Märchen. Typisch dafür ist eine Bemerkung von Hans-Joachim Gelberg im Nachwort zu den 1972 erschienenen modernen Märchen von Janosch:

> „Die Märchen der Brüder Grimm sind in einer längst vergangenen Zeit entstanden und weitererzählt worden. Sie bieten gesellschaftliche Strukturen an, die wir überwunden haben oder ablehnen. […] Die stupide Webart vieler Märchen bei Grimm erzieht zum konservativen Denken."
>
> (Janosch erzählt Grimm's Märchen. Weinheim 1972, S. 250)

Eine solche Einschätzung der grimmschen Märchen wird heute kaum mehr geteilt. Moderne Märchen, die sich intertextuell auf grimmsche Märchen beziehen, sind jedoch in der Gegenwartsliteratur weiterhin aktuell, und zwar sowohl in der Kinder- als auch in der Erwachsenenliteratur. Dabei kann die Fantastik eine kritische Infragestellung gesellschaftlicher Wirklichkeit zum Ausdruck bringen oder einfach das Vergnügen an der Verfremdung des literarischen Musters im Vordergrund stehen. Beispiele finden sich in den Unterrichtsvorschlägen F 2 „Szenische Veranschaulichung: Ein modernes Märchen von Hans Manz" und F 4: „Von der Fabel zum Märchen: Der Wolf und die sieben jungen Geißlein", hier im Vergleich mit älteren Texten.

10. Kurzgeschichte

Der Begriff der Kurzgeschichte, so wie er heute verwendet wird, ist stark geprägt von den Kurzprosatexten, die in der Zeit nach dem Zweiten Weltkrieg, wesentlich beeinflusst von der amerikanischen *short story*, in Deutschland geschrieben wurden. Ernest Hemingway, aber auch John Steinbeck, William Faulkner u.a. waren wichtige Anreger. Die deutsche Kurzgeschichte gilt als exemplarischer Literaturtypus der unmittelbaren Nachkriegszeit; sie war für die Autoren die angemessene Form, den verstörenden Erfahrungen von Schreckensherrschaft, Krieg und Zusammenbruch Ausdruck zu geben. Wolfgang Weyrauch, selbst Autor von Kurzgeschichten und vor allem wichtiger Herausgeber, sprach 1949 von der „Kahlschlag-Prosa", die die „Methode der Bestandsaufnahme" in einer „Pionier"-Situation verkörpere (Wolfgang Weyrauch (Hrsg.) 1949: Tausend Gramm. Hamburg, S. 216 f.).

Als Merkmale der Kurzgeschichte gelten Alltagsnähe in Inhalt und Sprache, Gegenwartsbezug, Konzentration auf ein einziges Geschehen, das einen wesentlichen Einschnitt im Leben der Hautfigur bedeutet, ein unvermittelter Anfang und ein abrupter, offener Schluss, der dem Leser keine eindeutige Lösung, geschweige denn eine Lehre bietet. Schnurre hat einmal die Kurzgeschichte als „ein Stück herausgerissenes Leben" bezeichnet (Deutsche Rundschau 87/1961. H.1. S. 61); das Erzählte wirkt als Ausschnitt aus einem nicht erzählten größeren Zusammenhang, als ein Ausschnitt allerdings, der eine entscheidende Situation im Leben eines Menschen wiedergibt. Entsprechend gibt es in der Kurzgeschichte meist keinen Erzähler, der das Erzählte kommentiert, wie das z.B. in Kalendergeschichten oft der Fall ist; vielmehr ist die Erzählperspektive eng an der Hauptfigur ausgerichtet – die Verwendung erlebter Rede oder auch die Ich-Erzählform sind dafür typisch. Vermittelt wird die Perspektive einfacher Menschen, von gewöhnlichen Soldaten, von kleinen Angestellten und Arbeitern, von Kindern. Stilistisch sind die Kurzgeschichten bewusst einfach gehalten, zur Parataxe tendierend, mit kurzen, zuweilen sogar unvollständigen Sätzen. Autoren wie Wolfgang Borchert, Wolfdietrich Schnurre oder Heinrich Böll gelten als Hauptvertreter der Kurzgeschichte. Das Modell der Kurzgeschichte, das sie realisiert haben, wirkt bis heute fort, obschon die Kurzgeschichte mehrfach totgesagt wurde. Schnurre formulierte 1961: „Aber die Blüte der deutschen Kurzgeschichte war schnell vorbei" (ebd. S. 64) und 1971 noch dezidierter: „Tja, die Kurzgeschichte. Ich glaube, heute kann niemand so tot sein wie sie" (in: Rohner 1973, S. 10).

Die Kurzgeschichte hat auch die Kinder- und Jugendliteratur beeinflusst, und zwar in den 70er-Jahren des 20. Jahrhunderts, als die Kinder- und Jugendliteratur in Abkehr von eher lustigen und spannend-abenteuerlichen Inhalten eine wirklichkeitsbezogene, sozialkritische Problemorientierung in den Vordergrund rückte. Der Kurzgeschichtenband *Die grauen und die grünen Felder*, mit dem bezeichnenden Untertitel „Wahre Geschichten", von Ursula Wölfel, der 1970 erschien, viele Auflagen erlebte und eine Fundgrube für Lesebücher wurde, zeigt in Struktur und Stil deutlich den Einfluss der Nachkriegskurzgeschichte.

Gegenwartsautorinnen und -autoren nennen ihre kurzen Prosatexte meist nicht mehr Kurzgeschichten, sondern ordnen sie den übergreifenden Begriffen „Geschichten" oder „Erzählungen" unter. Da es für die Kurzgeschichten aus der Nachkriegszeit viele Unterrichtsmodelle gibt, habe ich dazu keinen Unterrichtsvorschlag in den vorliegenden Band aufgenommen. Typische Kurzgeschichten jüngeren Datums finden sich in den Unterrichtsvorschlägen F 5 „Wut oder was? Eine Kurzgeschichte von Marlene Röder", F 7 „Nach zwanzig Jahren – *Balder & Söhne* von Kathrin Schmidt" und F 13 „Da, wo sonst Rosmaries Platz ist – eine Kurzgeschichte von Peter Stamm".

11. Alltagskurzgeschichte

Mitte der 70er-Jahre des 20. Jahrhunderts tauchte in der deutschen Literatur ein Typus von Kurzgeschichten auf, der unter fast völligem Verzicht auf Handlung Situationen gewöhnlicher Alltäglichkeit vorführt. Die Texte sind nicht mehr bestimmt von der Verstörung, die das Dritte Reich und der Weltkrieg bei den Autoren ausgelöst hatten, sondern geben vielmehr einem Unbehagen an der Normalität Ausdruck. In der sprachlichen Gestaltung verstärken sich die Merkmale, die schon für die Kurzgeschichte der Nachkriegszeit, insbesondere bei Wolfgang Borchert, charakteristisch waren: Die Sprache ist noch einfacher, noch knapper, noch häufiger bis zu unvollständigen Sätzen reduziert, der Umfang geringer. Der bekannteste Autor der Alltagskurzgeschichte ist Peter Bichsel mit seinem schmalen Band *Eigentlich möchte Frau Blum den Milchmann kennenlernen*. Bis heute finden sich Geschichten aus diesem Band in Lesebüchern. Weitere Vertreter der Alltagskurzgeschichte sind Wolf Wondratschek, Kurt Marti und Helga M. Novak. Auch viele Kurzgeschichten von Gabriele Wohmann kann man hier einordnen, wobei ihre Geschichten in der Regel etwas länger sind.

Zurück kann man Verbindungslinien bis zur Prosa Robert Walsers ziehen, dem Landsmann Bichsels, der schon in der ersten Jahrhunderthälfte einen Typus der handlungsarmen Kurzprosa entwickelt hatte.

In der Gegenwartsliteratur, z.B. bei Botho Strauß, Nadja Einzmann oder Franz Hohler, lebt die Alltagskurzgeschichte weiter, wobei Verfremdung des Alltäglichen, die man oft erst beim zweiten Lesen bemerkt, und atmosphärische Dichte häufig anzutreffende Charakteristika sind (siehe Unterrichtsvorschlag F 9 „Hinter der Türe: Kurzprosatexte von Rolf Haufs und Nadja Einzmann"). Bei vielen Autorinnen und Autoren, z.B. bei Klaus Merz, bei Katja Lange-Müller oder bei jüngeren Texten von Franz Hohler, ist eine Tendenz zum Festhalten persönlicher Erlebnisse festzustellen (siehe Unterrichtsvorschlag F 8 „Stein und Zeit – Texte von Klaus Merz und Franz Hohler"); der Übergang zum tagebuchartigen Notat (s. u.) ist dabei fließend.

Als Begriff ist die Alltagskurzgeschichte in der Literaturwissenschaft nicht etabliert; ich habe ihn 1984 eingeführt (Spinner 1984, S. 15 ff.) und halte ihn nach wie vor für hilfreich zur Kennzeichnung einer typischen Tendenz neuerer Kurzgeschichten.

12. Kürzestgeschichte

Die Tendenz zur Kürze, die schon die Entwicklung von der Nachkriegs- zur Alltagskurzgeschichte geprägt hat, ist von einigen Autorinnen und Autoren noch weitergetrieben worden zur Kürzestgeschichte. Der Begriff ist schon 1955 in die Diskussion eingeführt worden, und zwar durch die von Walter Höllerer und Hans Bender herausgegebene Zeitschrift *Akzente*, in der eine Reihe von Texten unter der Bezeichnung „Kürzestgeschichten" publiziert worden war (Akzente 1955, S. 513–519). Typisch ist ferner der Titel *Immer kürzer werdende Geschichten*, den Reinhard Lettau einer 1973 erschienenen Sammlung eigener Texte aus zehn Jahren gegeben hat. Kürzestgeschichten nehmen nicht einmal mehr eine halbe Seite in Anspruch und wirken oft wie eine Inhaltsangabe oder ein Modell einer möglichen Geschichte. Atmosphärische Dichte wie bei der Alltagskurzgeschichte ist so kaum mehr realisierbar, dafür entsteht eine Nähe zur Anekdote und zur Parabel. Die Kürzestgeschichte hat auch Eingang in die Kinderliteratur gefunden; ein Beispiel ist das Bilderbuch *Der König und das Meer* von Heinz Janisch und Wolf Erlbruch (München 2008), das den Untertitel „21 Kürzestgeschichten" trägt. Janischs leicht ironische, zum Nachdenken anregende Kürzestgeschichten sind, obschon als Bilderbuchtext veröffentlicht, auch für den Unterricht in der Sekundarstufe interessant. (Kürzestgeschichten finden sich in den Unterrichtsmodellen F 3 „Bilder und Kürzestgeschichten von Erlbruch/Janisch", F 6 „Natur erobert die Stadt zurück: Texte von Wolfgang Bächler und Franz Hohler" und F 16 „Schreiben zu Kurzprosatexten von Botho Strauß".)

13. Prosasatire

Der Begriff der Satire steht, so wie er heute verwendet wird, quer zu den gängigen Bezeichnungen Epik, Drama und Lyrik, weil Satiren innerhalb jeder dieser Obergattungen vorkommen. Satire ist eine Schreibweise im Dienst der Verhaltens- und Gesellschaftskritik; durch übertreibende, parodierende, ironisierende, komisch verfremdende Darstellung entlarvt sie Missstände oder nimmt zumindest das Beschränkte, Triviale, allzu Menschliche aufs Korn. Kurzformen der Prosasatire finden ihr Publikum vor allem durch Zeitungen und Zeitschriften. Es gibt aber auch einen Entwicklungsstrang, der von der Kurzgeschichte der Nachkriegszeit ausgeht. Dies lässt sich am deutlichsten bei Heinrich Böll beobachten. Während seine ersten Kurzgeschichten in den unmittelbaren Nachkriegsjahren noch ganz von der Aufarbeitung des beinahe sprachlos machenden Schreckens geprägt sind, entstehen während der 50er-Jahre immer mehr satirische Kurzge-schichten, die eine Auseinandersetzung mit der sich etablierenden bundesrepu-blikanischen Gesellschaft aufnehmen. 1958 erscheint als Sammlung Bölls Bänd-chen *Doktor Murkes gesammeltes Schweigen und andere Satiren*, aus dem vor allem der Text *Es wird etwas geschehen* Eingang in den Deutschunterricht gefun-den hat. Bei Autoren wie Wolfgang Hildesheimer lässt sich beobachten, wie die Satire immer mehr zur Groteske wird, eine Entwicklung, die auch sonst als eine Tendenz der Nachkriegsliteratur gelten kann: Wenn der Glaube an die Wirksam-keit von Kritik schwindet, wenn die bestehende Welt als hoffnungslos, unver-ständlich und verkehrt erfahren wird, bleibt nur noch die Groteske als adäquates Ausdrucksmittel; bei Friedrich Dürrenmatt ist dies ganz besonders ausgeprägt der Fall. Die Groteske kann aber auch von der Freude an der Übertreibung, die ins Absurde umschlägt, geprägt sein.

Ein Untertypus der Satire ist das Charakterbild, das in der Tradition von Theo-phrast, dem griechischen Autor, steht. Charakterbilder sind witzige Beschreibun-gen von Personentypen, gleichsam sprachgewordene Karikaturen, wobei die Pa-lette von realistischen Beschreibungen bis zum Spiel mit surrealen Vorstellungen reicht. Hans Carl Artmann, Elias Canetti und Urs Widmer gehören zu den moder-nen Autoren, die Charakterbilder geschrieben haben.

Dass die gesellschaftskritische Satire auch heute noch aktuell ist, zeigt Un-terrichtsvorschlag F 15 „Vom Vorteil der Überwachung – ein satirischer Text von Lutz Rathenow".

14. Aphorismus

Der Aphorismus ist eine Gattung zwischen fiktional-literarischen Texten und Sachtexten. In einem Aphorismus wird prägnant, stilistisch kunstvoll ein Gedan-ke formuliert, der eine Lebensweisheit ausdrückt. Oft irritieren Aphorismen die Leserinnen und Leser, weil sie eine ungewohnte, überraschende Sicht auf das menschliche Leben vermitteln. In der deutschen Literatur gilt Georg Christoph Lichtenberg (zweite Hälfte des 18. Jahrhunderts) als bedeutendster Aphoristiker. In den Unterrichtsvorschlägen ist der Aphorismus nicht berücksichtigt.

15. Notat

Das Notat ist kein literaturwissenschaftlich fest definierter Begriff. Ich verste-he darunter kürzere tagebuchartige Aufzeichnungen, die zwischen Aphoris-mus und Essay einzuordnen sind, nicht so zugespitzt wie Ersterer, aber kürzer als Letzterer, oft bewusst fragmentarisch gehalten, zuweilen zur Anekdote tendie-rend. Termini wie Prosaskizze, Denkbild, Notiz, Fragment decken sich z. T. mit dem Begriff „Notat", eine gewisse Nähe besteht auch zur Glosse. Man kann sich wie beim Aphorismus fragen, ob das Notat noch als literarischer Text oder doch besser als Sachtext zu bezeichnen ist. In ihm wird eine Tendenz zur Verwischung der Grenzen zwischen Fiktion und faktischen bzw. theoretisch reflexiven Texten deutlich, die auch sonst in der jüngeren Literatur feststellbar ist. Das Notat spielt unter anderem bei Günter Kunert, Reiner Kunze, Kurt Marti, Peter Handke, Botho Strauß eine Rolle. Ein typisches Beispiel sind auch Peter Bichsels Kolumnen, die in Wochenzeitungen/-zeitschriften und dann in mehreren Sammelbänden erschienen sind (siehe den Unterrichtsvorschlag F 12 „Eine literarische Kolumne – *Heute ist Sonntag* von Peter Bichsel"). Wenn man in der Tradition zurückgeht, ist es Franz Kafka, der für das Notat wichtig war. Das ergibt sich schon aus der engen Wechselbeziehung zwischen Tagebuch und literarischem Werk, die für ihn typisch ist, und der herausgeberischen Praxis, dass Ausschnitte aus seinen Tagebüchern als eigene Texte publiziert worden sind. Wenn man historisch noch weiter zurückblickt, muss man die Frühromantik nennen, in der die Verbindung von literarischem Schaffen mit aphoristischem, subjektivistischem philosophischem Denken das Notat gefördert hat. Hier ist auch der Bezug zur journalistischen Praxis deutlich: Notate holen aus Aktuellem das Augenblicksüberdauernde heraus und haben deshalb ihren Platz auch in Zeitungen und Zeitschriften. In den Unterrichtsmodellen können der Text *Wildnis* von Franz Hohler in F 6 und *Heute ist Sonntag* von Peter Bichsel in F 12 dem Notat zugeordnet werden.

Teil B: Zur Geschichte der Didaktik kurzer Prosa

1. Didaktik der 50er- und 60er-Jahre des 20. Jahrhunderts

Für die Beschäftigung mit kurzer Prosa wirken in der Schule bis heute die Konzeptionen weiter, die in den 50er- und frühen 60er-Jahren des 20. Jahrhunderts entwickelt wurden. Schon 1954 legte Werner Zimmermann einen didaktisch orientierten Interpretationsband zu modernen Kurzgeschichten und einen entsprechenden Aufsatz in der Zeitschrift *Wirkendes Wort* vor. Sehr bald folgten dann Veröffentlichungen von Wilhelm Helmich, Jakob Lehmann und Robert Ulshöfer, bis dann in den 60er-Jahren eine Fülle von Handreichungen und Zeitschriftenaufsätzen zur Kurzgeschichte erschienen; Klaus Gerth, Paul Nentwig, Hans Jürgen Skorna und Franz-Josef Thiemermann sind in diesem Zusammenhang besonders zu nennen (ausführlicher zur Geschichte der Kurzgeschichte im Unterricht Marx [3]2005, S. 172–182). Unter dem Einfluss der phänomenologisch ausgerichteten Werkinterpretation, die in der Literaturwissenschaft der Nachkriegszeit vorherrschte, wurde hier eine Didaktik der Kurzprosa entwickelt, die auf die Erschließung des Textes als eines ganzheitlichen sprachlichen Kunstwerkes zielte. Gemäß dieser Konzeption sollen die Schülerinnen und Schüler die Einheit von „Gehalt und Gestalt" oder, wie man auch sagte, von „Inhalt und Form" erkennen; in der Gehalt-Gestalt-Einheit wird der Grund für die ästhetische Wirkung des literarischen Kunstwerkes gesehen. Ihre Erschließung ermöglicht, mit den Worten von Emil Staiger, die in der Kurzgeschichtendidaktik jener Zeit immer wieder zitiert werden, „zu begreifen, was uns ergreift". Der unterrichtsmethodische Weg besteht darin, dass von den Eindrücken, die der Text vermittelt, ausgegangen und in einem Unterrichtsgespräch versucht wird, auf den Kern der Textaussage (die „Sinnmitte", wie man gerne sagte) zu kommen, um dann aufzuzeigen, wie die Aussage auch in der formalen Gestaltung der Kurzgeschichte zum Ausdruck kommt. Durch diese Arbeit an der Form-Inhalt-Beziehung wird der Text als „geschlossenes Ganzes" (so z. B. Nentwig [5]1975, S. 23) erfasst. Um zu gewährleisten, dass diese Ganzheit am Ende erkannt ist und die Untersuchung nicht bei der Beobachtung von Einzelheiten, z. B. den stilistischen Mitteln, stehen bleibt, wird die Synthese am Schluss auch erlebnismäßig wiederhergestellt; im lauten „nachgestaltenden Lesen" zeigen die Schülerinnen und Schüler, dass der Text „als Kunstwerk ihr geistiges Eigentum geworden ist" (Nentwig [5]1975, S. 74). Die Behandlung einer Kurzgeschichte stellt damit selbst eine geschlossene Einheit dar und ist oft auf eine Einzel- oder Doppelstunde beschränkt worden.

Unumstritten war die am Begriff des literarischen Kunstwerks als eines Gestaltganzen ausgerichtete Kurzgeschichtendidaktik in den 50er- und frühen 60er-Jahren allerdings nicht. Auseinandersetzungen ergaben sich vor allem durch die z. T. noch lebendige Lebenshilfedidaktik. Ihr galt der Text als Medium der sittlichen Erziehung. In Publikationen von Robert Ulshöfer war diese Ausrichtung noch spürbar, wenn er z. B. zu Wolfgang Borcherts *Nachts schlafen die Ratten doch* schrieb: „Junge Men[s]chen brauchen Vorbilder aus dem Leben; sie sollen einen Blick für Größe im Alltag gewinnen, den neunjährigen Jungen und den krummbeinigen Alten lieb gewinnen und ihre Handlungen verstehen" (Ulshöfer 1958, S. 35).

2. Lernzielorientierung

Die am einzelnen Text als literarischem Kunstwerk orientierte Literaturdidaktik ist gegen Ende der 60er-Jahre durch eine grundlegende Neuorientierung der allgemeinen Didaktik herausgefordert worden: Unter dem Einfluss der amerikanischen Curriculumtheorie und Lernpsychologie ist die Lernzieltheorie zum neuen Grundprinzip didaktischer Argumentation erklärt worden. Nicht mehr der Unterrichtsgegenstand als Bildungsgut sollte nun im Zentrum didaktischer Überlegungen stehen, sondern die Frage, welche Lernziele die Schülerinnen und Schüler erreichen sollen. Für die Behandlung von kurzen Prosatexten bedeutete dies, dass über die Erschließung eines jeweiligen Textes hinaus der Erwerb einer Fähigkeit, die auf den Umgang mit weiteren Texten übertragbar ist, ausgewiesen werden sollte. Das bedeutete allerdings nicht unbedingt eine grundlegende Änderung des tatsächlichen Unterrichts. Was gängige Praxis war, ließ sich in der Planung lernzielmäßig umformulieren. Es hieß dann eben: Die Schülerinnen und Schüler sollen symbolische Sinnzusammenhänge herausarbeiten können oder: Die Schülerinnen und Schüler sollen Form und Inhalt zueinander in Bezug setzen können. Es gab aber eine gewisse Akzentverschiebung dadurch, dass formale Aspekte eine größere Rolle zu spielen begannen, man könnte sagen: mehr Analyse, weniger Interpretation. Insbesondere wurde der Gattungsfrage größere Aufmerksamkeit geschenkt. So erschien es als wesentliches Ziel, dass die Schülerinnen und Schüler die Merkmale der Kurzgeschichte nennen können. Typisch für die Lernzielorientierung sind z.B. die *Stundenblätter* zu Kurzgeschichten von Wolfgang Salzmann, die 1978 erstmals erschienen; hier finden sich Lernziele wie

> „wissen, dass die erarbeiteten Gemeinsamkeiten Merkmale der modernen Kurzgeschichte sind", „erkennen, dass es sich bei dem Text um eine Kurzgeschichte handelt", „den Text als Kurzgeschichte erkennen" (Salzmann ⁵1980, Beilage S. 5, 6, 15).

In vielen Lesebüchern, die Ende der 60er-Jahre entwickelt wurden, kann man die Neuorientierung daran erkennen, dass die Texte nun nach Gattungen und nicht nach Lebensbereichen wie „Der Mensch in der Bewährung", „In der Natur" usw. gegliedert sind.

3. Gesellschaftskritische Didaktik

In kurzem Abstand folgte auf die Lernzieltheorie Ende der 60er-Jahre eine noch grundsätzlichere Infragestellung der hergebrachten literaturdidaktischen Orientierungen. Studentenrevolte, Rezeption des Marxismus und auch die stärker gesellschaftsbezogene Reflexion, die schon die Curriculumtheorie eingeleitet hatte, führten zur massiven Kritik an einem Literaturunterricht, der sein Ziel in der Hinführung zu Dichtungen als in sich geschlossenen Kunstwerken oder in der Erarbeitung formaler, z. B. gattungsstruktureller Merkmale sah. Gefordert wurde dagegen, dass im Unterricht die gesellschaftliche Funktion von Texten herausgearbeitet werde; dabei ließ man sich von der Überzeugung leiten, dass der Literatur, sofern sie ihrer Zielbestimmung gerecht werde, Gesellschaftskritik innewohne. Die ausführlichste Anwendung einer solchen Position auf die Behandlung von Kurzprosa stellt das 1980 erschienene Bändchen von Jürgen Förster *Kurzprosa als Spiegel der Wirklichkeit* dar. Einem dezidiert marxistischen Standpunkt entsprechen die Publikationen des Bremer Kollektivs, das sich besonders für die Berücksichtigung der Literatur der Arbeitswelt einsetzte. Wie stark dieser Unterricht politisch ausgerichtet war, zeigen z. B. die Lernziele in einem Unterrichtsmodell von Klaus Hildebrandt und Klaus Möhring (es geht um den Text eines Arbeiters):

> „Der Schüler lernt begreifen, dass die Arbeit unter kapitalistischen Bedingungen als eine Tätigkeit erfahren wird, die zur Entfremdung vom Produkt der Arbeit und des eigenen Tuns führt (Fremdbestimmtheit). […] Der Schüler lernt, dass in dieser Beschreibung eines Tagesablaufs eine nicht ausdrücklich verbalisierte Aufforderung enthalten ist: Finde dich mit diesen sozioökonomischen Bedingungen nicht ab, sondern bewirke ihre Veränderung, um als Mensch leben zu können."
>
> (Hildebrandt/Möhring 1973, S. 129)

4. Produktionsorientierter Unterricht

Die 80er-Jahre des 20. Jahrhunderts sind das Jahrzehnt, in dem die Konzeption eines (handlungs- und) produktionsorientierten Literaturunterrichts ausformuliert und Eingang in die Schulpraxis gefunden hat. Der Begriff ist vor allem von Gerhard Haas und Günter Waldmann geprägt worden. Die beiden Literaturdidaktiker hatten den Ansatz insbesondere an Beispielen der Lyrik und längerer erzählender Texte konkretisiert. Für die produktionsorientierte Beschäftigung mit kurzer Prosa ist mein 1984 erstmals erschienener Band *Moderne Kurzprosa in der Sekundarstufe I* typisch, in dem unter dem Stichwort „Kreativ-verändernde Verfahren" deutlich ein entsprechender Schwerpunkt gesetzt war (Spinner 1984). Die Entwicklung produktionsorientierter Verfahren ist stark von der Rezeptionsästhetik beeinflusst gewesen, und zwar vor allem bezogen auf drei Aspekte:

1. Die Rezeptionsästhetik hat gezeigt, dass der Imagination beim Lesen literarischer Texte eine grundlegende Rolle zukommt. Was schwarz auf weiß auf dem Papier steht, muss im Kopf des Lesers zu einem Vorstellungsbild werden. Mit produktiven Verfahren kann diese Vorstellungsbildung gefördert werden, z. B. dadurch, dass die Schülerinnen und Schüler einen Brief einer literarischen Figur schreiben. Ebenso ist das Weiterschreiben eines Textes, szenisches Spielen oder das Malen einer erzählten Situation ein Beitrag zur Vorstellungsbildung.

2. Die Rezeptionsästhetik hat gezeigt, dass das Verstehen literarischer Texte starke subjektive Anteile enthält. Werden sie im Unterricht weggeblendet, verstellt man den Schülerinnen und Schülern einen lebendigen Zugang zum Text. Mit den produktionsorientierten Verfahren können subjektive Zugänge mit der Textwahrnehmung verbunden werden; das ist z. B. der Fall, wenn Schülerinnen und Schüler nach dem Muster eines Kurzprosatextes selber einen Text schreiben und dabei stilistische und strukturelle Merkmale zur Gestaltung eigener Vorstellungen übernehmen.

3. Durch die Rezeptionsästhetik hat die Bedeutung der Empathie beim Lesen verstärkte Aufmerksamkeit gefunden (auch als Identifikation mit literarischen Figuren bezeichnet; der Begriff der Empathie schließt allerdings ein, dass der Nachvollzug von Gedanken, Sichtweisen und Gefühlen einer Figur mit einer Abgrenzung von eigener Erfahrung verbunden sein kann). Ein produktives Verfahren wie das Schreiben eines inneren Monologs einer Figur unterstützt in besonderem Maße die Vergegenwärtigung von Innenperspektive und damit empathisches Verständnis.

Produktionsorientierter Umgang mit kurzer Prosa steht in einer langen Tradition; dass Schülerinnen und Schüler z. B. nach vorgelegten Mustern Fabeln schreiben, ist seit Jahrhunderten gebräuchlich; auf Lessings entsprechende Fabeldidaktik habe ich oben schon hingewiesen. Die Konzeption des (handlungs- und) produktionsorientierten Literaturunterrichts hat diese Tradition erneuert. Inzwischen sind entsprechende Verfahren im Unterricht weit verbreitet, wie ein Blick in Lesebücher zeigen kann. Sie werden weiter unten ausführlich vorgestellt.

5. Leseförderung und Kompetenzorientierung

Für die literaturdidaktische Diskussion im beginnenden 21. Jahrhundert sind die Stichworte der Leseförderung und der Kompetenzorientierung zu Leitbegriffen geworden. Die Betonung von Leseförderung ergibt sich aus der Einsicht, dass noch in der Sekundarstufe viele Schülerinnen und Schüler große Probleme mit dem elementaren Textverständnis haben und dass ein Unterricht, der gleich auf Interpretation oder produktive Verfahren hinsteuert, leicht über solche Schwierigkeiten hinweggeht. Aus diesem Grunde spielt die Vermittlung von Lesestrategien in der gegenwärtigen Lesedidaktik eine große Rolle. Als Textgrundlage werden für einen solchen Unterricht vor allem Sachtexte verwendet, aber auch Kurzprosatexte. Lesetests arbeiten ebenfalls in der Regel mit kürzeren Sach- und literarischen Texten. Unverkennbar ist, dass im Rahmen eines solchen lesefördernden Unterrichts ein Schwerpunkt auf der Informationsermittlung liegt und die Zielsetzungen des literarischen Lernens, wie ich sie im folgenden Teil erläutere, zu kurz kommen.

Neben der Vermittlung von Lesestrategien wird unter dem Stichwort der Leseförderung auch die Leseanimation verstanden, mit der Freude am Lesen entwickelt werden soll. Dafür sind allerdings längere Erzähltexte besser geeignet als kurze Prosatexte.

Die Kompetenzorientierung richtet den Blick auf Fähigkeiten, die langfristig erworben werden sollen; sie ist in vieler Hinsicht eine Neuauflage der Lernzieltheorie. Die Kompetenzen, die in Bildungsstandards formuliert sind und die heute Unterrichtsmodellen vorangestellt werden, klingen in der Regel wie Lernziele, bis hin zu dem Problem, dass als Kompetenz zuweilen ausgewiesen wird, was das Arbeitsergebnis einer Unterrichtsstunde sein soll. Das war schon bei der Lernzielorientierung problematisch, der Kompetenzorientierung widerspricht es. Denn Kompetenzen beziehen sich auf das, was als *Lernprozess über eine einzelne Unterrichtseinheit hinausreicht*. Während man im lernzielorientierten Unterricht oft davon ausging, dass in einer Unterrichtsstunde ein bestimmtes Lernziel erreicht werden soll, kann für einen recht verstandenen kompetenzorientierten Unterricht eine einzelne Unterrichtssequenz immer nur ein Beitrag zu einer längerfristig zu entwickelnden Kompetenz sein. Deshalb ist es auch problematisch, wenn – wie das heute oft geschieht – Kompetenzen zu eng gefasst werden. Dies geschieht z. T. auch im Hinblick auf die bildungspolitisch erwünschte Messbarkeit der in der Schule zu vermittelnden Kompetenzen. Das kann gerade bei literarischen Texten zu einer fragwürdigen Verengung führen, weil literarisches Verstehen nur teilweise messbar ist. Wenn ich im Folgenden genauer erläutere, worin literarisches Lernen mit Kurzprosatexten bestehen kann, argumentiere ich zwar kompetenzorientiert, aber nicht unter dem Anspruch der Messbarkeit und in Abgrenzung zu einem Kompetenzbegriff, der nur eine Wiederaufnahme des Lernzielbegriffs ist. Es geht also nicht um Lernziele, die in einzelnen Stunden erreicht und abgehakt werden können, sondern um Kompetenzen, die über alle Schuljahre hinweg Leitlinie sein sollen. Auch wenn dabei die Messbarkeit an ihre Grenze stößt, heißt das nicht, dass Beobachtung und Beurteilung von Lernfortschritt nicht möglich sind. Lehrerinnen und Lehrer können, wenn sie eine klare Vorstellung von dem haben, was an literarischem Lernen vermittelt werden soll, durch die Beobachtung ihrer Schülerinnen und Schüler deren Lernwege auch in den Dimensionen einschätzen, die einer genauen Messung nicht oder nur schwer zu unterziehen sind (z. B. der Vorstellungsbildung).

Teil C: Literarisches Lernen mit kurzer Prosa

Man kann mit kurzen Prosatexten im Unterricht unterschiedliche Zielsetzungen verfolgen – zum Beispiel die Einübung von Lesestrategien, die Analyse von Gattungsmerkmalen oder die Beschäftigung mit inhaltlichen Themen wie der Judenverfolgung. Für diesen Band soll das literarische Lernen die Leitlinie sein; darunter verstehe ich die Kompetenzen, die speziell für das Lesen, Verstehen, Genießen und Verarbeiten literarischer Texte notwendig sind. Kurzgeschichten spielen seit Langem im Unterricht für diese Zielsetzung eine wesentliche Rolle; sie eignen sich zur exemplarischen Erarbeitung z. B. von symbolischen Bedeutungszusammenhängen oder zur Untersuchung von Stileigentümlichkeiten. Für das literarische Lernen habe ich 2006 in einem Praxis-Deutsch-Heft (Spinner 2006) elf Punkte zusammengestellt, die man als die grundlegenden Teilkompetenzen literarischer Rezeptionskompetenz bezeichnen kann. Diese Zusammenstellung von elf Teilkompetenzen ist inzwischen vielfach in der Fachdiskussion aufgegriffen worden. Ich verdeutliche sie hier im Hinblick auf die Arbeit mit Kurzprosatexten.

1. Beim Lesen und Hören lebendige Vorstellungen entwickeln

Die Wirkung literarischer Texte beruht wesentlich darauf, dass sie die Leserinnen und Leser zur Bildung von Vorstellungen anhalten. Schon bei Kindern kann man beobachten, dass sie beim Hören eines Märchens in eine andere Welt versetzt zu sein scheinen. Allerdings ist nicht jeder Kurzprosatext in gleichem Maße auf Vorstellungsbildung angewiesen; beim Verstehen einer Fabel spielt z. B. die Reflexion die größere Rolle. Allerdings gewinnt auch sie an Wirkungskraft, wenn man sich die Figuren anschaulich vorstellt, z. B. den Raben in seiner Eitelkeit und mit seiner krächzenden Stimme und den Fuchs, der listig zu ihm hinaufschaut.

Ein vorstellungsintensives Lesen ist keineswegs selbstverständlich und bedarf deshalb der Unterstützung und Weiterentwicklung; das ist besonders wichtig im Hinblick auf Texte, die dem unmittelbaren Verstehen Widerstand entgegensetzen, wie das gerade bei Kurzprosa mit ihrer oft knappen, aussparenden Erzählweise der Fall sein kann. Manchmal ist der Literaturunterricht geradezu kontraproduktiv für die Förderung von Vorstellungsbildung, weil er den Eindruck erweckt, es ginge nur um das verstandesmäßige Analysieren und Interpretieren. Vorstellungsbildung kann insbesondere durch die produktiven Formen des Umgangs mit Texten gefördert werden; sie ist auch abhängig von der Atmosphäre, in der die Beschäftigung mit den Texten stattfindet.

2. Subjektive Involviertheit und genaue Wahrnehmung miteinander ins Spiel bringen

Studien der Lesesozialisationsforschung haben immer wieder gezeigt, wie sehr positive Leseerfahrungen damit zusammenhängen, dass die Leserinnen und Leser einen persönlichen Bezug zum Text herstellen und selbst Erlebtes, eigene Leid-Erfahrungen, Minderwertigkeitsgefühle und Wunschvorstellungen in ihm wiederfinden. Die intensiven Erinnerungen, die viele Erwachsene an Märchen haben, die sie als Kind gehört haben, sind ein Beispiel dafür; Angst vor dem Ausgestoßen- und Verlassenwerden, vor Gefahren in unbekannter Welt, Geschwisterrivalität und -solidarität sind ebenso wie Lust auf Abenteuer und Selbstbewährung in den Märchen als Entwicklungsaufgaben heranwachsender Menschen gestaltet und bilden ein Identifikationsangebot. Und wenn in moderneren Kurzprosatexten z. B. Menschen vorgestellt werden, die sich von der Gemeinschaft ausgeschlossen fühlen, finden viele Jugendliche darin eigene Erfahrungen wieder. Mögliche Anknüpfungspunkte für den Bezug auf die eigene Erfahrungswelt sind deshalb ein Kriterium für die Auswahl von Texten.

Im Sinne literarischen Lernens sollten Texte jedoch nicht ausschließlich zur Projektionsfläche subjektiver Befindlichkeit werden; sie verlieren damit ihr herausforderndes Irritationspotenzial, durch das Leserinnen und Leser ihre subjektiven Vorstellungen, Gefühle und Gedanken neu sehen können. Für das literarische Lesen geht es deshalb darum, dass die subjektive Involviertheit mit genauer Wahrnehmung auch der Alterität eines Textes verbunden wird, und zwar so, dass eine wechselseitige Intensivierung stattfinden kann: Subjektives Angesprochensein bahnt einen Weg in die Welt eines Textes und das Erstaunliche, Beunruhigende oder auch nur Überraschend-Lustige, das man in einem Text entdecken kann, wirkt seinerseits zurück auf die innere Beteiligung am Leseprozess.

3. Sprachliche Gestaltung aufmerksam wahrnehmen

Da literarische Texte nicht nur durch ihren Inhalt, sondern auch durch ihre sprachliche Gestaltung wirken, gehört die Aufmerksamkeit dafür zu den wichtigen Teilkompetenzen literarischen Lernens. Dadurch, dass kurze Prosa oft stilistisch auffallend geschrieben ist, lassen sich mit ihr entsprechende Lernprozesse gut unterstützen. Schon in unteren Klassen können entsprechende Einzelbeobachtungen angestellt werden, z. B. zur Wirkung von Wortwiederholungen. In oberen Klassen sind dann auch ausführlichere Stil- und Strukturanalysen möglich. Wichtig ist allerdings, dass sich das Analysieren nicht in der Weise verselbstständigt, dass für die Schülerinnen und Schüler der Zusammenhang mit der ästhetischen Wirkung des Textes – z. B. der erzeugten Spannung, der komischen Wirkung oder der Atmosphäre, die er vermittelt – verloren geht. Bewusst spreche ich deshalb nicht von Analysefähigkeit, sondern davon, dass die Schülerinnen und Schüler lernen sollen, *sprachliche Gestaltung aufmerksam wahrzunehmen.* Dies ist die Basisqualifikation, um kurze Prosatexte bewusst als ästhetische Texte zu erfahren; sie ist die Voraussetzung dafür, dass in den höheren Klassen dann auch Werkzeuge für eine mehr systematische Analyse vermittelt werden können, also für die Untersuchung von Wortwahl, von Syntax, von Erzählperspektive usw.

4. Perspektiven literarischer Figuren nachvollziehen

Viele erzählende Texte halten die Leserinnen und Leser dazu an, die Perspektive von Figuren nachzuvollziehen. Ein typisches erzähltechnisches Mittel, das in moderner Kurzprosa häufig vorkommt, ist die Verwendung der erlebten Rede. Oft ist der Übergang von der Erzählerrede so fließend, dass es kaum möglich ist, sie voneinander abzugrenzen. Als Beispiel sei hier ein Abschnitt aus Martin Walsers Kurzgeschichte *Der Wurm* zitiert (es geht um den fischenden David):

> „Der Schwimmer schaukelte. Aber nur weil jetzt die ersten Mietboote draußen vorbeifuhren. Karl war bestimmt auch gegen Regen. Wer mietete sich schon ein Boot, wenn es regnete. Und Karls Mutter war jeden Morgen in der Messe. Die konnte auch nicht mitbeten, wenn um Regen gebetet wurde. Und die, die die Fremdenzimmer vermieteten, auch nicht. Und das wurden immer mehr. Die Bauern waren allmählich in der Minderzahl, David war jetzt froh darüber."
>
> Aus: Martin Walser 1994: Fingerübungen eines Mörders.© Suhrkamp Verlag, Frankfurt a. M., S. 24.

Textanalytisch am einleuchtendsten ist es wohl, wenn man den ersten und den letzten Satz dieses Abschnittes als Erzählerrede, alles dazwischen als erlebte Rede bezeichnet; für diese sprechen die Sätze ohne Hauptsatzprädikat, die Satzanfänge mit „und" und die Verwendung von Partikeln wie „nur", „bestimmt" und „schon". Viele neuere Kurzprosatexte sind auch in Ich-Form geschrieben und führen dadurch den Leser besonders stark in eine Fremdperspektive hinein. Perspektivenübernahme beim Lesen ist eine Form von Imagination, bei der Emotion und reflektierende Kognition beteiligt sind. Der Nachvollzug von Perspektiven kann mit Abwehr verbunden sein, z. B. wenn man mit dem Verhalten der Hauptfigur nicht einverstanden ist. Es gehört zur literarischen Kompetenz, dass man sich auch irritierenden Figurenperspektiven aussetzt.

Man kann das Nachvollziehen von Perspektiven noch genauer ausdifferenzieren und die folgenden Formen unterscheiden:

▸ die Perspektive der Hauptfigur nachvollziehen,
▸ die Perspektive verschiedener Figuren nachvollziehen,
▸ die Perspektiven verschiedener Figuren aufeinander beziehen,
▸ nachvollziehen, wie eine Figur eine andere Figur sieht.

In der Forschung sind solche Unterscheidungen als Stufenmodelle entwickelt worden; allerdings sollte man darin nicht Kompetenzstufen mit steigendem

Schwierigkeitsgrad sehen. Denn selbst das Nachvollziehen nur der Perspektive der Hauptfigur kann ganz unterschiedlich anspruchsvoll sein – eine komplexe, widersprüchliche Figur ist z. B. schwieriger zu verstehen als eine einfach gezeichnete Figur.

Mit dem Nachvollziehen von Perspektiven ist eine Teilkompetenz angesprochen, die auch über das literarische Verstehen hinausreicht. Empathie und Perspektivenübernahme sind soziale Kompetenzen, denen insbesondere in einer pluralistischen Gesellschaft eine große Bedeutung zukommt.

5. Narrative Handlungslogik verstehen

Textsorten haben ihre je eigene Logik; in einem Lexikon sind die einzelnen Lemmata anders miteinander verknüpft als die Kapitel in einem Biologiebuch, und erzählende Texte funktionieren wiederum anders. In der Regel wird man mit der Logik der Textsorten durch den Gebrauch, durch das Hören, Lesen und Schreiben, vertraut, also durch implizites Lernen. Das ist teilweise auch bei kurzer Prosa der Fall. Wie ein Märchen funktioniert, lernen die Kinder in der Regel dadurch, dass ihnen Märchen erzählt werden. Wenn sie selber Märchen schreiben, sind sie meist in der Lage, mehr oder weniger dem Muster zu folgen. Dass dies aber nicht für jede Kurzprosaform in gleicher Weise gilt, zeigt sich bei Kurzgeschichten: Der offene Schluss vieler Kurzgeschichten entspricht nicht unbedingt der Erwartung von Schülerinnen und Schülern. Wenn sie selbst einen Schluss einer Kurzgeschichte schreiben sollen, denken sie sich meist eine Lösung des Konflikts oder eine endgültige katastrophale Wende oder sogar eine Lehre aus. Um Kurzgeschichten zu verstehen, müssen sie einsehen, dass der offene Schluss kein Manko ist, sondern die Funktion hat, den Leser nicht mit einer Konfliktlösung zu beruhigen. Noch irritierender sind viele Kurzprosatexte von Kafka, bei denen man von einer Traumlogik sprechen kann, die unser Alltagswissen, auf das wir unbewusst vertrauen, konterkariert.

6. Mit Fiktionalität bewusst umgehen

Für literarische Texte wird oft auch der Begriff „fiktionale Texte" verwendet. Es gibt allerdings unterschiedliche Formen von Fiktionalität, und gerade bei kurzer Prosa ist in dieser Hinsicht eine große Variation vorhanden. Ein Bewusstsein dafür, wie Fabeln, Märchen, Anekdoten, Kurzgeschichten usw. mit dem Verhältnis von Fiktion und Realität umgehen, ist als wichtige Teilkompetenz literarischen Lernens zu sehen. Entsprechend wird meist schon in den oberen Klassen der Grundschule den Kindern vermittelt, dass die Tiere in Fabeln menschliche Verhaltensweisen repräsentieren und dadurch einen Bezug auf soziale Wirklichkeit herstellen. Für die Kurzgeschichten der Nachkriegszeit, die in den oberen Klassen der Sekundarstufe I nach wie vor eine große Rolle spielen, ist kennzeichnend, dass sie auf eine bestimmte historische Situation Bezug nehmen und zugleich implizit einen Appell an darüber hinausgehende Einsicht enthalten. Wieder in etwas anderer Weise sind Satiren auf die Wirklichkeit bezogen.

Ein häufiges Problem im Deutschunterricht besteht darin, dass die Schülerinnen und Schüler bei literarischen Texten, ganz besonders bei kurzer Prosa, dazu tendieren, eine Lehre als Intention des Autors herauszuarbeiten, was sich dann in Formulierungen äußert wie: „Der Autor will uns damit sagen ...". Nun ist es zwar angebracht, wenn die Schülerinnen und Schüler erkennen, dass sich literarische Texte nicht einfach in dem erschöpfen, was ihnen als wörtliche Information zu entnehmen ist. Aber ob ein Autor wirklich etwas Bestimmtes sagen will, ist je nach Text sehr unterschiedlich. Bei Kafka dürfte man mit der Erwartung einer lehrhaften Autorintention ins Leere laufen, bei einer Kalendergeschichte von Hebel ist eine solche Interpretation schon eher passend, wobei man sich durchaus fragen kann, ob der Erzähler, der sich als der Hausfreund fast schulmeisterlich kundtut, sich nicht auch in den Geschichten leicht ironisiert. So regen Kurzprosatexte in durchaus unterschiedlicher Weise dazu an, über – direkte, parabolische, satirische, moralisierend-verallgemeinernde – Bezüge zur Wirklichkeit nachzudenken; diese bleiben aber oft uneindeutig, offen für weiterführende Leserreflexionen, weshalb endgültige Festschreibungen von Wirklichkeitsbezügen – sei es im Sinne von Information oder von lehrhafter Einsicht oder von politischer Kritik an Zeitumständen – ihrem literarischen Charakter nicht unbedingt gerecht werden. Wirkungsmächtige literarische Texte zeichnen sich gerade dadurch aus, dass sie die Leserinnen und Leser immer wieder neu und anders zum Nachdenken über das Verhältnis zur Wirklichkeit nachdenken lassen.

7. Metaphorische und symbolische Ausdrucksweise verstehen

Metaphorik und vor allem Symbolik spielt in Kurzprosatexten eine große Rolle. Ich grenze hier bewusst die Symbolik von der Parabolik ab, die ich unter der Teilkompetenz „Mit Fiktionalität bewusst umgehen" angesprochen habe. Bei der Parabolik kann man in der Regel eine Bild- und eine Sachebene unterscheiden. Bei der Symbolik ist das in dieser Weise nicht der Fall, jedenfalls wenn man den Begriff des Symbolischen, wie das meistens in der Literaturwissenschaft geschieht, in der goetheschen Tradition sieht. Es handelt sich bei ihr weniger um eine Bedeutungsübertragung als um eine Bedeutungserweiterung. In Kurzprosatexten geht es dabei insbesondere um Dingsymbole, die manchmal schon im Titel genannt sind, so in einigen besonders bekannten Kurzgeschichten der Nachkriegszeit (*Die Küchenuhr* und *Das Brot* von Wolfgang Borchert, *Die Waage der Baleks* von Heinrich Böll), aber auch bei neuesten Kurz- und Kürzestgeschichten, z.B. bei *Scherben* von Marlene Röder (vgl. Unterrichtsvorschlag F 5), *Mein Werkzeug* von Klaus Merz (siehe Unterrichtsvorschlag F 8) oder *Der Koffer* von Peter Stamm (siehe Unterrichtsvorschlag F 13). Schülerinnen und Schüler sollen die Fähigkeit entwickeln, solche Dingsymbole mit anderen inhaltlichen Elementen im Text in Beziehung zu setzen und zu erkennen, wie ihre Bedeutung dadurch angereichert wird, z. B. durch den Aspekt der Gerechtigkeit bei der Waage in Bölls Kurzgeschichte. Dabei kann auch der Vergleich mit anderen Texten und mit Kunstwerken erhellend sein, z. B. mit der Waage der Justitia, wie man sie bei Brunnenfiguren oder auf Gemälden findet. Wichtig ist allerdings, dass die Schülerinnen und Schüler immer den jeweiligen konkreten Kontext betrachten; nicht in jedem Text konnotiert eine Waage Gerechtigkeit. Schülerinnen und Schüler lassen sich leicht verführen, symbolische Bedeutungen einem Text aufzupfropfen.

Ergiebig kann bei kurzer Prosa die genauere Untersuchung der Raumstrukturen sein. Kategorien wie „oben"/„unten", „innen"/„außen", „Natur"/„Stadt" sind als Oppositionen für symbolische Zusammenhänge oft aufschlussreich. Auch Farben und Licht, z. B. in Borcherts *Nachts schlafen die Ratten doch*, können in dieser Hinsicht interessant sein.

8. Sich auf die Unabschließbarkeit des Sinnbildungsprozesses einlassen

Literarische Texte sind – mal mehr, mal weniger – vieldeutig und können deshalb nicht einfach auf eine endgültige Interpretation festgelegt werden. Für moderne Kurzprosa gilt das in besonderem Maße – Irritation durch Verfremdung und Verweigerung von Sinn ist Kennzeichen vieler Texte. Die Kürze wird zum Zeichen, dass das Erzählte aus dem Sinnzusammenhang herausfällt, auf den wir uns im Alltag verlassen. Die zahllosen Deutungen, die es zu Kafkas Kurzprosa gibt, zeigen, wie das Interpretieren zu keinem Ende kommt. Schülerinnen und Schüler in der Sekundarstufe I und II tendieren allerdings oft dazu, Bedeutungen festlegen zu wollen; darin wirken sich institutionelle Bedingungen der Schule aus, nämlich die Bewertungsrituale, bei denen es um richtig und falsch geht. Grundschulkinder gehen oft noch viel unbefangener damit um, dass man bei literarischen Texten unterschiedliche Verstehensmöglichkeiten entwickeln kann. Diese Bereitschaft, sich auf solche Sinnbildungsprozesse einzulassen, gilt es in den weiterführenden Klassen zu erhalten und weiterzuentwickeln.

Beliebigkeit ist mit der Unabschließbarkeit der Sinnbildung allerdings nicht gemeint; es gibt Deutungen, die man mit guten Gründen verwerfen kann. Dass jedoch nicht immer alles bei einem Text entschlüsselt werden kann, dass verschiedene Perspektiven beim Verstehen möglich sind und dass sich oft überraschende neue Sinnaspekte beim Wiederlesen ergeben, gehört zu den Erfahrungen, die im Unterricht vermittelt werden sollen.

9. Mit dem literarischen Gespräch vertraut werden

Dem Unterrichtsgespräch kommt in der Beschäftigung mit Kurzprosatexten im Unterricht traditionell die Hauptrolle zu. Die gelenkte, fragend-entwickelnde

Gesprächsform wird in der Didaktik allerdings als eher problematisch angesehen, weil sich an ihr oft nur wenige Schülerinnen und Schüler beteiligen und weil sie leicht den Eindruck erweckt, es gehe nur darum, das herauszufinden, was sich die Lehrerin bzw. der Lehrer vorher als Interpretation zurechtgelegt habe. Die subjektive Involviertheit, die Erfahrung der Unabschließbarkeit der Sinnbildung und die Aktivierung einer eigenständigen Fragehaltung, die zur Literaturrezeption gehören, werden so nicht gefördert. Als eine Art Gegenmodell zum fragend-entwickelnden Unterrichtsgespräch gilt das sog. literarische Gespräch, bei dem sich die Schülerinnen und Schüler ausgehend von ihren subjektiven Texteindrücken austauschen, ohne durch eine Abfolge von Lehrerfragen gelenkt zu werden. Eine solche Gesprächsform, die ihr Äquivalent durchaus in der kulturellen Praxis außerhalb der Schule, z. B. in Lesezirkeln, hat, ergibt sich nicht von alleine, sondern muss eingeführt und unterstützt werden. Sie ist also nicht nur eine Unterrichtsmethode, sondern ein Unterrichtsziel, eine auszubildende Kompetenz im Umgang mit ästhetischen Phänomenen. Diese spezifische, dem ästhetischen Charakter von Literatur gerecht werdende Gesprächsfähigkeit ließe sich mit folgenden Teilfähigkeiten beschreiben:

▸ sich Zeit nehmen für einen Text,
▸ sich auf die Gesprächsatmosphäre einlassen,
▸ sich auf Differenzerfahrung einlassen, die der Text und die Äußerungen anderer auslösen können,
▸ sich trauen, subjektive Eindrücke zu äußern,
▸ Interesse für die Texterfahrung anderer Gesprächsteilnehmer zeigen,
▸ Imagination austauschen,
▸ mit genauen Beobachtungen andere auf Besonderheiten aufmerksam machen,
▸ akzeptieren, dass ein Gespräch nicht zu einem abschließenden Ergebnis führen muss.

10. Prototypische Vorstellungen von Gattungen/Genres gewinnen

Gattungsfragen sind spätestens seit den 60er-Jahren des 20. Jahrhunderts ein verbreitetes Thema im Literaturunterricht. Merkmale des Märchens, der Fabel, der Kurzgeschichte werden erarbeitet und oft auch in der Leistungsbeurteilung abgefragt. Bei einem solchen merkmalorientierten Lernen muss beachtet werden, dass die Merkmale jeweils nur für typische Beispiele gelten; viele Kurzprosatexte, die man als Kurzgeschichten bezeichnet, zeigen nicht alle Merkmale, die man in Schulbüchern und anderen Unterrichtsmaterialien verzeichnet findet. Ebenso enthält die grimmsche Märchensammlung viele kurze Geschichten, auf die die gängigen Märchenmerkmale nicht zutreffen. Es ist also wichtig, dass die Schülerinnen und Schüler wissen, dass die literarische Wirklichkeit vielfältiger und weniger geordnet ist als die Gattungstypologien, die in der Schule beigebracht werden. Sinnvoll ist es, wenn der Schwerpunkt nicht auf das Merkmallernen gelegt wird, sondern auf die Vermittlung von typischen Beispielen, sodass die Schülerinnen und Schüler eine Vorstellung davon haben, was ein typisches Märchen, eine typische Fabel usw. ist. Gespeichert würde bei einem solchen Lernen am Prototyp nicht in erster Linie eine Liste von Merkmalen, sondern (mindestens) ein konkretes typisches Beispiel. Wenn dann z. B. ein modernes Märchen besprochen wird, kann überlegt werden, in welchen Merkmalen es mit dem Beispiel, das man als prototypisch gespeichert hat, übereinstimmt bzw. von ihm abweicht. Bei Lutz Rathenows Märchen *Der Wolf und die widerspenstigen Geißlein* im Unterrichtsvorschlag F 4 bietet sich das zum Beispiel an.

11. Literaturhistorisches Bewusstsein entwickeln

Literarische Texte entfalten ihre Wirkung oft losgelöst von den historischen Zusammenhängen, in denen sie entstanden sind, und manchmal sind die Missverständnisse, die sich dadurch ergeben, sogar fruchtbar für die Weiterwirkung. Andererseits kann durch den historischen Zeitbezug Unverständliches verständlich werden oder ein Text für die Leser zusätzliche Bedeutungsdimensionen gewinnen. Das Verhältnis von Literatur und gesellschaftlich-politischer Entwicklung kann auch für Schülerinnen und Schüler durchaus spannend sein. Bei der Fabel, der in ihrer Geschichte oft eine herrschaftskritische Funktion zukam, bei der Kalendergeschichte, die für die Volksaufklärung wichtig war, oder bei der Kurzgeschichte der Nachkriegszeit als Verarbeitung der Kriegserfahrung und der nationalsozialistischen Terrorherrschaft ist das besonders deutlich. Schon in der Sekundarstufe I sind entsprechende Bezüge für die Schülerinnen und Schüler gut nachvollziehbar. Bei Märchen können schon Grundschulkinder feststellen, dass sich in ihnen eine vorindustrielle Welt spiegelt.

Teil D: Beobachtungen zur altersspezifischen Entwicklung des literarischen Verstehens

Das literarische Verstehen entwickelt sich im Lauf der Schuljahre, und zwar nicht nur dadurch, dass sich die Schülerinnen und Schüler Wissen, Lesestrategien und Interpretationsmethoden aneignen, sondern auch durch die kognitive Entwicklung, wie sie die Entwicklungspsychologie beschreibt. Im Unterricht in unteren Klassen stoßen kindliches Denken und erwachsenes Denken der Lehrerin bzw. des Lehrers aufeinander; deshalb ist es wichtig, dass Unterrichtende ein Bewusstsein für entwicklungsspezifische Rezeptionsweisen entwickeln. In meiner langjährigen Erfahrung mit Praktikumsbetreuung in der Lehrerbildung habe ich immer wieder beobachtet, wie die Studierenden sich schwertaten, alterstypische Äußerungen von Kindern sinnvoll in den Unterricht einzubinden, ja, sie überhaupt zu verstehen.

Anhand von Schüleräußerungen zu einer parabolischen Kurzgeschichte zeige ich einige wichtige Entwicklungslinien auf.

Ernst Kreuder

Was der Kolkrabe den Tieren riet

Eines Morgens saß ein älterer Rabe, durch tagelange Stürme aus den Voralpen zum Teutoburger Wald verschlagen, auf dem knorrigen Ast einer Eiche und sah dem unerbittlichen Jagdtreiben im Talgrunde zu. Als man am Abend das erlegte Wild zusammentrug, zählte die Strecke der getöteten Tiere Hunderte von Rehen, Hasen, Wildschweinen und Fasanen. Da beschloss der Kolkrabe in seiner empörten Trauer, den Tieren einen Rat zu geben. Er ließ durch Wildtauben eine Botschaft an sie ergehen. In einer Vollmondnacht versammelten sich die Tiere in einer Waldschlucht, um den Raben anzuhören.

Die Folgen dieser nächtlichen Beratung bezeichnete später der Deutsche Jagdschutzverband als unzumutbares Verhalten. Der Internationale Jagdrat, Paris, sprach von einer bestürzenden Entwicklung.

Der Kolkrabe hatte den Tieren klargemacht, dass es ihre Scheu war, ihre übergroße Angst, die sie ins Verderben führte.

„Kein Jäger", krächzte der Rabe, „schießt hierzulande auf euch, weil ihm der Magen knurrt. Er schießt, weil ihr flieht, er will euch mit seiner Kugel fangen. Ein blutiges Fangspiel also. Dem kann abgeholfen werden. Hört meinen Rat."

Die Tiere hörten verwundert zu. Als der Rabe geendet hatte, meldete sich ein Sechserbock zum Wort. Heiser bellend brachte er vor, dass es nur ihre Läufe seien, in denen diese Furcht sitze; sie seien nun einmal nicht Herr über ihre schnellen Beine.

Ein Igel, der sich hinzugeschlichen hatte, bemerkte schmätzend, gegen die Furcht in den Beinen gebe es ein zwar seltenes, aber wirksames Kraut. Er verschwand in einem Laubgraben und kehrte nach einer halben Stunde zurück, ein zierliches grünes Kraut auf seinen Stacheln. Der Rabe dankte dem Igel und riet den Tieren, dieses Kraut zu suchen, einen Vor-

rat anzulegen und morgens und abends einige Blätter davon zu verzehren. –
Als die große Diplomatenjagd wieder einmal fällig war, geschah das Unerwartete. Die Herren stiegen aus ihren Wagen und betraten mit den Jagdgehilfen das Revier. Der Anblick, der sich ihnen auf einer stillen Waldwiese bot, bewirkte, dass sie vergaßen, ihre ziselierten Doppelläufigen und Drillinge an die wattierten Schultern zu reißen. Rings um den Waldsaum standen und lagerten Hunderte von Hirschen, Rehen, Wildschweinen, Hasen und Fasanen. Auf dem höchsten Baum saß ein alter Rabe.
Den Jagdgästen und Treibern schien es, dass die Tiere sie erstaunt und vorwurfsvoll anblickten. Um sie zu erschrecken, schoss ein kanadischer Diplomat in die Luft. Die Tiere rührten sich nicht. Die Jagdgesellschaft war bestürzt und ratlos.
„Man kann unmöglich", sagte ein Herr aus Finnland, „auf ein Tier schießen, das nicht einmal aufsteht, geschweige denn flieht."
„Diesen Schimpf", sagte ein Guatemalteke, „kann man doch nicht einfach hinnehmen!"
„Völlig einwandfreie Herausforderung", schnarrte ein Militärattaché, „auf die wir die gebührende Antwort erteilen werden!" Er legte die Doppelbüchse an und schoss auf einen Keiler. Der Schwarzkittel kippte zur Seite, öffnete den blutenden Rüssel und verschied. Unbeweglich blickten die übrigen Tiere auf die gefährlich Bewaffneten. Der Jagdgesellschaft war jedoch die Jagdlust vergangen. –
Einige Zeit noch lebten die Tiere in Wald und Feld frei und unbesorgt, weil sie nicht mehr davonliefen und durch ihre friedliche Zutraulichkeit den Jägern den Spaß am Schießen verdarben. Aber eines Tages war die letzte Staude des von der Furcht befreienden Krautes abgefressen und die Vorräte aufgebraucht. Da es nur sehr langsam nachwächst, fliehen die Tiere inzwischen wieder vor dem Menschen und werden so lange mit verdoppeltem Eifer erlegt.

Aus: Gertraud Middelhauve (Hrsg.) ⁶1973: Dichter erzählen Kindern. München, S. 29–30.

Diesen Text habe ich in einer 5. Klasse (Förder-/Orientierungsstufe) und in einer 9. Realschulklasse mit möglichst wenig Lehrerlenkung besprochen. An transkribierten Schüleräußerungen zeige ich die Entwicklung von drei Verstehensdimensionen; die Äußerungen sind grammatisch unkorrigiert übernommen.

1. Parabolisches Verstehen

Die Fünftklässler beziehen sich in ihren Äußerungen zunächst nur auf die Geschehensebene des Textes; die erste Schüleräußerung lautet:

> (5) Die Tiere wollten sich eben wehren, und die wären auch immer seltener geworden, wenn sie nicht das Kraut entdeckt haben. Und dann ist das Kraut eben alle geworden, und jetzt werden sie halt wieder getötet.

Die Schüler (bei der Transkription der Stunden ist nicht zwischen Schülerinnen und Schülern unterschieden worden) halten sich an die wörtliche Bedeutung des

Textes; besonders deutlich wird das bei den Überlegungen zum Kraut. Ein Schüler stellt die Frage:

(5) So'n Kraut, was meinen die damit? Also wenn sie das essen, sollen sie dann, haben sie keine Angst mehr?

Ein anderer antwortet darauf:

(5) Ja, dann werden die stärker, wenn die das essen, genauso wenn wir Mittag essen, dann werden wir ja auch stärker.

Dies ist eine realistische Erklärung, die auf alltäglicher Erfahrung beruht. Etwas seltsam kommt den Schülern die Sache mit dem Kraut allerdings doch vor. So sagt ein Schüler etwas später:

(5) Das gibt's ja gar nicht, ein Kraut, das jetzt einem dazu verhilft, dass man keine Angst hat, das gibt's ja gar nicht!

Ebenso empfinden es einige Schüler als verwunderlich, dass sich die Tiere so planmäßig gegen die Jäger zur Wehr setzen:

(5) Dass die Tiere sich gegen die Menschen also aufständig machen, dass sie sich dagegen wehren, das gibt's ja eigentlich gar nicht.

Diese Äußerung ist auf meine Frage hin erfolgt, ob die Schüler die Geschichte in ein Lesebuch aufnehmen würden. Die mangelnde Realistik ist ihnen ein Gegenargument gegen die Aufnahme. Es sind auch befürwortende Äußerungen gefallen – die Argumentation ist aber auch da ganz von der realistischen Interpretationsweise geprägt:

(5) Also ich würde auch sagen, dass die Geschichte in so'n Buch rein soll. Nämlich dann kann man sich auch vorstellen, wenn man als nur in der Stadt wohnt, wie das so aufs (sic!) Land ist.

(Das umgangssprachliche „als" hat hier die Bedeutung von „immer".) Längere Zeit dreht sich das Gespräch um die Frage, ob die Tiere überhaupt reden und denken können:

(5) Man kann ja nicht wissen, ob, na, die Tiere haben ja auch 'ne Sprache, ob die ja jetzt, die können ja, verständigen sich. Na und die können ja auch nachdenken [...], die können genauso nachdenken wie die Menschen, das hat ja noch keiner festgestellt, dass sich noch nicht so'n Tier verständigen kann.

Die Schüler breiten dann ihr Wissen über Verständigung im Tierreich aus; von Bibern, die Alarm geben können, ist die Rede, von Tigern, Affen, und selbst die „Brülllaute" der Urmenschen werden bemüht. Auf den Gedanken, dass die Fragen nach dem real Möglichen hinfällig werden, wenn man die Geschichte gleichnishaft versteht, kommt kein Schüler. Erst nach massiver Hilfe meinerseits (u. a. Verweis auf Fabeln) gibt es zögernde Versuche einer Übertragung:

> (5) Das ist vielleicht so wie mit den Arbeitslosen, dass jetzt der Arbeitgeber die abschieben will, weil er nicht mehr so viele, kann er die nicht mehr ernähren, und wenn er jetzt still ist und sich nicht darüber beklagt, dann hat er keinen Grund, den rauszuschmeißen.

Diese Argumentation ist typisch für die Anfänge parabolischen Verstehens; sie zielt noch nicht auf einen allgemein-abstrakt formulierbaren parabolischen Sinn, sondern besteht in der Darlegung einer konkreten analogen Situation. Es ist eher eine Vergleichsoperation als eine Bedeutungsübertragung.

In der 9. Klasse sind parabolische Sinnbezüge von Anfang an thematisiert worden. Die ersten Äußerungen drehen sich um die Frage, ob der Text einem Märchen oder einer Fabel gleiche. Ein Schüler sagt dann:

> (9) Also ich meine, dass es da hauptsächlich um die Angst geht, die da die Tiere haben. Und ich würde das gar nicht als Märchen sehen, sondern weil es unheimlich um die Angst geht, die jeder, also jeder Mensch und auch jedes Tier hat und das wollten die irgendwie darstellen.

Das Problem der Angst wird in dieser Äußerung also nicht nur auf Tiere, sondern auch auf Menschen bezogen. Die folgende Schüleräußerung zeigt die Weiterführung der Bedeutungsübertragung:

> (9) […] ich glaube, […] dass es nur als Beispiel genommen wurde, das Jagen mit den Tieren und den Menschen, ich meine, das sollte viel eher auf ihre Verhaltensweisen schließen lassen oder so, würde ich sagen. So sehe ich das jedenfalls. Es geht hier nicht um das Jagen der Tiere, sondern um Verhaltensweisen, wie man vielleicht bestimmte Situationen sich verhalten sollte.

In dieser Klasse ist es auch möglich gewesen, ein Gespräch darüber zu führen, warum der Autor eine Geschichte mit Tier- und nicht mit Menschenfiguren geschrieben hat. In diesem Zusammenhang steht die folgende Äußerung:

> (9) Ich kann mir auch vorstellen, dass man das, wenn er das gleich auf die Menschen bezogen hätte, dass die Menschen wieder Angst gekriegt haben und das versucht haben zu verdrängen irgendwie. Das so mit Tieren, das ist, da denken sie, da werden sie sich das wahrscheinlich überlegen […].

Zusammenfassend lässt sich zur Verstehensentwicklung sagen, dass die Schüler am Anfang der Sekundarstufe I noch kaum Bedeutungsübertragungen vornehmen und deshalb an die wörtlichen Aussagen, die sie sich konkret vorstellen, gebunden bleiben; die Neuntklässler nehmen für ihre Deutungen Abstrahierungen vor und gelangen dadurch zu parabolischen Interpretationsversuchen. Bei den Fünftklässlern zeigt sich der Realismus der Spätkindheit – sie messen den Text an der konkreten Wirklichkeit. Sie nehmen das Unwahrscheinliche, Fantastische nicht mehr unbefragt hin, wie das bei jüngeren Kindern noch der Fall wäre; bei unrealistischen Geschichten stoßen sie an Verstehensgrenzen; die Entwicklung parabolischen Verstehens kann diese Grenze überwinden.

2. Psychologisches Interpretieren und Perspektivenübernahme

Bei den Fünftklässlern dominiert beim Interpretieren die Außensicht auf das erzählte Geschehen. Sie achten auf die Handlung, kaum auf die Innenwelt der Figuren. Im Gegensatz dazu stehen die Äußerungen der Neuntklässler mit ihrer Tendenz zur psychologischen Interpretation, wie die schon zitierte Äußerung, dass es in der Geschichte „unheimlich um die Angst geht", zeigt. Zwar sehen auch die Fünftklässler, dass die Angst in der Geschichte eine Rolle spielt, aber sie stellen sie nicht in den Mittelpunkt und sehen sie nicht als das wesentliche Problem der Geschichte. So ist es typisch, dass sich die folgende Äußerung zur Angst auf das äußerliche Verhalten der Tiere bezieht:

> (5) Sie hatten keine Angst vor den Jägern, und dann sind sie sitzen geblieben und haben sich nicht gerührt.

Im weiteren Gesprächsverlauf spielt das Thema der Angst kaum mehr eine Rolle, während die Neuntklässler in der Überwindung der Angst eine zentrale Aussage der Geschichte sehen:

> (9) Ja, das meine ich ja damit, dass die Tiere, die vorher Angst haben, jetzt haben sie den Rat gehört von dem Rabe und jetzt haben sie ihre Angst besiegt und damit auch praktisch die Jäger geschlagen.

Nicht der äußere Sieg der Tiere ist für die Schüler wichtig, sondern der Sieg über die Angst. Das Interesse für das Psychologische führt die Schüler zu weiteren Überlegungen und Assoziationen; ein Schüler erwähnt z.B. ein Buch über moderne Selbstverteidigung:

> (9) […] der Autor beschreibt z.B., wenn man wem gegenüber ist, der unheimlich aggressiv ist, ja, dass man nicht aus Angst weglaufen soll, der hat das also fast genauso geschrieben, sondern dass man mit Ruhe auf ihn zugehen soll und da mit ihm drüber diskutieren oder so.

Eine solche Äußerung zeigt, dass die Schüler auch die Wechselseitigkeit von Verhaltensweisen im Blick haben. Sie vergegenwärtigen sich nicht nur die Wahrnehmungsperspektive und die inneren Reaktionen einzelner Figuren, sondern können zugleich erläutern, dass durch die Kontrolle der eigenen Gefühle und des eigenen Verhaltens andere beeinflussbar sind. In Bezug auf die Kreuder-Geschichte erläutert ein Schüler dies mit folgender Äußerung:

> (9) Ich würde sagen, es geht um das Verhalten des Menschen in bestimmten Situationen. Und hier dieser Rabe, der hat es vorausgesagt, wie die Menschen reagieren, wenn sie da sitzen und keine Angst zeigen, keine Scheu und nicht weglaufen: Dass den Menschen die Lust am Jagen vergeht […].

Noch differenzierter, wenn auch stockend vorgetragen, wird dies in folgender Äußerung deutlich:

> (9) Ich meine, das geht vielleicht nicht nur um die Angst da, sondern vielleicht auch um das Mittel geht, wie die das Jagen oder die Jägerei beendet haben. Also das ist, also dass sie […] nicht das gemacht haben, was sie erwartet hätten, also die Jäger erwarten, erwartet hätten, sondern sich einfach hingelegt haben, und das ist also deshalb, dass die Jäger nicht mehr jagen wollen.

Zusammenfassend lässt sich festhalten, dass die Entwicklung von einem mehr handlungsbezogenen zu einem mehr psychologischen Verstehen verläuft. Dabei können Neuntklässler bereits herausarbeiten, wie die Einsicht in die Handlungsmotivation anderer einem helfen kann, durch ein verändertes Verhalten Gegenreaktionen zu beeinflussen. Sie verfügen über die Fähigkeit gegenseitiger sozialer Perspektivenübernahme.

3. Moralisches Urteil

Dass Kurzprosatexte moralische Stellungnahmen anregen, zeigt sich besonders deutlich in den Äußerungen der Fünftklässler:

> (5) Also ich finde das eigentlich sehr blöd von denen. […] wenn sie jetzt die Tiere töten würden, weil sie das Fleisch oder das Fell von denen dringend brauchten, dann wär das ja was anderes gewesen, aber die haben die einfach so aus lauter Wollust getötet. Das ist ja auch gemein, wenn, wenn man na einen Menschen tötet aus lauter Wollust, das kann man beim Tier ja auch nicht machen!

Den Schülern liegt an einer eindeutigen Beurteilung. Psychologisch gesprochen argumentieren sie auf der Stufe des konventionellen moralischen Urteils: Sie wenden Normen der moralischen Konvention an. Dabei argumentieren sie differenziert: Verabscheuungswürdig ist das Töten der Tiere, wenn es, wie es in einer anderen Schüleräußerung heißt, „gar nicht lebensnotwendig, lebenswichtig" ist. Im weiteren Gespräch werden dann noch zusätzliche Gründe genannt, die das Töten von Tieren rechtfertigen können, zum Beispiel die Aufrechterhaltung des Gleichgewichts zwischen Futter und Tierbestand oder die Verhinderung von Seuchen. Es sind dabei immer äußere Gründe, die den Geltungsbereich des moralischen Gebots abstecken. Bei den Neuntklässlern tritt die moralisierende Argumentation in den Hintergrund, weil das psychologische Interesse stärker geworden ist. Die Schüler interessieren sich mehr für die Opferperspektive als für die moralische Beurteilung der Jäger, wie die folgende Äußerung zeigt (es geht um die Frage, aus welcher Perspektive der Leser die Geschichte liest):

> (9) Ich hätte mich auch in die Rolle der Tiere versetzt, weil sie es sind, die das Opfer praktisch darstellen, und ich meine, irgendwie, das Töten ist immer etwas Schlechtes, egal von wem das kommt irgendwie.

Die Identifikation mit den Tieren wird dabei auch in Bezug gesetzt zur eigenen Situation als Jugendlicher:

> (9) Ich glaube, dass man sich eher in die Tiere versetzt, weil die die Unterdrückten sind oder so, dass man also […], wir sind ja auch irgendwie in so 'ner niederen Rolle, wir werden ja auch mehr von den Erwachsenen beherrscht, jetzt sieht, dass wir sie beherrschen können und dass wir uns vielleicht auch wünschen, sich mal so verhalten zu können wie die Tiere, dass die also auch mal, die Jäger, auf dem Schlauch stehen und nicht wissen, was sie machen sollen.

Zusammenfassend lässt sich also festhalten, dass die Kinder am Anfang der Sekundarstufe ein großes Interesse für moralische Beurteilung haben, die sie emotional engagiert vortragen und argumentativ begründen. Sie richten sich dabei an geläufigen moralischen Wertvorstellungen aus. Am Ende der Sekundarstufe I steht stärker die Empathie mit den Hauptfiguren im Vordergrund.

4. Folgerungen für das Unterrichten

Als Erwachsener mag man sich bei mancher Äußerung von Kindern und Jugendlichen zu Kreuders Geschichte ein Lächeln kaum verkneifen. Es ist aber durchaus spannend, wie die Schülerinnen und Schüler ihr Vorwissen, ihre Überzeugungen und ihre Argumentationsfähigkeit einsetzen. Dabei leisten auch die Fünftklässler bei aller Begrenztheit ihres Verstehens etwas, was für das literarische Verstehen wichtig ist, nämlich das detaillierte Sich-einlassen auf die Handlungszusammenhänge; das ist etwas, was in höheren Klassen oft zu kurz kommt, weil sich die Schülerinnen und Schüler allzu schnell in abstrakten Diskussionen verlieren.

Es geht im Unterricht also nicht nur darum, erweiterte Verstehensmöglichkeiten zu vermitteln; es muss auch vorhandenes Können für die weiteren Klassenstufen bewahrt bleiben. Ferner erfolgt die Erschließung erweiterter Verstehensdimensionen nicht nur durch das Beibringen neuen Wissens und neuer Strategien, vielmehr liegt in der Ausschöpfung der Verstehenskompetenzen, über die Schülerinnen und Schüler jeweils verfügen, bereits der Ansatz zu deren Erweiterung. Weil die Fünftklässler intensiv in realistisch-erfahrungsweltbezogener Weise den Handlungszusammenhang erörtern, erfahren sie die Grenzen ihres Verstehensmodells. Vergleiche wie der mit drohender Entlassung in der Arbeitswelt, den ein Schüler in einer der oben zitierten Äußerungen zieht, kann in diesem Sinne als ein Schritt hin zum parabolischen Verstehen gesehen werden.

Auch die Äußerungen der Neuntklässler unterscheiden sich von der Art und Weise, wie Erwachsene mit dem Text umgehen würden. Die geradezu emphatische Weise, wie sich die Neuntklässler dem Thema der Angst zuwenden, dürfte mit der pubertären Identitätsauseinandersetzung zu tun haben, die dann ausdrücklich in der zuletzt zitierten Äußerung sichtbar wird. Eine politisch-gesellschaftskritische Interpretation, die auch möglich wäre, entwickeln sie noch kaum, aber sie werden dennoch wesentlichen Aspekten des Textes gerecht. Es ist sinnvoll, sie in ihrem lebendigen altersspezifischen Zugang zu unterstützen. Die Thematik der Angst kann dann daran anknüpfend, ggf. durch eine Lehrerfrage, gesellschaftspolitisch erweitert werden hinsichtlich der Instrumentalisierung von Angst durch Herrschende.

Teil E: Methodische Bausteine

Mit der Verwendung des Wortes „Bausteine" in der Überschrift zu diesem Teil signalisiere ich, dass es im Folgenden nicht um die methodische Gestaltung ganzer Unterrichtseinheiten geht, sondern um unterrichtsmethodische Verfahren, die für den konkreten Unterricht in vielfältiger Weise miteinander kombiniert werden können.

1. Vorlesegespräche

Kurzgeschichten und Märchen werden vor allem in unteren Klassen von Lehrerinnen und Lehrern gerne zum Vorlesen ausgewählt; in der Weihnachtszeit sind z. B. viele auf der Suche nach einer passenden Weihnachtsgeschichte. Vorlesesituationen können eine konzentrierte Atmosphäre der Aufmerksamkeit hervorrufen und bei den Schülerinnen und Schülern eine intensive Texterfahrung bewirken. Das ist mehr als bloßer unterhaltsamer Zeitvertreib, sondern durchaus ein Beitrag zum literarischen Lernen.

Das Vorlesen von Erzähltexten kann durch kurze Gesprächseinlagen unterbrochen werden, die die Imagination und das Mit- und Nachdenken der Schülerinnen und Schüler im Sinne einer verzögerten Rezeption anregen sollen; man kann ein solches Vorgehen als Vorlesegespräch bezeichnen. Folgende Impulse für solche Gesprächseinlagen kommen unter anderem infrage (die Beispielformulierungen sind für untere Klassen gedacht):

▸ Antizipation: Die Schülerinnen und Schüler sollen sich überlegen, wie die Geschichte weitergehen könnte.
▸ Aktivierung von eigenen Erfahrungen (individuelles Vorwissen): Gemeint sind hier Impulse wie „Eine solche Wut, kennt ihr das?" oder „Habt ihr auch einmal eine solche Situation erlebt?".
▸ Anregung zur Perspektivenübernahme: Das geschieht durch Fragen wie „Wie hat sich X hier wohlgefühlt?" oder „Könnt ihr verstehen, warum X das sagt?".
▸ Reflexion und Beurteilung des Verhaltens einer Figur: Dies bietet sich vor allem an, wenn sich eine Figur in einem Text in überraschender Weise verhält. Es geht um Fragen wie „Findest du es richtig, was X hier getan hat?" oder „Was würdest du tun, wenn du in der Situation von X wärst?".
▸ Interpretationen: Interpretationsfragen sind vor allem bei Textstellen angebracht, die durch andere Textstellen erhellt werden können, z. B. wenn aus dem vorangegangenen Textzusammenhang eine Begründung für das Verhalten einer Figur erschlossen werden soll.

Zwischen den angeführten Fragetypen bzw. Impulsen gibt es Überschneidungen und oftmals verbindet ein Impuls auch zwei Aspekte. Im Unterrichtsvorschlag F 1 „Eine Geschichte mit viel Gegrunze: *Die kleine süße Sau* von Bernhard Lassahn" findet man eine Umsetzung eines Vorlesegesprächs, das zeigt, an welchen Textstellen welche Gesprächsimpulse sinnvoll sind. In unteren Klassen ist es übrigens oft gar nicht nötig, einen Impuls oder eine Frage zu formulieren; ein Innehalten und Aufblicken kann, bei entsprechend ausgewählten Stellen, schon Schüleräußerungen hervorrufen.

2. Hinführungen vor dem Lesen

Die Beschäftigung mit einem Kurzprosatext beginnt im Unterricht in der Regel damit, dass der Text ausgeteilt oder die entsprechende Buchseite aufgeschlagen und mit dem Lesen begonnen wird. Es kann aber auch sinnvoll sein, durch Vorstellungsaktivierung, Assoziationsbildung oder auch Vorinformation auf die Lektüre vorzubereiten; damit wird unterstützt, dass beim anschließenden Lesen im Gehirn Verknüpfungen mit Vorwissen erfolgen, ohne die ein Verstehen nicht gelingt. Einfache Möglichkeiten für solche Hinführungen sind Assoziationen zum Titel des Textes oder zu einzelnen Stichworten aus dem Text, die vom Lehrer oder der Lehrerin an die Tafel geschrieben werden.

Vorinformationen können dann sinnvoll sein, wenn Texte durch starke zeitgeschichtliche Bezüge für heutige Schülerinnen und Schüler Verstehensschwierigkeiten bereiten. Ferner können, wenn ein Text viele schwierige Wörter und Wendungen enthält, vor dem Lesen einige entsprechende Erklärungen gegeben werden.

3. Literarisches Gespräch

Literarische Gespräche sind eine offene Form des Austauschs über Lektüreerfahrungen und Deutungsmöglichkeiten. In gängigen Verlaufsplänen für Literaturstunden findet man meist eine, allerdings sehr reduzierte Form des literarischen Gesprächs als Einstiegsphase, in der die Schülerinnen und Schüler ihre Lektüreeindrücke austauschen. In der jüngeren fachdidaktischen Diskussion wird dem literarischen Gespräch eine erweiterte Bedeutung zugesprochen, und zwar nicht nur im Sinne einer Unterrichtsmethode, sondern als eine anzueignende kommunikative Fähigkeit, die zur geselligen Teilhabe an Kultur befähigt. Deshalb bin ich oben bei der Erläuterung der Zieldimensionen darauf schon eingegangen. Vor allem modernere Kurzprosatexte, z. B. von Jürg Schubiger, Franz Hohler, aber auch schon von Franz Kafka (siehe den Unterrichtsvorschlag F 14 „Rätselhafte Geschichten – Kafka, Brecht und Schubiger"), eignen sich für literarische Gespräche, weil sie „nach Deutungen geradezu verlangen, indem sie Fragen provozieren, zugleich aber Vereindeutigungen nicht dulden und sich gegen Deutungen gewissermaßen abschotten" (Rosebrock 2007, S. 11). Literarische Gespräche über solche Texte können den Schülerinnen und Schülern die grundsätzliche Einsicht vermitteln, dass Literatur oft eher Fragen stellt, als dass sie Antworten gibt.

Idealtypisch lässt sich ein literarisches Gespräch durch die folgenden Punkte charakterisieren:

▸ Die Schülerinnen und Schüler benennen ihre eigenen Lektüreeindrücke.

▸ Die Äußerungen der anderen Schülerinnen und Schüler werden als deren subjektive Texteindrücke akzeptiert.

▸ Verschiedene Sichtweisen werden im Gespräch zueinander in Beziehung gesetzt – das kann dazu führen, dass Schülerinnen und Schüler Korrekturen und Ergänzungen an bereits geäußerten Sinndeutungen vornehmen; es kann aber auch sein, dass verschiedene Auffassungen nebeneinander stehen bleiben – es soll kein Zwang zur Einigung bestehen.

▸ Beim Austausch im Gespräch soll immer wieder ein Textbezug hergestellt werden, wobei das nicht ein argumentatives Belegen mit Textstellen sein muss, sondern auch eine eher kreisende, sich annähernde Suchbewegung sein darf.

▸ Auch Nichtverstehen ist Teil des literarischen Verstehens. Es ist deshalb zu akzeptieren, wenn bei einem Text einiges rätselhaft bleibt.

Das literarische Gespräch ist also wesentlich dadurch geprägt, dass eine Balance zwischen Selbstkundgabe, Ernstnehmen des anderen und Textbezug realisiert wird. Es unterstützt die Bereitschaft, sich der Welt des Imaginären, dem intuitiven Angesprochensein und der Irritation zu öffnen und sich darüber ohne bestimmte Zweckorientierung auszutauschen.

Bei einer Klassengröße von 25 bis 30 Schülerinnen und Schülern gestaltet sich ein literarisches Gespräch allerdings etwas schwierig, weil kaum jede Schülerin und jeder Schüler die persönliche Lektüreerfahrung einbringen und dazu ein Feedback erhalten kann. Deshalb empfiehlt sich die Durchführung in der Gruppe, wobei dies in zwei Varianten geschehen kann:

▸ Es wird ein Innenkreis gebildet, der das Gespräch führt, und ein Außenkreis, der zuhört und der anschließend Gelegenheit zur Äußerung erhält (z. B. zu offen gebliebenen Fragen). Man kann auch die Möglichkeit eröffnen, dass sich schon während des literarischen Gesprächs einzelne Teilnehmer des Außenkreises in den Innenkreis eingliedern.

▸ Die Klasse wird in Gruppen eingeteilt, die je für sich ein literarisches Gespräch durchführen. Eventuell kann zwischendrin von jeder Gruppe eine Schülerin oder ein Schüler in eine andere Gruppe wechseln; das neue und die alten Gruppenmitglieder informieren sich dann kurz über Schwerpunkte des bisherigen Gesprächs und tauschen sich dann weiter aus.

Damit alle Teilnehmenden zu Wort kommen, ist es sinnvoll, wenn am Anfang eines Gesprächs reihum jeder/jede sich äußert, z. B. zu einem Satz aus dem Text, der ihm/ihr besonders wichtig oder rätselhaft erscheint.

An einem literarischen Gespräch kann auch die Lehrerin bzw. der Lehrer teilnehmen, und zwar nicht nur als (zurückhaltender) Moderator, sondern als Gesprächsteilnehmer, der wie die anderen Teilnehmenden seine Empfindungen,

Vorstellungen und Gedanken zum Text einbringt; zu achten ist darauf, dass die Schülerinnen und Schüler dadurch nicht die Bereitschaft verlieren, ihre eigene Sicht zu artikulieren. In ein literarisches Gespräch kann ggf. auch Zusatzinformation eingegeben werden, etwa in der Form von „Wie lesen wir den Text, wenn wir erfahren, dass er am Ende des Zweiten Weltkriegs entstanden ist".

Eine schriftliche Variante stellt das literarische Schreibgespräch dar. Dazu werden die Schülerinnen und Schüler in Gruppen aufgeteilt. Jede Gruppe erhält einen großen Bogen Papier, den sie auf zwei zusammengerückte Tische legt. Um die Tische herum stehend, und ohne zu sprechen, tragen die Gruppenmitglieder nun ihre Eindrücke und Fragen zum Text auf dem Papierbogen ein, wobei sie auch auf schon erfolgte Einträge anderer Gruppenmitglieder reagieren können.

4. Inhaltsangabe

Der Inhaltssicherung eines gelesenen Textes dient im Unterricht häufig die Inhaltsangabe, die mündlich wie schriftlich eingesetzt wird. Die Fähigkeit, den Inhalt eines Textes, insbesondere eines Sachtextes, zusammenfassend wiederzugeben, wird in vielen Lebenszusammenhängen gebraucht. Bei Inhaltsangaben zu literarischen Texten muss man sich bewusst halten, dass immer auch Interpretation einfließt und es deshalb oft ausgesprochen schwer ist zu entscheiden, was von dem, was in einem Text nicht ausdrücklich gesagt ist, in einer Inhaltsangabe berücksichtigt werden soll. Bei kurzen Prosatexten ergibt sich dieses Problem in besonderem Maße, weil der Anteil des nicht explizit Ausgeführten sehr groß sein kann. Für das Gespräch über einen Text kann eine Inhaltswiedergabe allerdings durchaus anregend sein, weil sie von sich aus schon zu Fragen der Interpretation hinführt. Bei schriftlichen Inhaltsangaben kann es zu Schwierigkeiten der Beurteilung kommen; viele Texte der Kurzprosa eignen sich wegen ihrer Kürze oder ihrer verschlüsselten Parabolik kaum für die schriftliche Inhaltsangabe; insbesondere die häufig vorgegebene Auflage, dass bei der Inhaltsangabe eigene Formulierungen verwendet werden sollen, stellt die Schülerinnen und Schüler bei Kurzprosatexten vor kaum lösbare Probleme.

5. Fragen zur inhaltlichen Texterschließung

Fragen zur inhaltlichen Texterschließung, die schriftlich in Lesebüchern, auf Arbeitsblättern und bei Tests oder mündlich im Klassengespräch eingesetzt werden, beziehen sich auf das Verständnis einzelner Wörter, Sätze und satzübergreifender Zusammenhänge. Sie dienen wie die Inhaltsangabe der Inhaltssicherung, wobei der Übergang zum Interpretieren fließend ist. Sie sind wichtig als Erziehung zum genauen Lesen und als Rückversicherung für die Lehrkraft, ob denn überhaupt ein basales Textverständnis vorhanden ist – man täuscht sich immer wieder über die Schwierigkeiten, die die Schülerinnen und Schüler haben. Es ist insbesondere das mangelnde – oder vielleicht sollte man besser sagen: das von den Erwachsenen abweichende – Vorwissen, das der Grund für die elementaren Verstehensprobleme ist.

Bei inhaltserschließenden Fragen gibt es allerdings auch einige Gefahren, deren Auswirkung man häufig beobachten kann:

▸ Abfolge von Fragen ohne Zusammenhang: Vor allem bei schriftlichen Fragen kann man diese Gefahr feststellen, z. B. wenn eine Frage zur lokalen (auf eine bestimmte Textstelle bezogenen) Informationsermittlung gestellt wird und dann eine Interpretationsfrage, die mit der zuvor erfragten Information nichts zu tun hat. In Lesetests kommt dies besonders häufig vor; für den Zweck, den ein Test zu erfüllen hat, muss das nicht problematisch sein, weil nicht ein Verstehensaufbau gelehrt, sondern Einzelaspekte des Verstehens überprüft werden sollen. Bei Lernaufgaben jedoch, für die andere Ansprüche als für Testaufgaben gelten, lernen bei solchem Vorgehen die Schülerinnen und Schüler nicht, dass für das literarische Verstehen die Verbindung von Mikro- und Makrostruktur wichtig ist. Man darf also Testaufgaben, die isolierte Verstehensaspekte herausgreifen, nicht unreflektiert als Muster für Lernaufgaben betrachten.

▸ Ein Frageunterricht wird leicht zur Gängelung der Schülerinnen und Schüler, durch die die Entfaltung von Imagination, wie sie für literarische Texte wichtig ist, gehemmt wird. In der Balance zwischen Offenheit für Schüleräußerungen und Lenkung besteht die Kunst der Gesprächsführung im Literaturunterricht.

Sinnvoll sind vor allem Fragen, die den Blick auf eine Textstelle und von da ausgehend auf den größeren Textzusammenhang richten. Dies sei an einem Beispiel aus einem Lehrerhandbuch veranschaulicht; es bezieht sich auf Peter Bichsels *Ein Tisch ist ein Tisch*:

> „Eine lustige Geschichte ist das nicht", sagt der Erzähler kurz vor Schluss. „Sie hat traurig angefangen und hört traurig auf."
> Was ist das „Traurige" am Anfang?
> Was ist das „Traurige" am Schluss?
>
> (Klaus Gerth u. a. 1973: Kommentare und Methodische Inszenierungen zu Texten für die Sekundarstufe. 5. Jahrgangsstufe. Hannover, S. 81)

Diese Fragen zielen auf zentrale Aspekte des Textinhalts und eröffnen einen gewissen Spielraum für die Beantwortung; sie vermeiden so eine Engführung, die für einen literarischen Text unpassend wäre.

Eine selbstständigere Beschäftigung mit einem Text wird gefördert, wenn die Schülerinnen und Schüler selbst Fragen formulieren, z. B. in der Gruppe zur Beantwortung in einer anderen Gruppe, wie dies in Unterrichtsvorschlag F 14 zu Kafkas *Vor dem Gesetz* angeregt wird.

Neuerdings werden durch den Einfluss der Lesetests auf den Unterricht auch häufiger Multiple-choice-Aufgaben eingesetzt, also Aufgaben, die mehrere Antwortmöglichkeiten vorgeben, von denen eine anzukreuzen ist. Wenn sie tatsächlich literarisches Lernen befördern und nicht nur Kompetenz abprüfen sollen, müssen sie auch mündlich besprochen werden, denn das Begründen einer richtigen oder wahrscheinlichen Lösung ist wichtiger als die Lösung selbst. Auch das Nachdenken über die Distraktoren (die falschen Antwortvarianten) ist erhellender als die bloße Rückmeldung, dass das Kreuz an falscher Stelle steht. Wenn die Schülerinnen und Schüler den Eindruck gewännen, im Literaturunterricht ginge es vor allem um richtig oder falsch, würden sie sich eine unzutreffende Vorstellung bilden von dem, was kurze Geschichten als literarische Texte ausmacht.

6. Interpretations- und Beurteilungsfragen zu Figuren und ihrem Verhalten

In kurzen Geschichten stehen in der Regel eine oder mehrere Figuren, ihr Erleben und ihr Verhalten im Mittelpunkt. Dadurch ergeben sich verschiedene Möglichkeiten der Interpretation und weiterführenden Reflexion. Während bei längeren Erzählungen im Text vielfältige Informationen zur Charakterisierung der Figuren zu finden sind, bleibt bei Kurzprosatexten vieles der deutend-vermutenden Erschließung überlassen. Damit kommen verstärkt eigene Erfahrungen und Wertvorstellungen der Schülerinnen und Schüler ins Spiel, was für den Unterricht fruchtbar werden kann. Fragestellungen folgender Art können für die Interpretation und Reflexion anregend sein:

‣ Warum verhält sich die Figur so?
‣ Was verrät der im Text beschriebene Gesichtsausdruck über die Gefühle der Figur?
‣ Was verrät ihr Verhalten über die Beziehung zu anderen Figuren?
‣ Könnten frühere Erlebnisse für das Verhalten und die Gefühle der Figur eine Rolle spielen?

Noch stärker zur persönlichen Auseinandersetzung fordern die folgenden Fragestellungen heraus:

‣ Findet ihr es richtig, dass …
‣ Was würdest du tun, wenn du in dieser Situation wärst …

Auf bestimmte Texte bezogene Fragen findet man unten vor allem in den Unterrichtsvorschlägen F 5 „Wut oder was? Eine Kurzgeschichte von Marlene Röder" und F 13 „Da, wo sonst Rosmaries Platz ist – eine Kurzgeschichte von Peter Stamm".

Solche Fragen können Teil eines gelenkten Interpretationsgesprächs oder Arbeitsauftrag für Einzel-, Partner- oder Gruppenarbeit (zur mündlichen oder schriftlichen Bearbeitung) sein.

Als Anstoß für eine Auseinandersetzung mit Figuren kann auch von der Lehrerin oder dem Lehrer eine These aufgestellt werden, die die Schülerinnen und Schüler diskutieren sollen, z. B. zur Kurzgeschichte von Marlene Röder:

▸ Der Junge in der Geschichte ist wütend, weil man ihn im Zimmer eines verstorbenen Jungen unterbringt.

Diese Aussage ist nicht haltbar, soll also eine Gegenargumentation provozieren.

7. Wege zum symbolischen und parabolischen Verstehen

Symbolische und parabolische Bedeutungszusammenhänge spielen in vielen Kurzprosatexten eine große Rolle und werden entsprechend häufig bei der Behandlung im Unterricht erarbeitet.

Zum symbolischen Verstehen

Symbolische Bedeutungsdimensionen ergeben sich dadurch, dass Elemente eines Textes eine erweiterte Sinndimension erhalten (dies entspricht der Auffassung, die auf Goethe zurückgeht). So verbinden sich in Borcherts Kurzgeschichte *Nachts schlafen die Ratten doch* die „Ratten" mit dem Tod, die „Kaninchen" mit dem Leben, parallel dazu sind die „Schuttwüste" und die „Erde" oder das „Staubgewölke" und die „Abendsonne" symbolisch als Gegensätze einander zugeordnet. Das Beispiel zeigt, dass sich symbolische Bedeutungserweiterungen durch den Textzusammenhang ergeben. Ratten oder Kaninchen haben nicht unabhängig vom Text eine symbolische Bedeutung. Deutlich wird hier auch, dass Oppositionen oft die symbolische Bedeutungserweiterung unterstützen; das legt ein strukturalistisches Analyseverfahren nahe, bei dem die Schülerinnen und Schüler in zwei Spalten die Gegensatzpaare notieren. Neben einzelnen Dingsymbolen können dabei auch räumliche Strukturierungen und lautliche Aspekte wichtig sein. Das Vorgehen sei an einem Text von Franz Hohler demonstriert:

Franz Hohler
Die Wand
Wenn ich vom Pult des Zimmers 580 der University of Tasmania aufblicke und aus dem Fenster schaue, sehe ich fast nichts anderes als die Wand des gegenüberliegenden Gebäudes, oder des gegenüberstehenden, denn das Gebäude liegt ja nicht, und die Wand schon gar nicht, im Gegenteil, sie steht da, als gäbe es außer ihr nichts anderes auf der Welt.
Sie zeigt nur ihre Verkleidung, nämlich ein senkrecht gestreiftes plattes Unding, das unten links abgeschrägt ist und dort noch ein Stück einer Glasfront und der Mauer sehen lässt, welche aus grauen Backsteinen besteht.
Es gibt aber noch etwas anderes auf der Welt, denn in meiner rechten Fensterecke bewegen sich die Blätter einer Pappel, die vom Wind hin- und hergewiegt werden, der Wand zum Trotz; und der Wind, dieser große Spieler, tändelt auch mit dem Vorhang hinter dem offenen Spalt meines Schiebefensters, dem Vorhang, der sich leise bewegt wie jemand, der von ferne eine Musik hört, und ich höre sie, der Vorhang hört sie, die Pappel hört sie, nur die Wand steht dumpf und klotzig da – aber wenn ich sehe, dass sich die tanzenden Blätter im

> kleinen Stück ihrer Glasfront spiegeln, denke ich plötzlich, vielleicht träume auch sie vom Wind, und ihre Sehnsucht, von ihm bewegt zu werden, sei nahezu unstillbar.
>
> Aus: Franz Hohler 1995: Die blaue Amsel. München, S. 36 f. © Franz Hohler

Der Arbeitsauftrag für die Schülerinnen und Schüler könnte lauten

Der Text von Franz Hohler stellt zwei Bereiche oder Welten einander gegenüber; man könnte sie mit den Wörtern „Wind" und „Wand" aus dem Text charakterisieren. Erstelle eine Tabelle mit zwei Spalten, in denen du Wörter einträgst, die zum Bereich „Wind" bzw. zum Bereich „Wand" gehören. Untersuche dann, wie diese beiden Bereiche im Text zueinander in Beziehung gesetzt werden.

Überlege schließlich, was man jemandem antworten könnte, der folgendermaßen argumentiert: „Den Text von Hohler finde ich absolut nichtssagend. Was interessiert es mich schon, was Hohler sah, als er in der Universität von Tasmania aus dem Fenster schaute."

Eine Zusammenstellung der Wörter zu „Wand" und „Wind" könnte folgendermaßen aussehen:

Wand	Wind
gegenüberstehend	anderes
senkrecht	bewegen
plattes Unding	Blätter
Glasfront	hin- und hergewiegt
Mauer	Spieler
aus grauen Backsteinen	tändelt
zum Trotz	Musik
steht da	tanzende Blätter
dumpf	Träume
klotzig	bewegt

Folgende Überlegungen zu einer solchen Zusammenstellung können interessant sein:
▶ Was ist das Verbindende der Wörter in den beiden Spalten?
▶ Wie verteilen sich die Wörter der beiden Spalten im Text?
Es geht um den Gegensatz von abweisender bebauter Umwelt und bewegter Natur, wobei diese eine Verwandlung ins Surreale bewirkt: Der Vorhang und die

Pappel hören die Musik und am Schluss vermutet das erzählende Ich, dass die Wand träume. So erweitert sich die konkrete Schilderung symbolisch zu einer Erfahrung von Lebendigkeit und träumender Fantasie, die die starre, tote Umwelt verwandelt. Der Gegensatz ist übrigens auch lautlich wiedergegeben, z. B. wenn „hin- und hergewiegt" der Wortfolge „der Wand zum Trotz" mit vier einsilbigen Wörtern gegenübergestellt ist.

Wenn die Schülerinnen und Schüler am PC arbeiten, kann man statt einer Zusammenstellung in Spalten auch im Hohler-Text die Wörter in unterschiedlicher Farbe markieren.

Symbolisches Verstehen kann auch durch Fragen zu einzelnen Dingsymbolen angeregt werden. Ein Beispiel findet sich dazu im Unterrichtsvorschlag F 8 „Stein und Zeit – Texte von Klaus Merz und Franz Hohler", wo im Text von Klaus Merz der Stein in der Hosentasche als „Spielgefährte, als Amulett, [...] als Erdgeschichte in handlicher Form" bezeichnet wird und in einem Arbeitsauftrag nach diesen drei Bedeutungen, die der Stein hat, gefragt wird. Im Unterrichtsvorschlag F 13 „Da, wo sonst Rosmaries Platz ist – eine Kurzgeschichte von Peter Stamm" werden mit Fragen zum Koffer, dem zentralen Dingsymbol, und zur liegenden kleinen Tanne, einem Nebenmotiv, symbolische Bedeutungsdimensionen angesprochen.

Zum parabolischen Verstehen

Bei der Parabolik geht es um Bedeutungsübertragung, wobei der gesamte Text auf einer anderen Bedeutungsebene seinen Sinn gewinnt. Der Prototyp parabolischer Texte ist die Tierfabel, die erst durch die Übertragung auf die Menschenwelt richtig verstanden wird. Dabei gibt es eine große Spannbreite von deutlich vorgegebener parabolischer Bedeutung – z. B. wenn eine Fabel mit einer Lehre endet – bis zu Texten, bei denen nur noch Vermutungen über Bedeutungen möglich sind. Parabolische Texte dienen immer wieder der Anwendung in konkreten Lebenssituationen – Fabeln z. B. waren ursprünglich Veranschaulichungen innerhalb von Reden. Es ist deshalb sinnvoll, wenn die Schülerinnen und Schüler sich überlegen, inwiefern sie parabolische Texte auf eigene Lebenserfahrungen anwenden können. Im Unterrichtsvorschlag F 4 „Von der Fabel zum Märchen: Der Wolf und die sieben jungen Geißlein" lernen die Schülerinnen und Schüler eine Fabel mit sehr ausführlicher Lehre kennen; der parabolische Charakter des Textes wird da überdeutlich.

Zu bedenken ist, dass die Übergänge zwischen Symbolik und Parabolik fließend sind und dass Texte, die nicht als Parabeln bezeichnet werden, parabolisch verstanden werden können und dürfen.

8. Untersuchung sprachlicher Merkmale

Die Analyse der sprachlichen Gestaltung fällt den Schülerinnen und Schülern meist schwer und oft wird sie zu einer Aufzählung rhetorischer Stilmittel, ohne dass ein Zusammenhang mit dem Inhalt des Textes erkannt wird. Dabei eignen sich viele Kurzprosatexte gut für eine Sprach- und Stilanalyse, bei der die Funktion der sprachlichen Mittel deutlich werden kann. Ich zeige an einem Beispiel, an Franz Hohlers kurzem Text *Daheim*, wie Aufgaben zur Untersuchung sprachlicher Merkmale sinnvoll gestellt werden können.

Franz Hohler
Daheim
Daheim bin ich, wenn ich in die richtige Höhe greife, um auf den Lichtschalter zu drücken.
Daheim bin ich, wenn meine Füße die Anzahl der Treppenstufen von selbst kennen.
Daheim bin ich, wenn ich mich über den Hund der Nachbarn ärgere, der bellt, wenn ich meinen eigenen Garten betrete.

Würde er nicht bellen, würde mir etwas fehlen.
Würden meine Füße die Treppenstufen nicht kennen, würde ich stürzen.
Würde meine Hand den Schalter nicht finden, wäre es dunkel.

Aus: Franz Hohler 1998: Die blaue Amsel. München, S. 27. © Franz Hohler

Dieser Text ist einfach formuliert und zugleich auffällig aufgebaut: Er ist gegliedert in zwei Abschnitte, die je drei Sätze, jeweils mit Haupt- und Nebensatz, enthalten, wobei diese spiegelbildlich angeordnet sind (der erste Satz des zweiten Teils nimmt den letzten Satz des ersten Teils auf usw.). Der erste Teil ist im Indikativ gehalten, der zweite im Konjunktiv II. Die Nebensätze im ersten Abschnitt sind temporal, im zweiten Abschnitt konditional mit Negation („nicht"). Die Sätze innerhalb der beiden Teile beginnen mit den gleichen Wörtern, also mit einer Anapher.

Schülerinnen und Schülern, die noch nicht geübt sind in der sprachlichen Textanalyse, kann man den folgenden Arbeitsauftrag geben, der ihre Aufmerksamkeit auf die bei diesem Text ergiebigen Analysekategorien lenkt:

Untersuche den Aufbau des Textes. Beachte vor allem die Anzahl der Sätze, die Satzanfänge, den Satzbau, den Modus (Indikativ/Konjunktiv), die inhaltliche Abfolge der Sätze. Überlege, was deine Beobachtungen zur sprachlichen Gestaltung mit dem Inhalt zu tun haben könnten.

Der zweite Teil der Aufgabe, „Überlege, ... ", soll den Zusammenhang von sprachlicher Form und Inhalt ins Bewusstsein heben.

Grundsätzlich soll den Schülerinnen und Schülern vermittelt werden, dass nicht alle sprachlichen Kategorien bei jedem Text ergiebig sind. Hohler arbeitet in *Daheim* in besonderer Weise mit Modus und Syntax, dagegen spielt Metaphorik keine Rolle.

Bei einer offeneren Aufgabenstellung zu Hohlers *Daheim* würde man keine Hinweise zu den zu beobachtenden sprachlichen Kategorien geben. Die Aufgabe könnte dann lauten:

Überlege, welche sprachlichen Auffälligkeiten Hohlers Text aufweist. Stelle sie zusammen und überlege, wie sie die inhaltliche Aussage unterstützen.

Bei einer solchen Fragestellung gehe ich von der Voraussetzung aus, dass vor allem die Abweichungen vom gängigen Sprachgebrauch („Auffälligkeiten") literarisch interessant sind.

Ein anderes Verfahren, die Schülerinnen und Schüler auf die sprachliche Gestaltung aufmerksam zu machen, besteht darin, dass man eine Textstelle in drei Varianten präsentiert, wobei eine davon die originale ist. Die Schülerinnen und Schüler sollen nun überlegen, welche Variante ihnen am passendsten erscheint, und ihre Wahl begründen.

Detektivischer Spürsinn ist gefragt, wenn den Schülerinnen und Schülern ein Text vorgelegt wird, in den ein Satz eingeschmuggelt ist, der stilistisch eigentlich nicht hineinpasst. Mithilfe des PCs können solche Aufgaben auch von den Schülerinnen und Schülern selbst konstruiert werden – Stilanalyse erhält so einen spielerischen Charakter.

Aufgaben zur Untersuchung sprachlicher Merkmale finden sich in den Unterrichtsvorschlägen F 4 „Von der Fabel zum Märchen: Der Wolf und die sieben jungen Geißlein", F 6 „Natur erobert die Stadt zurück: Texte von Wolfgang Bächler und Franz Hohler", F 8 „Stein und Zeit – Texte von Klaus Merz und Franz Hohler", F 10 „Kalendergeschichte und Anekdote: Hebel und Kleist" und F 15 „Vom Vorteil der Überwachung – ein satirischer Text von Lutz Rathenow".

9. Analyse der Erzähltechnik

Kurze Prosatexte zeigen eine große Vielfalt in der erzähltechnischen Gestaltung, also in der Erzählperspektive, der Zeitstruktur und den Redeformen. Entsprechend werden sie im Unterricht gerne für Erzählanalyse verwendet. Die Literaturwissenschaft stellt dafür ein ausdifferenziertes Instrumentarium zur Verfügung. Allerdings sind die Kategorien ausgesprochen umstritten (das zeigt z. B. die Kritik am Modell von Stanzel, der auktoriale, personale und Ich-Erzählsituation unterscheidet) oder sind begrifflich für die Verwendung in der Schule überaus

anspruchsvoll (z. B. die Kennzeichnungen intra-, extra-, meta-, homo- und hete-
rodiegetisch nach Genette). Man sollte im Unterricht zurückhaltend mit der Vermittlung solcher Begriffe sein, denn sie erscheinen den Schülerinnen und Schülern meist als Formalismus, der mit der inhaltlichen Auseinandersetzung mit
Texten wenig zu tun hat. Das liegt vor allem daran, dass in den (vor allem neueren) Texten fließende Übergänge zwischen den Kategorien realisiert werden; das
gilt besonders für die Unterscheidung zwischen Erzählerrede und erlebter Rede
oder für die Unterscheidung zwischen erzählendem Ich und erzähltem Ich. Es ist
aber sinnvoll, wenn die Schülerinnen und Schüler eine Aufmerksamkeit für Erzähltechniken entwickeln, weil dies Missverständnissen beim Lesen vorbeugen
kann. Dabei ist das Suchen eigener Begriffe für die Beschreibung der Erzählweise oft sogar erkenntnisfördernder als die Zuordnung zu einem Fachbegriff. Wenn
ein Schüler oder eine Schülerin sagt: „Hier, an dieser Stelle erfahren wir, wie X
die Situation erlebt, der Satz gibt sozusagen seine Gedanken wieder", ist das für
das literarische Verstehen ebenso hilfreich wie die Aussage: „Hier wechselt der
Erzähler in die erlebte Rede." Im Gymnasium ist es allerdings sinnvoll, die Begriffe „direkte Rede", „indirekte Rede", „innerer Monolog" und „erlebte Rede" ein-
zuführen (die beiden letzteren sind Gedankenwiedergabe, nicht Wiedergabe ge-
sprochener Rede). Zur Veranschaulichung diene das folgende Beispiel:

▸ Manu sagt: „Ich könnte zum Beispiel das Fahrrad nehmen." (direkte Rede)
▸ Manu sagt, er könnte zum Beispiel das Fahrrad nehmen. (indirekte Rede)
▸ Manu überlegt: „Ich könnte zum Beispiel das Fahrrad nehmen." (innerer Mo-
  nolog)
▸ Zum Beispiel könnte er das Fahrrad nehmen. (erlebte Rede, so beginnt die
  Kurzgeschichte *Schließlich ist letztes Mal auch nichts passiert* von Kirsten
  Boie, bei der in ungewöhnlicher Weise schon Titel und Anfangssatz erlebte
  Rede sind).

Als grundlegende Kategorien für erzähltechnische Beobachtungen in der Schule
erscheinen mir für den Unterricht besonders folgende Aspekte wichtig:

▸ Das Grundmuster des Erzählens ist linear, ein Geschehen wird in seiner chro-
  nologischen Abfolge erzählt. Davon kann jedoch in vielfältiger Weise abge-
  wichen werden, durch Rückblenden, durch Vorausdeutungen, dadurch, dass
  zwei Handlungen, die parallel ablaufen, nacheinander erzählt werden. In
  Franz Hohlers Text *Daheim* (siehe oben) ist überhaupt keine Linearität mehr
  vorhanden, er folgt dem Prinzip der Montage. Erzählt wird manchmal sehr
  ausführlich, manchmal raffend, manchmal auch mit Sprüngen. Oft ist für Beobachtungen der zeitlichen Strukturierung der Tempusgebrauch aufschlussreich.
▸ Beim Erzählen gibt es unterschiedliche Möglichkeiten der Perspektivierung;
  mal erfährt der Leser das Erzählte eher so, wie man es von außen sehen könnte, mal wird so erzählt, wie eine Figur (meist ist es die Hauptfigur) die Situationen erlebt. Das kann dann so weit gehen, dass das Erzählte wie eine

Wiedergabe der Gedanken einer Figur erscheint. Die Übergänge zwischen Außen- und Innensicht sind oft fließend.

▸ Sinnvoll ist die Unterscheidung zwischen Ich- und Er-Erzählung. Bei der Ich-Erzählung ist das Ich am erzählten Geschehen beteiligt, meist als Hauptfigur. Aber auch bei dieser Unterscheidung gibt es fließende Übergänge; ein Beispiel dafür ist Bölls Kurzgeschichte *Die Waage der Baleks*, in der ein Erzähler von seinem Großvater erzählt, von Geschehnissen in dessen Jugendzeit. Am erzählten Geschehen ist das erzählende Ich nicht mehr beteiligt (das entspricht der Er-Erzählung) und doch ist es als Enkel der Hauptfigur mit dem Erzählten verbunden (das entspricht der Ich-Erzählung).

▸ In manchen Geschichten in Er-Form tritt ein Erzähler in Erscheinung, der das Erzählte kommentiert, und zwar nicht als Beteiligter, sondern von außen. In den Kalendergeschichten von Johann Peter Hebel ist das fast immer der Fall. Der Erzähler nennt sich hier „der Hausfreund"; das ist für den Leser unverkennbar das Pseudonym für den Verfasser. Es kann aber auch sein, dass ein Erzähler in einer Geschichte nicht mit dem Verfasser gleichgesetzt werden darf. Das ist der Grund, warum man von Erzählerkommentaren und nicht von Kommentaren des Autors spricht.

In den Unterrichtsvorschlägen findet sich unter F 5 „Wut oder was? Eine Kurzgeschichte von Marlene Röder" eine Kurzgeschichte mit einer komplexen zeitlichen Strukturierung; eine der dazu formulierten Analyseaufgaben zielt auf diesen Aspekt. Im Unterrichtvorschlag F 8 „Stein und Zeit – Texte von Klaus Merz und Franz Hohler" wird bei einer Aufgabe zum Textvergleich explizit die Erzählperspektive angesprochen. Die Rolle des Erzählers soll durch eine Vergleichsaufgabe im Unterrichtsvorschlag F 10 „Kalendergeschichte und Anekdote: Hebel und Kleist" erkannt werden. Bei diesen drei Beispielen ist jeweils explizit in der Aufgabe eine erzählanalytische Kategorie genannt; ein Ziel des Unterrichts sollte sein, dass die Schülerinnen und Schüler zunehmend auch von sich aus bei der Interpretation von Texten entsprechende erzählanalytische Aspekte herausarbeiten können.

10. Historisch-soziologische Kontextuierung

Vor allem ältere Kurzprosatexte sind für heutige Schülerinnen und Schüler ohne Kontextinformation oft kaum verständlich. Das ist zum Beispiel bei Kurzgeschichten aus der Nachkriegszeit der Fall, wenn Verhältnisse des Dritten Reiches oder des Kriegsendes zur Darstellung kommen. In Untersuchungen zu Schülerrezeptionen ist z. B. nachgewiesen worden, dass zu Borcherts *Nachts schlafen die Ratten doch* abenteuerliche Deutungen zustande kommen, weil viele Schülerinnen und Schüler keine Vorstellung von zerbombten Städten haben. Auch die regimekritischen Anspielungen in Prosatexten von Reiner Kunze aus dessen DDR-Zeit werden kaum wahrgenommen, wenn die Kenntnis des historisch-politischen

Hintergrundes fehlt. Es ist bei solchen Texten also sinnvoll, wenn Kontextinformation vermittelt wird, wie das in neuen Lese- und Arbeitsbüchern für weiterführende Schulen in der Regel auch der Fall ist. Ebenso ist es möglich, dass sich die Schülerinnen und Schüler selbst, etwa durch Internetrecherche, entsprechende Information beschaffen. Wichtig ist allerdings, dass durch den Kontextbezug nicht eine Bedeutungsreduktion erfolgt, weil man nun glaubt, den Schlüssel für die Interpretation gefunden zu haben. Wenn literarische Texte über den Entstehungszeitraum hinaus ihre Wirkung behalten, liegt das daran, dass sie einen Bedeutungsüberschuss enthalten, der über die ursprüngliche Kontextbezogenheit hinausgeht. So werden Kafka-Texte z. B. für Leserinnen und Leser vieler Nationen in immer neuen Situationen als aktuell erfahren. Die historische Einbettung darf deshalb nicht absolut gesetzt werden. Im Übrigen kann sie selbst Mehrdeutigkeit hervorbringen, je nachdem, ob man z. B. Kurzprosatexte von Kafka als Verarbeitung seiner Erfahrungen als Jude, als Bankbeamter, als Sohn eines beherrschenden Vaters und als Deutscher in einer mehrheitlich tschechischen Stadt sieht.

11. Textvergleich

Der Vergleich von Texten schärft die Aufmerksamkeit für die Besonderheit der jeweiligen Texte. Oft ist er verbunden mit oben schon genannten Vorgehensweisen, z. B. der Untersuchung sprachlicher Merkmale oder der Analyse von Erzähltechniken, wenn zwei stilistisch unterschiedliche Prosatexte miteinander verglichen werden. Das Besondere einer Kurzgeschichte der Nachkriegszeit erkennen Schülerinnen und Schüler unter Umständen erst richtig, wenn sie sie mit einer traditionell erzählten Kalendergeschichte vergleichen. Vergleich setzt immer Fokussierung voraus: Man vergleicht im Hinblick auf bestimmte Aspekte bzw. einen Gesichtspunkt, zum Beispiel bezogen auf die Wortwahl, auf die Syntax oder auf die Erzählperspektive. Schülerinnen und Schüler sind beim Vergleichen hilflos, wenn sie keinen fokussierenden Blick auf den Text entfalten.

Das Vergleichen schließt zwei Teiloperationen ein, das Finden von Äquivalenzen (was ist gleich oder zumindest ähnlich) und das Erkennen von Unterschieden. Es handelt sich um analytische Denkoperationen; diese können aber auch mit mehr intuitivem Erkennen verbunden sein, z. B. wenn zunächst eher nachempfindend der Stilunterschied zwischen zwei Kurzprosatexten nachvollzogen und dann darauf aufbauend untersucht wird, worauf der unterschiedliche Eindruck zurückzuführen sein mag. Vergleiche regen auch zu weiterführenden Fragestellungen an. Das ist insbesondere dann der Fall, wenn man überlegt, wodurch festgestellte Unterschiede zwischen zwei Texten begründet sein könnten, z. B. durch gesellschaftshistorische Hintergründe bei zwei Fabeln aus unterschiedlichen Zeitepochen. Besonders verbreitet ist der Gattungs- und Textsortenvergleich, etwa wenn Märchen und Sage einander gegenübergestellt werden. Wenn literarische und nichtliterarische Texte zum gleichen Thema, z. B. eine Kurzgeschichte und ein Zeitungsartikel über einen ähnlichen Vorfall, miteinander verglichen werden, kann das Herausarbeiten der Möglichkeiten literarischer Gestaltung interessant sein. Auch die Untersuchung der Variationsbreite innerhalb einer Gattung ist sinnvoll. Bei Märchen bietet sich darüber hinaus der Vergleich von verschiedenen Fassungen an.

Textvergleiche werden in höheren Klassen auch als schriftliche Aufgabe gestellt. Dass dies recht anspruchsvoll ist, zeigt sich darin, dass es bei der Erarbeitung zunächst naheliegt, in Tabellenform Parallelen und Unterschiede stichwortartig festzuhalten, dass man dann aber einen Text mit linearer Abfolge herstellen muss. Für die makrostrukturelle Gliederung des zu schreibenden Textes gibt es drei Möglichkeiten:

▸ Man behandelt zuerst den einen, dann den anderen Text und stellt dann den Vergleich an.

▸ Man behandelt den einen Text und dann den zweiten vergleichend mit dem ersten.

▸ Man gliedert nach einzelnen Aspekten, die man jeweils in Bezug auf beide Texte erläutert.

In den Unterrichtsvorschlägen findet man Vergleichsaufgaben vor allem in F 4 „Von der Fabel zum Märchen: Der Wolf und die sieben jungen Geißlein", F 6 „Natur erobert die Stadt zurück: Texte von Wolfgang Bächler und Franz Hohler", F 10 „Kalendergeschichte und Anekdote: Hebel und Kleist", F 14 „Rätselhafte Geschichten – Kafka, Brecht und Schubiger".

12. Problemdiskussion

Literarische Texte dienen nicht nur einer sich selbst genügenden ästhetischen Imagination, sondern verarbeiten Probleme des individuellen und gesellschaftlichen Lebens und regen so das Nachdenken der Leserinnen und Leser an. Darin liegt ein Potenzial eines Literaturunterrichts, der sich nicht auf Förderung von Lesekompetenz, auf Textanalyse und -interpretation und auf Literaturgeschichte beschränkt, sondern im Sinne einer Identitätsorientierung und eines sozialen Lernens die in literarischen Texten angelegte Auseinandersetzung mit Lebensfragen aufgreift. Im freien Austausch über literarische Texte kommt diese Dimension oft zum Tragen. Stärker methodisiert ist die Durchführung einer Diskussion bezogen auf eine lebensweltbezogene Problemstellung, die dem Text entnommen wird. Dabei können verschiedene Diskussionsformen eingesetzt werden, z. B. Gespräch mit der ganzen Klasse, Gruppendiskussion mit anschließendem Austausch im Plenum oder Podiumsdiskussion. Im Unterrichtsvorschlag F 12 „Eine literarische Kolumne – *Heute ist Sonntag* von Peter Bichsel" wird eine Podiumsdiskussion zur Rolle von Ritualen in unserem heutigen Alltag angeregt.

13. Produktionsorientiertes Schreiben zu Texten

Produktionsorientierter Umgang mit Kurzprosatexten kann je nach Aufgabenstellung unterschiedliche Funktionen erfüllen: Er kann die Vorstellungsbildung bezogen auf den Text anregen, zum genauen Lesen anhalten, die Aufmerksamkeit für sprachliche Gestaltungsmittel verstärken, die inhaltliche Auseinandersetzung mit dem Text vertiefen, den Bezug zwischen Text und eigener Erfahrungswelt unterstützen und/oder die Fähigkeit im kreativen Schreiben fördern. Die wichtigsten Verfahren, die bei der Beschäftigung mit Kurzprosatexten eine Rolle spielen, seien hier zusammengestellt:

▸ *Aus Formulierungsangeboten auswählen:* Zu einer Textstelle werden zwei oder drei Formulierungen angeboten, von denen eine die originale ist. Die Schülerinnen und Schüler sollen sich überlegen, welche Variante nach ihrer Auffassung am besten passt. Die Aufmerksamkeit kann dabei auf inhaltliche und auf sprachliche Aspekte gelenkt werden. Das Verfahren ist sozusagen eine Vorstufe des produktionsorientierten Schreibens: Die Schülerinnen und Schüler müssen noch nicht selbst etwas formulieren, aber sie nehmen insofern die Rolle eines Textproduzenten ein, als sie über mögliche Formulierungen entscheiden. Das Verfahren wird im Unterrichtsvorschlag F 7 bezogen auf die Kurzgeschichte *Balder & Söhne* von Kathrin Schmidt eingesetzt. Eine Variante findet sich im Unterrichtsvorschlag F 10: Die Schülerinnen und Schüler sollen die originalen Schlüsse der Kalendergeschichte von Hebel, der anonymen Anekdote und der Anekdote von Kleist den drei Texten zuordnen.

▸ *Wörter einsetzen:* In einem Text werden einzelne Wörter weggelassen und sind von den Schülerinnen und Schülern einzufügen. Sie begründen ihre Vorschläge. Dies hält zum genauen sinnverstehenden Lesen an. Wenn es sich bei den Lücken um wichtige Textstellen handelt, gelangt man rasch zu Interpretationsfragen, die über die einzelne Textstelle hinausreichen. Weil die gemeinsame Reflexion über die Vorschläge wichtig ist, sollte man nicht mit zu vielen Lücken arbeiten (das geschieht oft in der Schulpraxis); es bleibt dann keine Zeit, eingehender über die Lösungsmöglichkeiten und die Originalversion, für die der Blick durch das Verfahren geschärft werden soll, zu sprechen. Zu den Einsetzübungen kann auch das Finden einer Überschrift gehören; das ist dann ergiebig, wenn ein Text verschiedene Möglichkeiten der Titelgebung nahelegt. Im Unterrichtsvorschlag F 16 wird dies zur Kürzestgeschichte *Die Frage* von Botho Strauß angeregt.

▸ *Eine Fortsetzung schreiben:* Hier geht es darum, dass die Schülerinnen und Schüler einen Text weiterschreiben. Dieser wird zunächst nur bis zu einer bestimmten Stelle vorgelegt und die Schülerinnen und Schüler entwerfen antizipierend eine mögliche Fortsetzung; für das Weiterschreiben eignen sich als Ausgangspunkt vor allem Textstellen, bei denen die Handlung eine Wende erfährt. Ein solches antizipierendes Schreiben kann auch ganz knapp erfolgen, wenn z. B. bei einem Dialog in einem Text kurz eingehalten wird und die Schülerinnen und Schüler die Antwort einer Figur formulieren. Es kann auch eine Fortsetzung geschrieben werden, die über den Schluss des Originaltextes hinausgeht; eine besondere Variante ist das Verfassen eines Rückblicks auf das erzählte Geschehen, geschrieben aus der Perspektive einer Figur zehn oder zwanzig Jahre nach dem Zeitpunkt, zu dem der Text aufhört. Eine weitere Variante ist das Schreiben eines alternativen Schlusses; das bietet sich vor allem dann an, wenn sich die Schülerinnen und Schüler mit dem originalen Schluss nicht abfinden können. Anregungen zum Weiterschreiben finden sich in verschiedenen Varianten in den Unterrichtsvorschlägen F 2 (zu einem modernen Märchen von Hans Manz), F 14 (zu Texten von Brecht und von Schubiger) und F 16 (Texte von Botho Strauß).

▸ *Nach dem Muster eines Textes einen neuen Text schreiben:* Dieses Verfahren wird auch als analoges oder imitatives Schreiben bezeichnet. Es richtet die Aufmerksamkeit auf formale (stilistische und strukturelle) Aspekte des vorgegebenen Textes; ein Vorlagetext wirkt allerdings auch inhaltlich modellbildend, in Unterrichtsvorschlag F 9 wird dies an Schülertexten gezeigt. Das analoge Schreiben kann auf der Grundlage der Analyse des Ausgangstextes erfolgen, aber ebenso ist ein mehr intuitives Imitieren möglich, bei dem ohne vorherige Textbesprechung der Auftrag gegeben wird, in der Art des vorgelegten Textes selbst einen Text zu schreiben. Das mehr intuitiv-imitative Vorgehen wird der Tatsache gerecht, dass Schülerinnen und Schüler oft mehr an Textmerkmalen übernehmen, als sie analysierend herausarbeiten und bewusst erkennen können. Allerdings muss damit gerechnet werden, dass dabei auch Texte entstehen, die wenig mit dem Ausgangstext zu tun haben. Wenn die Schülertexte geschrieben sind, werden sie bei beiden Varianten des imitativen Schreibens mit dem Ausgangstext verglichen; dabei können ggf. analytische Einsichten erarbeitet werden, z. B. ausgehend von der Frage, welche Parallelen und Unterschiede erkannt werden können. Imitatives Schreiben kann auch als Parodie erfolgen, z. B. wenn Schülerinnen und Schüler Märchen modernisieren. Anregungen zum imitativen Schreiben finden sich in den Unterrichtsvorschlägen F 3, F 11, F 12, F 13, F 16 (dass das Vorgehen mehrfach in den Unterrichtsvorschlägen auftaucht, zeigt, dass ich es bei Kurzprosatexten schreib- und literaturdidaktisch für besonders ergiebig halte).

▸ *Einen Text in eine andere Textsorte umschreiben:* Auch dieses Verfahren unterstützt die Einsicht in strukturelle und stilistische Aspekte von Texten und vermittelt eine veränderte perspektivische Sicht auf das Erzählte. Beispiele wären etwa das Umschreiben einer Fabel in ein Märchen (wie in Unterrichtsvorschlag F 4 angeregt), einer Kurz- oder Kürzestgeschichte in einen Bericht oder einen Romanausschnitt (z. B. im Unterrichtsvorschlag F 6 zu Texten von Wolfgang Bächler und Franz Hohler), eine Kürzestgeschichte in eine Kurzgeschichte (siehe Unterrichtsvorschlag F 16 zu Botho Strauß) oder, durch Konzentration auf wichtige Wörter, in ein Gedicht wie in Unterrichtsvorschlag F 9 (zu einem Text von Rolf Haufs).

▸ *Einen Text stilistisch verändern:* Das Verfahren gleicht dem Umschreiben in eine andere Textsorte, das ebenfalls einen anderen Sprachstil erforderlich macht, mit dem Unterschied, dass hier nun die Textsorte beibehalten und nur der Stil geändert wird. Das ist z. B. der Fall, wenn eine ältere Kalendergeschichte in moderne Sprache umformuliert wird. Dies lässt sich auch an kleineren Textausschnitten durchführen. Das Verfahren schult die Aufmerksamkeit für stilistische Eigentümlichkeiten (ggf. mit Bezug auf historischen Wandel oder Eigenheiten eines Autors).

▸ *Einen Text mit einer inhaltlichen Änderung umschreiben oder in eine andere Zeit umsetzen:* Diese Schreibaufgabe ist besonders dann sinnvoll, wenn ein Kontrast zwischen dem (fremden) Text und der eigenen Erfahrungswelt der Schülerinnen und Schüler ins Bewusstsein gehoben werden soll. Die Schülerinnen und Schüler können sich z. B. vorstellen, sie träten selbst in die Handlung des Textes ein, und schreiben, wie sie sich verhalten würden und was daraus folgen könnte (solche Verfahren eignen sich bereits ab der Grundschule). In den höheren Klassen kann bei älteren Texten aufgeschrieben werden, wie eine bestimmte Interaktionssituation heute ablaufen könnte. Ein knapp gehaltenes Beispiel für ein Umschreiben mit inhaltlicher Änderung wird in Unterrichtsvorschlag F 14 zu einer Keuner-Geschichte von Brecht angeregt: Hier soll ein anderes Beispiel ausgedacht werden, mit dem Keuner seine Argumentation stützen kann.

▸ *Figuren in Ich-Form vorstellen (sog. Rollenbiografien):* Für dieses Verfahren übernehmen die Schülerinnen und Schüler je eine Figur und erstellen dazu einen Text, mit dem sich die Figur vorstellt. Dies soll in Ich-Form geschehen, beginnend z. B. mit „Ich bin …" (Nennung des Namens der Figur). Die Aussagen in Rollenbiografien können sich eng an Informationen des Textes halten oder auch imaginative Erweiterungen vornehmen, zum Beispiel Beschreibung der Wohnung, in der die Figur wohnt und die im Text gar nicht genannt ist, oder Erinnerungen an die Kindheit. Die geschriebenen Texte werden vor der Klasse vorgelesen. Dies kann mit einigen Fragen des Lehrers/der Lehrerin oder der zuhörenden Schülerinnen und Schüler an die Verfasser (= Figuren) verbunden werden; z. B. kann eine Figur gefragt werden, welche Meinung sie von einer anderen Figur hat. Solche Rollenbiografien sind durch die szenische Interpretation (siehe unten) in den Deutschunterricht gelangt. Ein Beispiel findet sich im Unterrichtsvorschlag F 2 zu einem modernen Märchen von Hans Manz.

▸ *Interviews mit Figuren verfassen:* Dieses Verfahren ist der Rollenbiografie verwandt mit dem Unterschied, dass Interviewfragen formuliert werden müssen. In diesem Fall bietet sich nach Erstellen der Texte ein Vorlesen mit verteilten Rollen an (interviewende und interviewte Figur).

▸ *Briefe von und an Figuren schreiben:* Diese in vielen Fällen ergiebige Aufgabe greift mit dem Brief eine Textsorte auf, die den Schülerinnen und Schülern aus ihrem Alltag bekannt ist. Zugleich handelt es sich um ein literarisches Spiel, eine Fiktionalisierung, da als Verfasser und Adressaten literarische Figuren imaginiert werden. Mit solchen Briefen können z.B. Gedanken und Erlebnisweisen von Figuren zum Ausdruck gebracht werden und ein Wechsel der Perspektive erprobt werden. In den Unterrichtsvorschlägen finden sich verschiedene Varianten des fiktionalen Briefeschreibens, in F 6 zu einem Text von Wolfgang Bächler, in F 15 zu einer Satire von Lutz Rathenow und in F 16 zu einem Text von Botho Strauß, hier als Schreibspiel inszeniert, indem auch Antwortbriefe von jeweils anderen Schülerinnen und Schülern geschrieben werden.

▸ *Tagebucheinträge von Figuren schreiben:* Die Annahme, eine Figur habe ein Tagebuch geschrieben, ermöglicht es, die Handlung aus der Figurenperspektive zu rekapitulieren. Dabei soll berücksichtigt werden, dass ein Tagebuch auch ein Überdenken des Erlebten einschließt. Es ist also sinnvoll, nicht nur Geschehnisse stichwortartig zusammenzustellen, sondern auch die Gedanken der Figur zum Ausdruck zu bringen (z.B. Was denkt X über den abgelaufenen Tag?). Reizvoll kann es auch sein, wenn zum erzählten Geschehen Tagebucheinträge von mehr als einer Figur erfunden werden. Eine Anregung zur Tagebuchform findet sich im Unterrichtsvorschlag F 6 zu einem Text von Wolfgang Bächler.

▸ *Einen (inneren) Monolog einer Figur schreiben:* Diese Aufgabe ist dem Schreiben von Tagebucheinträgen verwandt; auch Monologe geben die subjektive Erlebnisweise von Menschen wieder. Sie sind z.B. bei Textstellen interessant, bei denen sich eine Figur in einer Entscheidungssituation befindet. Zur Erleichterung kann ein Textanfang vorgegeben werden, z.B.: „Nun sitze ich hier und weiß nicht, wie es weitergehen soll ..." (je nach Situation im Text). In unteren Klassen muss nicht der Begriff „innerer Monolog" verwendet werden; der Arbeitsauftrag kann lauten: „Stell dir vor, du bist ... (Name der Figur). Schreibe auf, was du als ... (Name der Figur) gerade denkst und fühlst!" Eine einfache Form innerer Monologe besteht darin, dass zu Textstellen Denkblasen (wie in Comics) gezeichnet und gefüllt werden – es sind also auch ganz kurze, nur aus wenigen Wörtern bestehende innere Monologe möglich. Weil in vielen Kurzgeschichten die Sprachlosigkeit von Menschen in wichtigen Lebenssituationen ein häufiges Motiv ist, bietet sich das Verfassen innerer Monologe da besonders an. In den Unterrichtsvorschlägen werden innere Monologe angeregt in F 9 zu Texten von Rolf Haufs und Nadja Einzmann und in F 13 zu einer Kurzgeschichte von Peter Stamm.

▸ *Träume von Figuren erfinden:* Dieses etwas anspruchsvollere Verfahren eignet sich dafür, Gefühle (z.B. Ängste) einer Figur zu gestalten. Man kann auch von bestimmten Typen von Träumen ausgehen, z.B. Träume, die die Erlebnisse des vergangenen Tages spiegeln, Wunschträume, Angstträume, Träume mit Erinnerungen an frühere Erlebnisse. Der Austausch über die verfassten Träume kann vielfältige Interpretationsaspekte zur Psychologie der Figur zur Sprache bringen und einen Beitrag zu symbolischem Verstehen leisten. In den Unterrichtsvorschlägen findet sich unter F 6 eine Anregung zu einem berichtartigen fantastischen Text von Wolfgang Bächler, bei der durch das Traumformat vor allem eine subjektive Perspektive realisiert werden soll.

▸ *Textstellen aus der Perspektive einer Figur oder eines Gegenstandes umschreiben:* Erzähltexte sind, vor allem in der Gegenwartsliteratur, in der Regel mehr oder weniger an der Wahrnehmungsperspektive einer bestimmten Figur (Hauptfigur) ausgerichtet; es ist interessant, das Geschehen aus der Perspektive einer anderen Figur zu erzählen (am besten in Ich-Form; perspektivisches Erzählen in Er-Form ist ebenfalls interessant, für Schülerinnen und Schüler ist es dann allerdings schwieriger, den Perspektivenwechsel durchzuhalten). Bei Texten in Er-Form kann auch eine Umschreibung in Ich-Form (Ich = Hauptfigur) interessant sein, weil die Schülerinnen und Schüler sich dadurch stärker die Wahrnehmungs- und Erlebnisperspektive der Ich-Figur vergegenwärtigen und ein Bewusstsein für die Leistung von Er- bzw. Ich-Form gewinnen können (siehe dazu den Unterrichtsvorschlag F 16 zu einem Text von Botho Strauß). Bei manchen Texten kann auch die Perspektive eines Tieres oder eines Gegenstandes gewählt werden, z. B. des Hundes, der der Hauptfigur gehört, oder des Spiegels, in den eine Figur schaut. Eine Variante besteht darin, dass ein Gegenstand oder ein Tier die Hauptfigur anspricht (in Du-Form).

▸ *Eine im Text nur angedeutete Handlung oder ergänzbare Handlung ausfabulieren:* Möglich ist dieses Verfahren z. B. bezogen auf Stellen, wo in einem Text raffend erzählt wird. Oder es wird eine zusätzliche Figur erdacht und eine Szene mit ihr entwickelt. In diesem Sinne wird in Unterrichtsvorschlag F 9 „Hinter der Türe: Kurzprosatexte von Rolf Haufs und Nadja Einzmann" angeregt, ein Gespräch zwischen der Mutter im Einzmann-Text und dem Vater, der im Text nicht auftaucht, zu erfinden.

Die textproduktiven Verfahren können in unterschiedlicher Weise in den Unterricht eingebaut werden. So können sie z. B. zu einem Interpretationsgespräch hinführen oder darauf folgen. Oft ist es auch sinnvoll, mehrere textproduktive Aufgaben zur Wahl zu stellen.

14. Bildnerisches Gestalten

Produktive Verfahren lassen sich auch als visuelle Gestaltungen durchführen:

▸ *Skizzen und Bilder zu Texten erstellen:* Mit Skizzen können Raumverhältnisse oder der Spannungsverlauf von Geschichten verdeutlicht werden. Das Zeichnen und Malen zu Texten kann sich auf Figuren (z. B. Phantombilder) oder auf

Schauplätze und ihre Atmosphäre beziehen. Eine entsprechende Anregung findet sich in Unterrichtsvorschlag F 6 „Natur erobert die Stadt zurück: Texte von Wolfgang Bächler und Franz Hohler".

▸ *Eine Wandzeitung oder ein Plakat zu einem Text gestalten:* Bei diesem Vorhaben ist es sinnvoll, wenn mehrere Schülerinnen und Schüler zusammenarbeiten. Es geht darum, bildnerische und sprachliche Elemente zueinander in Beziehung zu setzen.

▸ *Einen Text typografisch gestalten:* Am PC können kurze Texte so gestaltet werden, dass Aspekte ihrer sprachlichen Struktur deutlich werden, z. B. durch verschiedene Schriftarten, -größen und -farben, durch Absätze, Spalten und Rahmen, durch Einzüge, Zeilenabstände usw.

▸ *Einen Comic oder eine Fotosequenz zu einem Text gestalten:* Bei diesem etwas aufwendigeren Verfahren, das für heutige Jugendliche aber besonders attraktiv sein kann, ist auf die Erzählstruktur und die Probleme, die sich durch die Übertragung in das andere Medium ergeben, zu achten.

▸ *Strukturlegebilder zu Texten arrangieren:* Für die Strukturlegetechnik werden Spielfiguren oder andere kleine Gegenstände bereitgelegt oder die Schülerinnen und Schüler formen selbst Figuren aus Knete. Sie arrangieren in Gruppen die Figuren bzw. Gegenstände auf einem Tisch so, dass damit eine abbildhafte oder symbolische Darstellung eines Textes entsteht (vgl. Stuck 2008, 60–62). Die Strukturbilder werden dann kommentiert und diskutiert.

15. Szenische Interpretation

Der Begriff der szenischen Interpretation kann in doppelter Weise verstanden werden. Es geht einmal darum, dass ein Text szenisch umgesetzt wird; in diesem Sinn spricht man z. B. von einer Aufführung als Interpretation der Dramenvorlage. Zum anderen kann der Begriff so verstanden werden, dass szenische Verfahren als Hilfe zur Erarbeitung einer Textinterpretation eingesetzt werden können. Diese beiden Begriffsaspekte verbinden sich meist in der Praxis mit jeweils unterschiedlicher Gewichtung. An Verfahren im Umgang mit kurzen Prosatexten sind u.a. zu nennen:

▸ *Eine Textstelle aus dem Stegreif spielen:* Zur Veranschaulichung spielen die Schülerinnen und Schüler eine oder mehrere Stationen einer Geschichte; Unterrichtsvorschlag F 2 „Szenische Veranschaulichung: Ein modernes Märchen von Hans Manz" zeigt, wie man dies unter Einbeziehung der ganzen Klasse durchführen kann. Stärker wird der Einfallsreichtum herausgefordert, wenn eigene Fortsetzungen zu einem Text oder hinzuerfundene Situationen gespielt werden. Beispiele dazu findet man in Unterrichtsvorschlag F 5 „Wut oder was? Eine Kurzgeschichte von Marlene Röder", F 7 „Nach zwanzig Jahren – *Balder & Söhne* von Kathrin Schmidt", F 8 „Stein und Zeit – Texte von

Klaus Merz und Franz Hohler", F 14 „Rätselhafte Geschichten – Kafka, Brecht und Schubiger".

▸ *Ein Schattenspiel gestalten:* Die Gestaltung eines Schattenspiels zu einem Erzähltext zwingt zur Reduktion und zur Konzentration auf sprechende Einzelheiten, z. B. auf figurencharakterisierende Bewegungen und Requisiten. Die Figuren können ausgeschnitten auf dem Overheadprojektor bewegt oder mit dem eigenen Körper hinter einem aufgehängten und beleuchteten Leintuch gespielt werden. Nach Köppert (2003, S. 140f.) entspricht das Schattenspiel mit seiner abstrahierenden Gestaltung in besonderem Maße dem (sog.) Volksmärchen und seinem (nach Max Lüthi) abstrahierenden Stil.

▸ *Eine Videoszene drehen:* Die Videotechnik ermöglicht heute, auch im Unterricht ohne allzu großen Aufwand Filme herzustellen. Interessant ist dabei, dass auch an Schauplätzen außerhalb der Schule gespielt und aufgenommen werden kann. Das Wechselspiel zwischen fiktionaler Textvorlage und realem, aus dem Alltag bekanntem Schauplatz bewirkt interessante Verfremdungs- und Umdeutungsprozesse.

▸ *Einen Text szenisch vorlesen:* Bei diesem Vorgehen wird ein Text von mehreren Schülerinnen und Schülern vorgelesen; dazu überlegen sie sich, wer welche Textabschnitte übernimmt und ob sie jeweils einzeln oder zu mehreren die Textstelle sprechen. Ferner sprechen sie Gestaltungselemente ab wie Lautstärke, Überlappungen (neue Textstelle beginnt, bevor die vorhergehende zu Ende gesprochen ist) und gleichzeitiges Sprechen verschiedener Textstellen. Wichtig ist auch, dass sich die Sprecher Gedanken zu ihrer Aufstellung im Raum und zu ihrer Körperhaltung machen. Ergänzend sind sparsame Gesten und Bewegungen möglich (z. B. sich an einer Textstelle umdrehen und mit dem Rücken zum Publikum sprechen). Ferner können Geräusche mit einbezogen werden. In den Unterrichtsvorschlägen wird unter F 8 eine szenische Lesung zu einem Text von Franz Hohler und unter F 11 eine zu einem Text von Robert Walser angeregt. Eine Variante des szenischen Vorlesens ist das Lesetheater, bei dem der Text in ein Lesescript mit verteilten Rollen umgeschrieben wird, wobei es in der Regel sinnvoll ist, die Erzählerstimme aufzuteilen auf mehrere Erzähler. Das Lesetheater eignet sich für Texte mit viel direkter Rede.

▸ *Eine Hörszene aufnehmen:* Schülerinnen und Schüler sind in der Regel durch die private Nutzung von Hörmedien mit verschiedenen Formen von Hörspielen vertraut. Im Unterschied zum szenischen Vorlesen fallen bei aufgenommenen Hörszenen Mimik, Gestik und Körperhaltung als Ausdrucksmedium weg; wichtiger wird die Charakterisierung der Figuren durch die Sprechweise, was in literaturdidaktischer Sicht für die Figureninterpretation interessant ist.

Die folgenden Verfahren sind vor allem durch Ingo Scheller (ausführlichere Darstellung und weitere Verfahren zu Kurzgeschichten bei Scheller [2]2008) in die

Deutschdidaktik gekommen; ursprünglich für die Arbeit mit Dramentexten entwickelt, haben er und andere dann eine Ausweitung auf Erzähltexte vorgenommen. Ein wesentliches Ziel der szenischen Interpretation besteht in der Entwicklung der Fähigkeit, sich das Geschriebene imaginativ vergegenwärtigen zu
können – als sichtbare Geste, als empfundene Körperhaltung, als gesprochenes
Wort, als Figurenkonstellation im Raum.

▶ *Standbilder bauen:* Die Methode des Standbildes lässt sich anschaulich mit der
Annahme erläutern, ein unsichtbarer Fotograf habe an einer bestimmten Stelle im Text ein Foto gemacht; dieses Foto soll nun als unbewegtes und stummes
Bild nachgestellt werden (man spricht in diesem Zusammenhang auch von le-
benden Bildern). Für das Vorgehen im Unterricht gibt es vier Varianten:

1. Die Gruppe, die das Standbild gestalten soll, überlegt gemeinsam, wie dieses aussehen soll.
2. Die beteiligten Schülerinnen und Schüler stellen sich ohne gemeinsame
   Vorabsprache nacheinander in entsprechender Haltung hin.
3. Ein Schüler oder eine Schülerin fungiert als Regisseur und gestaltet das
   Standbild nach eigener Vorstellung, und zwar möglichst ohne zu sprechen,
   so als wenn eine Schaufensterpuppe mit den Händen in die richtige Haltung gebracht werden müsste (mit dieser Variante arbeitet Ingo Scheller).
4. Die Klasse gibt den Schülerinnen und Schülern, die das Standbild gestalten sollen, Anweisungen.

Wenn ein Standbild erstellt ist, kann man die Darstellenden auffordern, sich
zu überlegen, was sie als Figur in diesem Augenblick denken, und dies dann
in einem Satz zu sagen. Eine Anschlussmöglichkeit besteht darin, dass die
darstellenden Schülerinnen und Schüler nach Auflösung des Standbildes zum
Ausdruck bringen, was sie als Figur gefühlt haben. Standbilder, die in Gruppen erarbeitet werden, können für ein Ratespiel genutzt werden; dazu suchen
sich die Gruppen selbst eine Situation aus der Lektüre für ihre Darstellung
aus; die Zuschauer sollen dann erraten, um welche Szene es sich handelt –
dies hält zu genauem Hinschauen an. Die Gestaltung mehrerer Standbilder
zu Hauptstationen eines Textes kann, als „Schnappschüsse" in chronologi-
scher Folge präsentiert, eine Geschehensabfolge verdeutlichen. Standbilder können schließlich in der Weise gegenüber der Vorlage verändert werden, dass sich die Schülerinnen und Schüler eine alternative Haltung einer
Figur überlegen im Sinne von „Hätte sie doch ..." oder auch „Wenn ich in
einer solchen Situation wäre, würde ich ...". Die stumme Konzentration bei
Standbildern wird Kurzgeschichten mit ihrer Tendenz zur Verknappung oft
mehr gerecht als ein bewegungsreiches und lautes Ausagieren von Handlung. Standbilder können auch fotografiert und mit Beamer projiziert werden.
Im Unterrichtsvorschlag F 14 „Rätselhafte Geschichten – Kafka, Brecht und
Schubiger" wird die Arbeit mit Standbildern und gesprochenem innerem Monolog zu *Vor dem Gesetz* angeregt.

▸ *Statuen bauen:* Das Bauen von Statuen mit dem eigenen Körper ist dem Erstellen von Standbildern verwandt und zwischen beidem wird zum Teil auch nicht scharf getrennt. Während das Standbild jedoch eine abbildhafte Darstellung ist, hat die Statue einen stärker symbolischen oder auch allegorischen Charakter; sie abstrahiert von bestimmten konkreten Textstellen und zielt eher auf eine Gesamtaussage eines Textes. Statuen können z.B. die Beziehungskonstellationen der Figuren veranschaulichen oder auch verschiedene Seiten einer Figur durch zwei oder drei Spieler zum Ausdruck bringen. Eine Statue wird in Unterrichtsvorschlag F 9 „Hinter der Türe: Kurzprosatexte von Rolf Haufs und Nadja Einzmann" angeregt.

▸ *Haltungen und Bewegungen von Figuren erproben:* Wie eine Figur geht, welche Gesten sie ausführt, in welcher Haltung sie steht oder sitzt, kann viel über ihre Einstellungen und ihre Befindlichkeit aussagen. Wenn Schülerinnen und Schüler solche Bewegungen und Haltungen erproben, gewinnen sie einen Zugang zur Interpretation der Figuren; zugleich aktivieren sie dadurch, dass sie mit ihrem Körper der Figur Ausdruck verleihen, eigene Gefühle, die zur Figur passen. Es geht also auch um emotionale Lern- und Erfahrungsprozesse. Die Erprobungen von Haltungen und Bewegungen der Figuren können durch einzelne Schüler(-innen) vor der Klasse (oder in der Mitte eines Sitzkreises) realisiert werden; es kann aber auch mit der ganzen Klasse auf dem Korridor oder in der Pausenhalle gearbeitet werden, etwa in der Weise, dass zuerst alle so gehen, wie es der Figur und ihrer Befindlichkeit am Anfang einer Geschichte entspricht, dann übergehend zur Befindlichkeit an einer anderen Textstelle (z.B. ängstlich unsicher angesichts einer Gefahr, befreit nach Bestehen des Abenteuers ...). Die Beziehungen von Figuren zueinander kann verdeutlicht werden, wenn Haltungen und Gesten in der Begegnung mit anderen Figuren dargestellt werden. Dabei können auch Fragen des sozialen Status zum Ausdruck gebracht werden.

▸ *Eine Situation pantomimisch spielen:* Bei der Pantomime handelt es sich um eine Erweiterung des Erprobens von Haltungen und Bewegungen; sie bezieht sich auf die stumme Darstellung einer Handlungssituation. Die Gesten müssen exakt und eher langsam ausgeführt werden; das erzeugt eine hohe Konzentration. Die Erarbeitung einer Pantomime zu einem Text lenkt die Aufmerksamkeit auf das äußere Verhalten einer Figur, aber auch auf die Möglichkeiten der Körpersprache, mit der in der Pantomime z.B. das wiedergegeben werden muss, was der Erzähler in einer Geschichte über die Gefühle einer Figur sagt. Pantomimen können einzeln oder mit mehreren Figuren (was anspruchsvoller ist) durchgeführt werden. Man kann eine pantomimische Darstellung mit dem Vorlesen des Textes kombinieren: Ein Schüler oder eine Schülerin liest vor, ein anderer oder eine andere führt die Pantomime aus. Pantomimisches Spiel ist in Unterrichtsvorschlag F 2 „Szenische Veranschaulichung: Ein modernes Märchen von Hans Manz" vorgesehen.

▸ *Eine Stimmenskulptur gestalten:* Bei einer Stimmenskulptur geht es darum, dass mehrere Sprecherinnen und Sprecher wiederholend, überlappend und teilweise gleichzeitig Versatzstücke aus einem Text (die auch variierend durch eigene Formulierungen ergänzt werden können) sprechen; dabei wird eine szenische Anordnung vorgenommen, sodass auch ein visueller Eindruck entsteht. Wenn die Sprechenden zum Beispiel innere Stimmen einer Figur (Erinnerungen, Träume, Wünsche, Aggressionen) und bedrängende Äußerungen von Mitmenschen der Figur wiedergeben, können sie in zwei Kreisen um die Figur, die sitzt und selbst nicht spricht, herumgehen. Ein Beispiel findet sich in Unterrichtsvorschlag F 9 „Hinter der Türe: Kurzprosatexte von Rolf Haufs und Nadja Einzmann".

▸ *Rolleninterviews durchführen:* Bei Rolleninterviews wird eine Figur (von einer Schülerin oder einem Schüler gespielt) nach ihren Einstellungen, ihren Beziehungen zu anderen Figuren, ihren Wünschen usw. befragt. Dies kann ausgehend vom Vorlesen einer Rollenbiografie (siehe oben) erfolgen oder als Unterbrechung einer Spielszene (mit Stopp-Ruf) oder auch im Anschluss an eine szenische Darstellung, z. B. indem sich eine Spielerin oder ein Spieler in die Mitte eines Sitzkreises setzt (sog. heißer Stuhl) und befragt wird. Es können auch Gruppeninterviews mit mehreren Figuren in einem Sitzkreis durchgeführt werden. In Unterrichtsvorschlag F 9 „Hinter der Türe: Kurzprosatexte von Rolf Haufs und Nadja Einzmann" findet sich ein Beispiel für das Verfahren.

▸ *Innere Monologe sprechen:* Bei diesem Vorgehen improvisieren die Schülerinnen und Schüler in einem Monolog, was eine Figur in einer Situation denkt und fühlt. Dazu sollen sie eine entsprechende Haltung einnehmen. Das kann z. B. nach einem Stopp-Ruf während des Spiels einer Szene erfolgen oder ausgehend von der Vorstellung, dass sich eine Figur nach einem ereignisreichen Tag das Geschehene durch den Kopf gehen lässt. Eine anspruchsvolle Variante ist das laute Denken während einer gespielten Handlung: Eine oder auch mehrere Figuren kommentieren für sich laufend, was sie planen, tun und sagen. Das führt zu einem stark verlangsamten Ablauf der Spielhandlung.

▸ *Als Hilfs-Ich sprechen:* Bei diesem Verfahren tritt eine Schülerin oder ein Schüler hinter eine Figur und spricht deren Gedanken aus (z. B. nach einem Stopp-Ruf innerhalb einer gespielten Szene oder bei einem Standbild). Es können auch mehrere Hilfs-Ichs auftreten; eine wenig aufwendige Möglichkeit dafür besteht zum Beispiel darin, dass bezogen auf eine Dilemmasituation in einem Text (die Figur weiß nicht recht, wie sie sich entscheiden soll) vier Schülerinnen oder Schüler je ein Argument für die eine Handlungsalternative, vier weitere je eines für die andere Handlungsalternative aufschreiben. Dann stellt sich eine Schülerin oder ein Schüler als Figur hin, diejenigen, die ein Argument formuliert haben, treten nacheinander hinter sie und lesen ihr Argument vor. Eine weitere Variante besteht darin, dass ein Hilfs-Ich der Figur Fragen stellt, die diese dann beantworten soll. Das Verfahren des Hilfs-Ichs ist vom Psychodrama übernommen; dort geht es allerdings nicht um Auseinandersetzung mit literarischen Figuren, sondern um Therapie. Ein Beispiel für das Verfahren ist im Unterrichtsvorschlag F 5 „Wut oder was? Eine Kurzgeschichte von Marlene Röder" enthalten.

Szenisches Arbeiten wird von Reflexion über das Spiel begleitet, schon vorbereitend z.B., wenn in Gruppen ein Standbild oder ein anderes szenisches Verfahren erarbeitet wird, dann aber auch im Anschluss an ein Spiel bzw. eine Darstellung. Leitfragen können sein: Wie hat sich eine Schülerin, ein Schüler als Figur gefühlt? Welches Bild der Figur hat sie oder er den Zuschauenden vermittelt? Welche Textaspekte kamen in der Darstellung zum Tragen? Was haben die zuschauenden Schülerinnen und Schüler gesehen, wie deuten sie das Gesehene, entspricht das der Intention der Darstellenden?

Szenische Interpretation erfolgt in der Regel unter starker Anleitung der Lehrerin oder des Lehrers. Deren Leitungsfunktion ist allerdings nicht die eines Regisseurs, der seine Idee einer Aufführung realisieren will. Bei der Anleitung geht es vielmehr um die äußere Organisation der Arbeit, um die Aufgabenstellung, um die Unterstützung der Schülerinnen und Schüler in ihrer Suche nach Lösungen und um die Sicherung der Reflexion. Es sollte ein Ziel von Unterricht sein, dass Schülerinnen und Schüler die Fähigkeit erlangen, zunehmend selbstständig zu einem Text Möglichkeiten der szenischen Interpretation zu konzipieren und zu realisieren.

Teil F: Vorschläge für den Unterricht

Für die folgenden Vorschläge habe ich vor allem Texte aus der jüngsten Literatur ausgewählt, die noch kaum Eingang in den Unterricht gefunden haben; bei den wenigen älteren Texten habe ich Zusammenstellungen vorgenommen, die neue Perspektiven für die vergleichende Behandlung eröffnen. Insgesamt geht es mir darum, eine Vielfalt von methodischen Möglichkeiten aufzuzeigen. Auf Verlaufsschemata für einzelne Stunden wurde verzichtet, weil je nach Klassenstufe, Schulform und Arbeitsgewohnheiten der Schülerinnen und Schüler (und auch im Hinblick auf den Unterrichtsstil der Lehrkräfte, der gerade beim Umgang mit Literatur individuell geprägt sein darf) die Vorschläge an die konkrete Unterrichtssituation anzupassen sind. Ich habe allerdings konkrete Arbeitsaufträge formuliert, um ein vages „Man-könnte-erarbeiten" zu vermeiden. Auch bei diesen Arbeitsaufträgen gehe ich davon aus, dass die Formulierung der Aufgaben im Hinblick auf die gegebenen Erfordernisse jeweils überprüft werden muss. Manche Leserinnen und Leser vermissen vielleicht die Angabe konkreter Lernziele oder Kompetenzen. Dass sie fehlen, gründet auf einem Dilemma, das sich bei entsprechenden Formulierungen zu Unterrichtsmodellen meines Erachtens immer wieder zeigt:

▸ Entweder formuliert man sehr konkrete Ziele und nährt so die Illusion, als sollten alle Schülerinnen und Schüler einer Klasse in einer Stunde das Gleiche lernen, eine Auffassung, die der neueren, die Heterogenität der Lernwege berücksichtigenden Lernpsychologie widerspricht und die vor allem im Umgang mit literarischen Texten mit seinen subjektiven Spielräumen kontraproduktiv ist.

▸ Oder man formuliert allgemeine Kompetenzen wie Förderung der Analysefähigkeit – das ist zwar lernpsychologisch sinnvoller, aber so allgemein, dass es wenig aussagekräftig ist, weil es für sehr viele Unterrichtsstunden gilt.

Um trotzdem den Bezug zu den Kompetenzen literarischen Lernens, wie sie in Teil C aufgeführt sind, zu verdeutlichen, verweise ich bei jedem Unterrichtsvorschlag auf diejenigen der elf Aspekte, die jeweils im Vordergrund stehen. Für wichtig erachte ich allerdings, dass die Lehrerinnen und Lehrer auch situativ sich ergebende Lernchancen, die nicht von vornherein geplant sind, ergreifen – etwa wenn Schülerinnen und Schüler plötzlich unerwartete, aber interessante Beobachtungen zu einem Text machen. Ferner sollten beim Unterrichten auch die Ziele, die über das literarische Lernen hinausgehen, im Blick sein, so das soziale Lernen (z. B. durch Gruppenarbeit, aber auch durch die Auseinandersetzung mit gesellschaftlichen Problemen, die in den Texten angesprochen sind), die Unterstützung der moralischen Urteilsfähigkeit (z. B. durch empathisches Verstehen von Figuren und durch Diskussion moralischer Dilemmata), die Ausbildung rhetorischer Fähigkeiten (z. B. durch szenisches Vorlesen) oder die Schreibförderung (bei textproduktiven Aufgaben).

Ausdrücklich sei darauf hingewiesen, dass bei denjenigen Klassenangaben, die nach oben offen formuliert sind (z. B. ab 7. Klasse), wirklich gemeint ist, dass bis in die Sekundarstufe II eine Realisierung möglich ist.

Alle Texte, die vorgeschlagen werden, finden sich im Downloadmaterial zu diesem Band, ebenso die Arbeitsaufträge. Die Texte wurden hier im Printtext in der Originalfassung nach der Quelle aufgenommen, d. h. ohne Anpassung an die heute geltende Rechtschreibung. In der Fassung des Downloadmaterials ist die Rechtschreibung aktualisiert und in ganz wenigen Fällen wurden auch grammatische Korrekturen vorgenommen, wenn der Text dadurch inhaltlich und stilistisch nicht verändert wird.

1. Eine Geschichte mit viel Gegrunze: *Die kleine süße Sau* von Bernhard Lassahn (3. bis 6. Schuljahr)

Besonders berücksichtigte Bezüge zu den Kompetenzen literarischen Lernens (Teil C):

▸ 1 Beim Lesen und Hören lebendige Vorstellungen entwickeln
▸ 3 Sprachliche Gestaltung aufmerksam wahrnehmen
▸ 4 Perspektiven literarischer Figuren nachvollziehen

Bernhard Lassahn, als Kinderbuchautor vor allem bekannt durch seine *Käpt'n-Blaubär*-Geschichten, gestaltet in seiner Geschichte von der *Kleinen süßen Sau* ein Grundmotiv der Kinderliteratur: den Wunsch, aus der behüteten, geregelten Welt der eigenen Familie auszubrechen. Lassahn stellt der „anständigen Familie" der eingezäunten Hausschweine die Wildsauen, die frei herumziehen können, gegenüber. Die Protagonistin, die kleine süße Sau, überschreitet die umzäunte Grenze ihrer angestammten Welt und erlebt das Abenteuer einer Bekanntschaft mit den wilden Sauen. Dass die Heldin die Grenze zwischen zwei Räumen überschreitet, denen jeweils die weiteren Figuren zugeordnet sind, entspricht einem Grundmodell erzählender Literatur. Reizvoll ist an Lassahns Geschichte, dass er sie sprachlich überaus lebendig gestaltet, mit einem Humor, der auch Drastik nicht scheut; dadurch ergibt sich eine Nähe zum Schwank als Kurzprosagattung.

Unverkennbar ist eine Anlehnung ans mündliche Erzählen; die Geschichte eignet sich deshalb auch besonders gut für das Vorlesen. Interessant ist, dass die Geschichte nicht einfach in einer idyllisch anthropomorphisierten Tierwelt spielt, sondern dass Bezüge zur modernen Tierzucht eingebaut sind, z. B. der Hinweis, dass aus dem Schweinefleisch Currywürste gemacht werden – der Text enthält so auch einige Widerhaken. In der Geschichte sagt die kleine Wildsau übrigens, dass es in Deutschland nur noch sehr wenige, in der Schweiz keine Wildschweine mehr gebe – das stimmt angesichts der heutigen Wildschweinplage natürlich nicht mehr. Darauf kann man im Unterricht hinweisen; sicher wissen die Kinder auch einiges über Wildschweine beizutragen. Vielleicht hat das kleine Wildschwein im Text mit seiner Aussage nur angeben wollen.

Für den Unterricht mache ich einerseits Vorschläge zum Vorlesegespräch, andererseits zu einem einfachen strukturalen Vorgehen. Mögliche Stellen, bei denen man beim Vorlesen einhalten kann, gebe ich im folgenden Abdruck der Geschichte jeweils mit dem kursiv gedruckten Vorschlag einer Frage und einem Hinweis auf deren Funktion an. Je nach Klasse wird man an mehr oder (besser) weniger Stellen einhalten. Ein Textabdruck ohne die Unterbrechungen ist im Downloadmaterial (F 1 M u. AB) enthalten.

Bernhard Lassahn
Die kleine süße Sau

Das kleine Schweinekind Pascha lebte in einer anständigen Familie, doch, kann man wohl sagen. Alle waren glatt und rosa, wie es sich gehört.

Am Sonntag wühlten sie ein bisschen im Dreck, aber sonst waren sie sauber und schimmerten in sanften, hellrosa Farbtönen. Die Schweineeltern waren richtig dick und fett, und wenn sie sich bewegten, dann schleiften ihre vollgefressenen Bäuche über den Boden.

Pascha aber, das kleine Schweinekind, quicklebendig und quietschvergnügt, hopste mit Vorliebe am Zaun entlang und guckte raus aus dem Gehege, auch wenn die Schweineeltern schimpften, es solle nicht so nah an den Zaun ran, sich nicht immer kratzen und nicht so viel rausgucken.

Nein, grunzten die Schweineeltern und schaukelten ihre Bäuche, nein, das ist nichts für anständige Schweine. Sie waren nun mal anständige Schweine, allesamt, und führten ein geruhsames Leben. Regelmäßig kriegten sie Kraftfutter aus großen Tüten, die aussahen wie Zementsäcke, und mehr hatten sie nicht zu tun: fressen, fressen und dick werden.

Würdet ihr, wenn ihr das Schweinekind Pascha wäret, auch gerne den Zaun entlanghopsen und rausgucken? (Anregung zur Perspektivenübernahme und Bezug zu eigenen Erfahrungen)

Doch Pascha war neugierig auf die Welt auf der andern Seite vom Zaun. Manchmal sah es die Sonne hinter dem Hügel untergehen, und Pascha wäre zu gerne mal auf den Hügel raufgelaufen, nur einmal, um zu sehen, wie da die Sonne runterkommt. Pascha stellte sich nämlich vor, dass hinter dem Hügel ein großes Loch in der Erde sein müßte; ein großes Loch, in das die Sonne versinkt.

Könnt ihr euch vorstellen, wie Pascha zu dieser Vorstellung vom Sonnenuntergang kommt? (Interpretation)

Eines Tages stand Pascha wieder am Zaun, kratzte sich heimlich und guckte raus. Gerade ging die Sonne hinter dem Hügel unter.

Pohhh, wie schön, seufzte Pascha leise, gleich verschwindet die Sonne im Loch, wie schön …

Und da entdeckte es plötzlich auf der andern Seite vom Zaun ein fremdes, schwarzes Schwein, wie es Pascha noch nie gesehen hatte. Es musste auch ein Schweinekind sein; denn es war ungefähr so klein wie Pascha. So hatte Pascha auch keine Angst, obwohl einem beim Anblick von so einem schwarzen, dreckigen Schwein schon ein bisschen bange werden kann.

Oh, fragte Pascha vorsichtig, was bist du denn für ein anständiges Schwein?

Was ist das wohl für ein Schwein? (Interpretation)

Wildsau! Sieht man doch! Das fremde Schwein grunzte und sabberte dabei, daß der Glibber aus der Schnauze tropfte.

Ja? Äh? Bist du denn etwa kein anständiges Schwein? fragte Pascha ganz leise.

Was könnte das fremde Schwein antworten? (Antizipation)

Wildsau!, grunzte das fremde Schwein wieder.

Und warum bist du so dreckig und matschig und borstig und haarig und struppig und klebrig?, fragte Pascha.

Weil ich eine Wildsau bin, rülpste das fremde Schwein und fügte stolz hinzu, daß es in Deutschland nur noch sehr wenige Wildschweine gebe und in der Schweiz überhaupt keine mehr. Rülps, ich gehöre zu den letzten, die es überhaupt noch gibt, rülps!

Da war Pascha sehr beeindruckt.

Die wilde Sau tut, was ihr gefällt, grunzte das kleine Wildschwein weiter, als es merkte, wie beeindruckt Pascha war.

Pohhh, kannst du denn auch ganz nah ran an die Sonne?

Klar doch, klar, immer ran an die Sonne.

Pohhh!

Willste mit, eh?, grunzte das wilde Schwein.

Was? Wie? Wohin?, schnaufte Pascha ganz verdattert.

Na, immer ran an die Sonne, du und ich, grunzte das Wildschwein, wir beide. Los! Wir sind ja schließlich alle nur arme Säue!

Wie könnte die Geschichte weitergehen? (Antizipation an der Stelle, wo die eigentliche Handlung beginnt)

Nun ja, aber …, grunzte Pascha noch, doch da fing das Wildschwein schon an zu kratzen und zu buddeln und einen Tunnel unter dem Zaun durchzugraben. Und die Erdbrocken flogen wie wild umher.

Hör lieber auf damit, du wildes Schwein du, schnaufte Pascha aufgeregt, äh, das darf man bestimmt nicht. Also, da muss ich erst noch mal fragen und eine Genehmigung …

Feigling, grunzte das kleine Wildschwein, hätt ich mir denken können, ihr seid doch alle Currywürste, weiter nichts! Und wieder sabberte der Speichel aus dem Maul. Na gut, dann frag doch. Morgen, wenn die Sonne untergeht, komme ich wieder, dann kannste mir ja sagen, ob du deine Genehmigung hast. Eine Wildsau braucht keine Genehmigung. Die wilde Sau tut, was ihr gefällt.

So. Damit raste das kleine Wildschwein auf und davon, und Pascha schaute so lange hinterher, bis das rasende Wildschwein ein so kleiner Punkt geworden war, dass man ihn in der Dämmerung nicht mehr erkennen konnte.

Was denkt ihr: Bekommt Pascha von seinen Eltern eine Genehmigung? (Antizipation und Interpretation – eine Genehmigung ist ausgehend von der bisherigen Charakterisierung der Eltern völlig unwahrscheinlich)

Pascha war noch ganz aufgeregt und erzählte gleich am Morgen seinen Eltern, daß es ein richtiges kleines Wildschwein gesehen habe …
Was sagen nun wohl die Schweineeltern? (Antizipation, Perspektivenübernahme)
Was?! Ein Wildschwein! Pfui, pfui, pfui, schimpften die Schweineeltern, pfui! Die sind schmierig und matschig, du sollst dich doch nicht dauernd am Zaun rumtreiben. Es ist nicht gut für dich, wenn du dich mit Wildschweinen triffst. Die lügen, stinken und sabbern. Ein anständiges Schwein trifft sich nicht mit Wildschweinen. Das macht man einfach nicht als anständiges Schwein. Wir haben schließlich zwei Rippen mehr.
Aber, schnaufte Pascha, das Wildschwein hat aber gesagt, wir sind ja schließlich alle nur arme Säue.
Pfui! Pfui! Pfui!, schimpften die Schweineeltern, das ist ein unanständiges Wort, das darfst du nicht in die Schnauze nehmen, so was sagt man nicht, das heißt immer noch Schwein, ja. Merk dir das. Wir sind anständige Schweine.
Da war Pascha ganz verschüchtert und fragte leise: Äh, und was ist eine Currywurst?
Die Schweineeltern waren entsetzt! Das hat dir das Wildschwein eingeredet, stimmts? Ist doch nicht zu fassen …
Aber was ist denn nun eine Currywurst?, wollte Pascha noch fragen, doch die Schweineeltern schimpften nur:
Diese Wildschweine aber auch! Du darfst dich nie mehr mit Wildschweinen treffen. Das macht man einfach nicht als anständiges Schwein.
Und Pascha wollte doch fragen, ob es die Eltern erlauben, daß es sich mal das Loch anguckt, in dem die Sonne verschwindet, wenn sie hinter dem Hügel untergeht. Aber die Schweineeltern grunzten und schimpften so, daß Pascha schon wusste, dass es gar nicht erst um Erlaubnis fragen musste – die würden es doch nie erlauben, da musste Pascha gar nicht erst fragen.
Und so fragte Pascha auch gar nicht erst.
Was soll Pascha nun machen? (Antizipation, Reflexion des Verhaltens)

Am Abend stand es wieder an derselben Stelle am Zaun. Die Sonne war schon fast untergegangen … würde das wilde Schwein tatsächlich wiederkommen? So ein wildes Schwein ist doch bestimmt nicht pünktlich … Pascha wurde vor Aufregung schon ganz zappelig.
Und tatsächlich! Das Wildschwein kam herbeigerast und grunzte gleich:
Na? Haste deine Genehmigung? Dabei sabberte es wieder, sabber sabber.
Da fasste sich Pascha ein Herz und behauptete einfach, dass es eine Genehmigung habe, und hauchte: Ja, ja!
Dann mal los, rülpste das wilde Schwein und fing sofort an, zu wühlen und zu grabbeln, und hatte in kurzer Zeit einen Tunnel gegraben, durch den sich Pascha hindurchzwängte bis auf die andere Seite des Zauns. Und da freuten sich die beiden kleinen Schweine, freuten sich schweinemäßig.

Bist aber ganz schön dreckig geworden, grunzte das wilde Schwein.

Da war Pascha richtig stolz und sagte: Ach ja, wir sind ja schließlich alle nur arme Schweine, nicht wahr?

Warum ist Pascha stolz? (Interpretation)

Säue sind wir, grunzte das Wildschwein. Und die beiden rasten los.

Pascha war noch nie so aufgeregt gewesen in seinem ganzen Schweineleben; es war noch nie außerhalb des Zaunes gewesen und war noch nie so viel gerannt. Und da rasten nun die beiden Schweine über die Felder, und Pascha schlug das Herz bis zum Schweinehals. Es hatte noch nie was Verbotenes getan, hatte noch nie gelogen, und noch nie war Pascha die Welt so schön erschienen. Noch nie hatte die Erde so gut geduftet, noch nie hatte Pascha solche Lust gehabt, sich einzusuhlen und einzudrecken, und immer weiter und weiter rasten die beiden, immer der Sonne entgegen.

Als sie dann oben auf dem Hügel ankamen, war die Sonne schon untergegangen. Aber wie staunte Pascha, als es vom Hügel runterguckte …

Pohhh, staunte es, pohhh, pohhh. Das ist also das große Loch, in dem die Sonne immer verschwindet, pohhh! Und Pascha starrte auf den Autobahntunnel, A 81, Richtung Heilbronn, sechsspurig. Pohhh, das wollte ich schon immer mal gesehen haben.

Na los, Mutprobe, grunzte das wilde Schwein, und eh Pascha sich versah, raste die kleine wilde Sau quer über die Autobahn, sechsspurig. Pascha zitterten sogleich vor Angst die kleinen Schweinebeine, nur vom Zugucken, BRRRRR, wie da die großen Laster in Richtung Heilbronn donnerten. Zum Glück kam das Wildschwein gut auf der andern Seite an und gröhlte:

Nun du!

Nein, nein, quiekte Pascha leise, nein, nein …

Da kam das kleine Wildschwein auch schon zurückgerast, quer über die Autobahn, sechsspurig, und pustete Pascha ins Ohr: Mit Augen zu ist noch spannender!

Pohhh, staunte Pascha und zitterte immer noch ein bisschen, aber … gefährlich …

Klar, lebensgefährlich, grunzte das wilde Schwein.

Dann will ich dir auch mal was verraten, du Wildschwein, du, sagte Pascha nun und schnaufte erst mal tief durch, also weißt du, ich habe nämlich geschwindelt, in Wirklichkeit hab ich überhaupt keine Genehmigung. Aber nicht weitersagen.

Da stubste das Wildschwein Pascha freundschaftlich mit der Schnauze in die Seite: Ha, toll, du bist ja 'ne richtige Wildsau!

Warum sagt das Wildschwein zu Pascha „toll"? (Interpretation: Es findet toll, dass Pascha ohne Genehmigung mitgekommen ist, eventuell auch: Es findet es toll, dass Pascha geschwindelt hat.)

Da fühlte sich Pascha mächtig stolz und wurde richtig rot, nicht bloß rosa, sondern richtig rot vor Stolz.

Los, ich zeig dir noch was, grunzte das Wildschwein und sauste gleich los. Pascha hinterher. Und beide brachen in ungeheurem Tempo durch das Unterholz.

Pascha war schon ganz aus der Puste, als sie beide am Waldesrand ankamen und über eine Lichtung hinweg den Stadtrand sehen konnten: Hochhausblöcke, sozialer Wohnungsbau, mehrstöckig. Und da es so langsam dunkel wurde, waren in einigen Fenstern schon die Lichter an, und von weitem sahen die Betonklötze ein winziges bisschen wie riesige Adventskalender aus.

Warum sehen Hochhäuser ein bisschen wie Adventskalender aus? (Interpretation)
Pohhh, staunte Pascha und schnappte nach Luft. Pohhh! Toll!
Da hausen Menschen drin, rülpste das wilde Schwein.
Unglaublich, pohhh!
Los, was fressen, das Wildschwein stubste Pascha wieder in die Seite, zu meinen Alten, los!

Als sie zu den Wildschweineltern kamen, hätte Pascha doch beinah einen Schreck gekriegt, wenn es nicht in Begleitung der neuen, wilden Schweinefreundin gewesen wäre. Diese großen, wilden Viecher! Wüste Gesellen waren das, mit Keilern und Borsten wie Stacheln – ja, richtige Ungeheuer. Das Wildschweinkind stellte Pascha seinen Eltern vor und grunzte dabei, daß Pascha ohne Genehmigung einfach ausgebrochen sei, grunz, grunz, und dass sie nun aber was fressen wollten.

Ach, bist du aber eine süße rosa Sau, raunzte die Wildschweinmutter, und wieder wurde Pascha ganz rot vor Stolz. Bist du aber eine süße Sau! Ihr seid sicher hungrig. Hier der Fraß!
Ja, was für ein Schmaus! Wahre Delikatessen: Kastanien, Beeren, Knochen, Wurzeln, Kräuter und rohe Kartoffeln; leckere Sachen, die Pascha noch nie gefressen hatte – noch nicht mal dran geschnüffelt hatte; sogar eine Maus, die sie unter welken Blättern gefunden hatten, als Vorspeise. Schweine sind einfach Allesfresser.
Pascha spachtelte alles in sich rein.
Was für ein Fressgelage, ein schweinemäßiges Gegrunze und Gemampfe.
Die Wildschweine schmatzten, sabberten, furzten und suhlten sich vollgefressen im Dreck.
Schließlich fasste sich Pascha ein Herz und wagte eine Frage: Äh, ich möchte noch was fragen, was ist denn eigentlich eine Currywurst?
Da brüllten die Wildschweine vor Lachen und erklärten unter Gerülpse und Gekicher, daß die Hausschweine später alle zu Currywurst vermanscht würden …
Was? Ich auch?, fragte Pascha ängstlich.
Klar, mampfte das kleine Wildschwein, weißte, wir sind ja schließlich alle nur arme Säue.
Da lachten die großen Wildschweine wieder: Ja, das Leben ist kurz, fallera. Da muss man gut fressen und sich im Dreck suhlen, mampf mampf! Und wieder grölten sie vor Lachen.
Auch Pascha lachte vorsichtig ein bisschen mit: Ja, ja, fallera, das Leben ist kurz, nicht wahr?

Nun war es aber schon spät. Vielleicht hatten Paschas Eltern schon was gemerkt … Au weia, die würden schimpfen und vielleicht sogar hauen. Pascha war ganz verwirrt, es wusste gar nicht, was es zuerst denken sollte: So stolz war Pascha, stolz wie noch nie, und so erschrocken zugleich – Mann, was war das nur für ein Schweineleben!
Und vollgefressen war Pascha! So, dass es schon Schwierigkeiten hatte, wieder durch den Tunnel zurückzukrabbeln:

Tschüss, und vielen Dank noch mal für alles!
Tschüss, du Sau, grunzte das Wildschwein und trollte sich in die Dunkelheit.
Bis bald mal, hauchte Pascha noch.
Uh, war es müde!
Und schlief wie ein Murmeltier und träumte wild durcheinander.
Was könnte Pascha geträumt haben? (Interpretation)

Die Schweineeltern weckten Pascha früh am Morgen und fingen sofort an zu schimpfen:
Wo warst du gestern? Wir haben uns solche Sorgen gemacht! Ein anständiges Schwein verlässt das Gehege nicht! Du hast dich bestimmt wieder mit wilden Schweinen getroffen und hast dich auch wieder gekratzt! Das sieht man! Draußen ist es viel zu gefährlich für dich! Die Menschen schießen einen sofort ab, wenn man da einfach so rumläuft. Und nichts da draußen darf man essen, nichts! Alles vergiftet. Du darfst nur das Kraftfutter aus der Tüte essen, sonst nichts, und und und …
Was denkt und tut Pascha jetzt? (Antizipation)
So schimpften die Schweineeltern, aber Pascha verpetzte nichts, verriet keinem, wie gut die Kastanien geschmeckt hatten und dass es eine neue, wilde Freundin getroffen hatte.
Zum Glück wurde Pascha auch nicht weiter ausgefragt; denn an diesem Morgen war große Aufregung am Zaun. Viele Menschen waren gekommen: Bauarbeiter mit gelben Jacken und in Gummistiefeln, der Bauer selbst und seine Kinder, die sauer waren, weil sie mithelfen mussten, den neuen Zaun aufzurichten. Die Menschen sahen sich den Tunnel an, schimpften und fluchten, „Schöne Bescherung!"
Den ganzen Tag lang wurden große Betonpfähle eingerammt, Draht wurde gespannt. Pascha mußte den neuen Zaun nur von weitem angucken, um zu wissen, dass sich da die wilde neue Freundin nicht mehr durchbuddeln konnte.
Pascha blieb in der Mitte des Geheges, wie es sich für ein anständiges Schwein gehört, und guckte sich vorsichtig die großen Männer an, wie sie gefährlich mit Spaten und Spitzhacke rumfuchtelten, große Zementsäcke und Drahtrollen schleppten. Klar hatten sie auch einen Kasten Bier dabei, der langsam leer wurde. Manchmal redeten die Männer so laut, dass Pascha die Worte hören konnte, natürlich ohne zu verstehen, was sie bedeuteten:
„Bedingung moderner Schweineaufzucht …"
„Weißt du, wie man 'ne Bierflasche mit 'ner Axt aufmacht?"
„Fließbandanlage zur Futterzuteilung …"
„Man muß halt modernisieren."
„… noch ein Schlückle?"
„… ökonomisch …"
Pascha versteht die Worte der Männer nicht. Versteht ihr sie? (Interpretation)

Pascha wartete auf den Sonnenuntergang, darauf, dass die Sonne hinter dem Hügel im Loch verschwinden würde. Es ist ja auch immer wieder schön, wie die Sonne so untergeht und wie der Tag sachte ausgeblendet wird. Doch dieser Tag ging nur langsam zu Ende. Zwei der Männer, die beim Setzen der Pfähle mit anfassten, trafen schon Verabredungen zum Essen.

„Macht Hunger, so 'ne Schufterei", sagte der eine, „ich kenne da ein Spezialitätenrestaurant, ganz in der Nähe, haste Lust?"

„Klaro", sagte der andere.

„Da gibts Wild", sagte der erste wieder, „frisch aus dem Wald. Die haben sogar Wildschwein auf der Speisekarte, Wildschwein Obelix für zwei Personen, hm, echt lecker, sag ich dir …"

Pascha konnte das alles nicht begreifen.

Es staunte wieder, wie die Sonne unterging – Pohhh! Schön! Pohhh! – und mußte an das große Loch denken, in dem die Sonne verschwinden konnte – da war ich, dachte Pascha, genau da! Und immer wieder musste es daran denken, wie das Wildschwein gesagt hatte: Du bist ja 'ne richtige kleine Wildsau

Da war Pascha stolz: Pohhh, ne richtige kleine Wildsau … und so wie der Sonnenuntergang die Landschaft in friedlich rotes Licht tauchte, so war auch Pascha ganz rot vor Stolz, richtig rot – nicht rosa, sondern rot!

Warum ist Pascha stolz? (Interpretation – diese Frage habe ich schon weiter oben vorge-schlagen; hier sollte sie zu einer erweiterten Antwort führen.)

Aus: Bernhard Lassahn: Das große Buch der kleinen Tiere. Zürich: Diogenes Verlag 1989, S. 9–19 © Bernhard Lassahn

Die Schlussfrage, warum Pascha stolz ist, kann auch Leitfrage für eine Interpre-tation sein, die nach einer Lektüre ohne Unterbrechung durch Teilfragen erar-beitet wird.

Ein Vorschlag zum strukturalen Vorgehen

Durch seine klare Gegenüberstellung von zwei unterschiedlichen Lebenswel-ten eignet sich die Geschichte von Lassahn für eine einfache strukturale Erschlie-ßung im Sinne einer Vorschule der Textanalyse. Einleitend ist es sinnvoll, wenn die Kinder ihr (Vor-)Wissen über Hausschweine und Wildschweine austauschen. Mit der Erläuterung, dass nun untersucht werden soll, welche Wörter in der Ge-schichte zur Welt der Hausschweine und welche zur Welt der Wildscheine gehö-ren, wird die Aufgabe gestellt, eine entsprechende Wörterliste zu erstellen. Das ist insofern für die Schülerinnen und Schüler nicht ohne Reiz, als etliche Wild-schweinwörter nicht besonders „anständig" sind (F 1 AB).

A

In der Geschichte von der kleinen süßen Sau gibt es Wörter, die zu den Hausschweinen passen, und Wörter, die zu den Wildschweinen passen. Sucht solche Wörter heraus und tragt sie in eine Tabelle mit zwei Spalten ein.

Eine Zusammenstellung könnte z. B. folgendermaßen aussehen:

Schwein	Sau
süß	schwarz
anständig	dreckig, eindrecken, Dreck
glatt	sabbern, sabber
(hell-)rosa	Glibber
sauber	matschig
geruhsames Leben	borstig
schimpfen	haarig
Kraftfutter	struppig
	klebrig
	rülps
	was ihr gefällt
	schmierig
	lügen (das sagen die anständigen Schweine von den Wildschweinen)
	stinken
	einsuhlen
	rülpsen
	zu meinen Alten
	Viecher
	Ungeheuer
	Fressgelage, vollgefressen
	Furzen
	mampfen, mampf
	Kastanien, Beeren, Knochen, Wurzeln, Kräuter, rohe Kartoffeln

Dass die Welt der Wildsauen für Pascha die interessantere ist, zeigt sich schon an der größeren Zahl der Wörter. Man kann im Unterricht die Wörter auch gliedern lassen nach Nomen, Adjektiven, Verben und Ausrufen. Wenn die Zusammenstellung vorliegt, kann man gemeinsam überlegen, was Pascha zu den Wörtern denkt, eventuell vorbereitet dadurch, dass die Kinder zu einzelnen Wörtern Gedanken von Pascha in Denkblasen notieren. Solche Überlegungen zielen auf eine Gesamtinterpretation des Textes.

2. Szenische Veranschaulichung: Ein modernes Märchen von Hans Manz (3.–6. Schuljahr)

Besonders berücksichtigte Bezüge zu den Kompetenzen literarischen Lernens (Teil C):
- ▸ 1 Beim Lesen und Hören lebendige Vorstellungen entwickeln
- ▸ 4 Perspektiven literarischer Figuren nachvollziehen
- ▸ 11 Literaturhistorisches Bewusstsein entwickeln

Der Schweizer Schriftsteller Hans Manz ist vor allem durch seine sprachspielerischen Texte für Kinder bekannt geworden; in *Der Tag danach* erzählt er auf amüsante Weise das Märchen vom *Tapferen Schneiderlein* weiter. Einzelne Etappen der Geschichte lassen sich als ganz kurze Spielszenen veranschaulichen; damit kann eine lebendige Vorstellung des Gelesenen unterstützt werden. Zugleich lernen die Kinder ein auffälliges Beispiel für die Intertextualität von Literatur kennen: Der moderne Autor bezieht sich auf einen tradierten Text. Im folgenden Textabdruck sind an den entsprechenden Stellen die Spielszenen, zu denen Arbeitsaufträge formuliert sind, kursiv in Klammern angegeben; im Downloadmaterial (F 2 M) ist der Text ohne diese Angaben wiedergegeben.

Hans Manz:

Der Tag danach

Alle wissen, dass das tapfere Schneiderlein die Prinzessin doch noch bekam, aber den wenigsten ist bekannt, was ihm am Morgen nach der Hochzeit widerfuhr. Kunststück: Die Zeit der Heldentaten war vorbei, der Alltag begann. Also: Das Schneiderlein erwachte, weil es mal musste, torkelte schlaftrunken zur Tür. (*Spiel „Der Schneiderprinz muss mal"*) Und als es sie öffnete, fuhr es gewaltig zusammen. Zwei Soldaten, die davor Wache hielten, donnerten ihre Speere zu Boden und salutierten. „Heiliger Fadenzwirn!", schimpfte der Schneiderprinz, „was bewacht ihr einen, der Siebene auf einen Streich dahinraffte! Passt lieber auf eure Frauen und Kinder auf!" Auch vor der Toilette standen zwei Soldaten stramm. Die schickte er, weil es noch früh war, zu Bett und dachte: „Nicht einmal am stillen Örtchen hat man seine Ruhe."

Nun hatte der Schneider schon immer die Angewohnheit gehabt, auf dem Rückweg vom Klo zum Bett dem Küchenschrank einen Besuch abzustatten, auf ein Stück Brot duftendes Mus zu streichen, herzhaft hineinzubeißen, es bis zum letzten Krümel zu verschlingen und sich frisch gestärkt wieder aufs Ohr zu legen. Aber: Vor der königlichen Speisekammer standen gleich drei bewaffnete Wächter und brüllten ihm ihren Salut entgegen: „Pssst!", flüsterte der Schneider. „Ihr weckt den alten König. Geht in die Küche und wärmt euch." Er wunderte sich nachgerade, dass nicht vor jedem Schränklein auch noch einer Habacht machte, öffnete alle, fand in Silbergefäßen die ausgefallensten Speisen aus aller Welt, für deren Verzehr man eine Gebrauchsanweisung benötigt. Nur Mus – Mus gab es da nirgends. „Hier muss sich einiges ändern", nahm sich der Schneider vor, kroch aber vorerst nochmals unter die Decke, leise und vorsichtig, denn die Prinzessin lag da, als wäre sie aus Porzellan. Erst am Frühstückstisch (*Pantomime „Essen"*), auf dem Fischeier und weiß der Kuckuck was sonst noch lag, fasste er sich ein Herz und sprach: „Nicht genug, dass vor jeder Pforte Wachen stehen und man sich wie in einem Gefängnis vorkommt – in diesem Haus gibt es nicht einmal Mus, woran es selbst armen Schluckern nicht fehlt."

„Eben!", brauste der König auf. „Musbrot passt nicht auf eine königliche Tafel. Und wenn du das nicht begreifst, kannst du dir nach meinem Tod sieben Kronen übereinander auf den Kopf setzen und wirst nie ein echter König!" Auch die Prinzessin rümpfte ihre Nase – Entschuldigung: ihr Näschen. Der Schneider schwieg, ging hinterher zum Personal des Schlosses, besprach sich mit ihm. (*Spiel „Der Schneiderprinz spricht mit den Dienern"*) Und weil er viel mehr Herzens- als Zepterprinz war, taten sie, was er wünschte. Vor, während und nach jeder Mahlzeit seufzte immer einer von jenen, welche die Speisen auf- und abtrugen, mit schmachtender Stimme: „Man kann sagen, was man will, aber ein saftiges Musbrot ist immer noch das Beste!" (*Spiel „Man kann sagen, was man will …"*) Dieses Seufzen und Begehren heizte die Gelüste von Prinzessin und König derart auf, dass der Schneider sie bald in der Küche ertappte, wie sie um Brot mit Mus darauf geradezu bettelten. (*Spiel „König und Prinzessin betteln um Musbrot"*) Nur gut, dass der Oberküchenmeister es inzwischen besorgt hatte. Von diesem Tag an traf der Schneider bei seinem ersten Aufstehen meistens den König mit vollen Backen und einem zwinkernden Auge an. Und der schlummernden Prinzessin klebten in den Mundwinkeln Musspuren, was ja wohl hieß, dass sie schon vor ihm unterwegs gewesen war, ganz abgesehen davon, dass aus den Gängen alle Wachen verschwunden waren, damit die das heimliche Treiben nicht beobachten und überall ausposaunen konnten. (*Pantomime „Heimliches Treiben"*) So bezwang der Schneider nach den Riesen, dem Wildschwein, dem Einhorn auch noch seinen Schwiegervater und die stolze Prinzessin.

Die Beschäftigung mit der Geschichte von Hans Manz kann damit beginnen, dass der Anfang an die Tafel geschrieben wird: „Alle wissen, dass das tapfere Schneiderlein …" Es soll geklärt werden, auf welche Vorlage sich dieser Anfang bezieht. In der Klasse sind sicher Kinder, die das grimmsche Märchen kennen und es zusammenfassen können. Vier Kinder, die das grimmsche Märchen kennen, erhalten nun einen Auftrag für eine Rollenbiografie (Schneiderprinz, König, Prinzessin, Diener); sie verlassen den Raum zum Schreiben, denn sie sollen noch nicht wissen, was in der Geschichte von Hans Manz passiert. Mit der restlichen Klasse wird der Text dann laut oder still gelesen. Anschließend werden die weiteren Arbeitsaufträge verteilt und ggf. mündlich erläutert. Sie sind so konstruiert, dass alle Kinder der Klasse beschäftigt werden können. Aus diesem Grund ist bei einigen Aufgaben eine variable Zahl von zu vergebenden Rollen angegeben.

Die Vorstellung der erarbeiteten Szenen erfolgt so, dass der Text von der Lehrerin oder dem Lehrer vorgelesen wird und an den entsprechenden Stellen die Szenen gespielt werden. Ganz zu Beginn werden die vier Rollenbiografien vorgelesen. Um Unruhe durch Stühlerücken zu vermeiden, sitzt oder steht die Klasse am besten im Kreis; in der Mitte ist ein Tisch mit drei Stühlen platziert. Auf einen Wink der Lehrerin oder des Lehrers treten die Spielenden jeweils in den Kreis, wenn ihre Szene ansteht. Auch für die Rollenbiografien treten die Kinder in den Kreis.

Rollenbiografie Schneiderprinz
(1 Rolle)
Stelle dich als Schneider, der die Prinzessin geheiratet hat, vor. Du kannst erzählen, was du als Schneider früher gemacht hast und wie du die Prinzessin geheiratet hast. Beginne mit „Ich bin …". Schreibe etwa 10 Sätze.

Rollenbiografie König
(1 Rolle)
Stelle dich als König vor. Male dir aus, was für ein Leben du als König führst, und erzähle, wie du deinen Schwiegersohn kennengelernt hast. Beginne mit „Ich bin …". Schreibe etwa 10 Sätze.

Rollenbiografie Prinzessin
(1 Rolle)
Stelle dich als Prinzessin vor, die den Schneider geheiratet hat. Beginne mit „Ich bin …". Schreibe 5 bis 10 Sätze.

Rollenbiografie Diener
(1 Rolle)
Stelle dich als Diener des Königs vor. Du kannst erzählen, was du am Hof alles tun musst, zum Beispiel das Essen auftragen. Beginne mit „Ich bin …". Schreibe 5 bis 10 Sätze.

Spiel „Der Schneiderprinz muss mal"
(3–5 Rollen: Schneiderprinz, 2–4 Soldaten)
Spielt die Szene, wie der Schneiderprinz in der Nacht zur Toilette geht.

Pantomime „Essen"
(5–6 Rollen: König, Prinzessin, Schneiderprinz, 2–3 Diener)
Spielt ohne Worte, wie König, Prinzessin und Schneiderprinz frühstücken und wie die Diener das Essen auftragen. Denkt daran, dass die Bewegungen vornehm langsam sein sollen. Achtet auch auf den Gesichtsausdruck.

Spiel „Der Schneiderprinz spricht mit den Dienern"
(3 Rollen: Schneiderprinz, 2 Diener)
Spielt die Szene, wie der Prinz die Diener bittet, beim Auftragen der Speisen vom Mus zu sprechen.

Spiel „Man kann sagen, was man will …"
(5 – 6 Rollen: König, Prinzessin, Schneiderprinz, 2 – 3 Diener)
Spielt die Szene, wie die Diener das Essen auftragen, seufzen und vom Mus sprechen.

Spiel „König und Prinzessin betteln um Musbrot"
(3 – 4 Rollen: König, Prinzessin, Oberküchenmeister, evtl. Schneiderprinz, der beobachtet, was geschieht)
Spielt die Szene, wie der König und die Prinzessin in der Küche um Musbrot betteln.

Pantomime „Heimliches Treiben"
(3 Rollen: König, Prinzessin, Schneiderprinz)
Spielt ohne Worte, wie der Schneiderprinz dem Musstibitzenden König begegnet. Denkt euch ein Schlusswort aus, das der Schneiderprinz anschließend zum Publikum sagt (1– 3 Sätze).

Weitere Möglichkeiten

Reizvoll ist es auch, wenn die Geschichte von Hans Manz nicht ganz gelesen wird und die Kinder selbst eine Fortsetzung schreiben. Es empfiehlt sich in diesem Fall, nach dem Satz der Diener („Man kann sagen, was man will, aber ein saftiges Musbrot ist immer noch das Beste!") einzuhalten. Es seien hier zwei Fortsetzungen zitiert, die in einer sechsten Hauptschulklasse (mit Rechtschreibfehlern) entstanden sind und die die ganze Spannbreite der Schreibleistungen zeigen:

Natürlich bekamm das Schneiderlein kein Musbrot.

Aber er hatte eine gute Idee.

Am Abend nach dem Abendbrot schlich er in die Küche und suchte jeden Schrank nach Mus ab.

Er fand fünf große Kübel foller Mus.

Er naschte ein bisschen und ging ins Bett.

Am nachsten Morgen stand er früh auf, und lief zu den Dienern.

Er erzählte ihnen seinen Plan.

Am Frühstückstisch versammelt schmunzelte er.

Der König fragte neugierig: „Was gibt es heute zum Essen?"

Der Diener antwortete: „Ein Gericht das sie noch nie gegessen haben, es kommt aus Russland!"

Der Konig nahm ein Löffel von diesem Gericht und sagte erstaunt: „Mmh, mmh, das schmeckt ja gut!"

Als das Schneiderlein ihn aufklärte, wollte der König noch mehr vom leckeren Mus.

Ab diesem Tag gibt es jeden Sonntag Mus zu essen.

Im Lande wurde ein Mustag gegründet.

Diese Fortsetzung ist einfallsreich und sehr anschaulich gestaltet, mit Leerstellen, die die Erwartung des Lesers anregen (es heißt „Er erzählte ihnen seinen Plan", der Plan wird aber dem Leser noch nicht verraten) und mit einer hübschen Schlussidee („Mustag").

Weniger gelungen ist die folgende Fortsetzung:

Das sie doch am schluss Musbrot auf den Tisch stellten aber der König ass nicht ein bisschen von dem, und er war immer noch sauer. Weil es sich nicht gehört für einen Prinzen Mus zu essen. Aber dem Schneiderlein war das zimlich egal, denn haupt sache es schmeckt.

Auch bei diesem unbeholfenen Schülertext kann man Qualitäten entdecken: Die beiden Figuren – der König und das Schneiderlein – sind in ihrer Reaktion durchaus treffend erfasst, vor allem das Schneiderlein mit dem Schlusssatz „haupt sache es schmeckt".

Zitiert sei noch eine erzählerisch sehr gekonnte Fortsetzung der Drittklässlerin Vanessa, die sich im Internet auf der Seite einer Augsburger Grundschule findet (www.froebel-schule-augsburg.de/schneiderlein. htm, recherchiert 7. 12. 2011):

Einige Tage danach sagte der Schneider am Frühstückstisch: „Ich halte es nicht mehr aus ohne Mus!" Er ging wütend in sein Schlafgemach. Er riss den Schrank auf und packte seine Sachen. Dann ging er in die Küche und steckte eine Verpflegung ein. Das Schneiderlein nahm ein kleines Säckchen und füllte so viel Taler ein, dass sie für sein Lebtag reichten. Er nahm seinen Fuchs Krümel und ritt davon. Die junge Königin weinte bitterlich. Der alte König versuchte seine Tochter zu trösten, aber seine Tochter sprach nur: „Wenn du mich wirklich trösten willst, dann hol mir meinen König zurück. Ich liebe ihn, auch wenn er nur ein Schneider ist!" Doch dann rief der Vater aus: „Ja, das mache ich. Doch was ist mit dem Mus?" Dann sagte sie fröhlich: „Lass das meine Sorge sein!" Dann lief sie zu ihrer Hausfrau und es roch förmlich nach Muskuchen, Mustaschen und vielen anderen Leckerein. Der König fasste sich ein Herz und lief los. Im tiefen Walde war es schon dunkel. Doch da, ja da war ein Seufzen: „Ach hätte ich doch nur mein Mus!" Das kannte der König, das war doch sein Schwiegersohn. Der König sprach in die Dunkelheit hinein. „Es tut mir leid, dass wir im Königreich kein Mus haben, doch ich will, dass du – mein Schwiegersohn – wieder ins Haus kommst! Bitte!?!?" Der junge König, der sich nun wohl fühlte, ging mit dem alten König zurück nach Hause. Als er all das Mus erblickte, freute er sich sehr. Nach dem Abendessen ging er mit [s]einer Frau schlafen und beide träumten von Mus-Spezialitäten und freuten sich über das Happy End.

(www.froebel-schule-augsburg.de/schneiderlein. htm, recherchiert am 7.12.2011)

3. Bilder und Kürzestgeschichten von Erlbruch/Janisch (ab 3. Schuljahr)

Besonders berücksichtigte Bezüge zu den Kompetenzen literarischen Lernens (Teil C):

▸ 1 Beim Lesen und Hören lebendige Vorstellungen entwickeln
▸ 4 Perspektiven literarischer Figuren nachvollziehen
▸ 8 Sich auf die Unabschließbarkeit des Sinnbildungsprozesses einlassen

Die Kürzestgeschichten von Heinz Janisch im Bilderbuch *Der König und das Meer* (München: Carl Hanser 2011) sind für Kinder, Jugendliche und Erwachsene anregend. Sie handeln von einem leicht überheblichen König, der durch kleine Begegnungen nachdenklich wird und z. T. sogar sein allzu königliches Verhalten verändert. Die Illustrationen von Wolf Erlbruch setzen Janischs knappen Erzählstil, der sich einem interpretierenden Nachdenken des Lesers öffnet, kongenial um. (F 3.1 M u. AB)

Der König und die Wolke

„Na, ihr!", sagte der König zu den Wolken. „Schon wieder unterwegs! Kann ich Euch gar nicht zum Bleiben überreden? Ich habe das schönste Land weit und breit. Hier gibt es saftiges Grün, Wiesen und schwarze Felder. Hier gibt es Türme, so hoch wie – "
Aber die Wolken waren schon weitergezogen.
„Verstehe", sagte der König leise. Dann seufzte er.

Drei Auszüge und Illustrationen aus: Heinz Janisch: Der König und das Meer. 21 Kürzestgeschichten.
Illustriert von Wolf Erlbruch © 2011 Carl Hanser Verlag München, o. S.

König und Wolke

Der König und der Regen

„Meine Krone wird rosten", sagte der König zum Regen. „Kannst du nicht aufhören?"
„Deine Krone wird rosten. Und du auch", sagte der Regen. „Auch wenn ich aufhöre."

„Du hast recht", sagte der König nach einer Weile. „Dann will ich mich wenigstens von dir erfrischen lassen."
Er trat einen Schritt vor und hielt das Gesicht in den strömenden Regen.

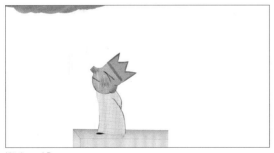

König und Regen

Der König und die Trompete

„Ich bin der König", sagte der König zur Trompete. „Spiel für mich!"

Die Trompete gab keinen Laut von sich.

„Ich befehle es dir", sagte der König.

Die Trompete blieb stumm.

Da nahm der König die Trompete in die Hand und blies vorsichtig hinein.

Die Trompete gab einen leisen Laut von sich.

„Na also", sagte der König.

Er schaute die Trompete an.

„Du willst wohl nicht allein spielen", sagte er.

Er dachte kurz nach.

„Na, meinetwegen", sagte er und holte tief Luft.

König und Trompete

Ich stelle hier Unterrichtsanregungen (F 3 AB) zusammen, die variabel, z. B. abhängig von der Klassenstufe, eingesetzt werden können (solche kreative Arbeitsformen zu den Kürzestgeschichten von Janisch sind selbst für Erwachsene reizvoll, wie ich bei entsprechenden Erprobungen mehrfach habe feststellen können).

Erster Vorschlag: Schreibanregung zu den Kürzestgeschichten

Die Reaktion der Wolken, des Regens und der Trompete bringen den König dazu, über das, was er gesagt hat, nachzudenken. Seine Gedanken werden aber in den Geschichten nicht wiedergegeben – das ist ein typisch literarisches Verfahren: Literarische Texte sparen aus, sagen nicht alles, was sich der Leser denken soll. Deshalb sollen die Schülerinnen und Schüler selbst überlegen und aufschreiben, was dem König durch den Kopf geht.

Bei *Der König und die Wolke* kann dazu die Äußerung des Königs am Schluss aufgegriffen werden:

Was versteht der König am Schluss der Geschichte? Schreibe seine Gedanken auf.

Bei *Der König und der Regen* findet das Nachdenken in der Mitte der Geschichte statt, markiert durch die Leerzeile. Die Arbeitsanregung könnte lauten:

Nachdem der Regen gesprochen hat, wartet der König eine Weile, bis er antwortet. Was denkt er da wohl? Schreibe seine Gedanken auf.

Bei *Der König und die Trompete* lautet der zweitletzte Satz: „Er dachte kurz nach." Dieser Satz kann der Ausgangspunkt für die Schreibanregung sein:

Kurz vor dem Ende heißt es in der Geschichte: „Er dachte kurz nach." Schreibe seine Gedanken auf.

Die Arbeitsanregungen können auch mündlich im Gespräch statt schriftlich bearbeitet werden. Bei *Der König und die Trompete* ist es ferner sinnvoll, wenn der Schluss im Gespräch interpretiert wird: Was meint der König mit „Na, meinetwegen", warum holt er tief Luft (man könnte interpretierend ergänzen: um richtig auf der Trompete zu spielen).

Zweiter Vorschlag: Schreiben zu den Illustrationen
Noch stärker wird die Kreativität der Schülerinnen und Schüler eingefordert, wenn sie zu einer der Abbildungen selbst eine kleine Geschichte ausdenken sollen. Dazu sollte zuerst eine der Geschichten zu einem Bild gelesen werden, sodass die Schülerinnen und Schüler ein Modell haben. Dann werden die Bilder der beiden anderen Geschichten ausgegeben; die Schülerinnen und Schüler wählen, zu welchem Bild sie eine kurze Geschichte verfassen wollen.

Wähle eines der beiden Bilder und schreibe dazu eine Kürzestgeschichte.

4. Von der Fabel zum Märchen: *Der Wolf und die sieben jungen Geißlein* (ab 6. Schuljahr)

Besonders berücksichtigte Bezüge zu den Kompetenzen literarischen Lernens (Teil C):
- ▸ 3 Sprachliche Gestaltung aufmerksam wahrnehmen
- ▸ 10 Prototypische Vorstellungen von Gattungen/Genres entwickeln
- ▸ 11 Literaturhistorisches Bewusstsein entwickeln

Märchen lernen Kinder in der Regel schon vor der Schule, Fabeln in der Grundschule kennen. Hier wird ein Unterrichtsvorschlag für die Sekundarstufe I und II vorgestellt. Er soll den Schülerinnen und Schülern einen Einblick in die Stoff-, Stil- und Gattungsgeschichte anhand des bekannten Märchens vom *Wolf und den sieben jungen Geißlein* geben und zur vergleichenden Textarbeit anleiten. Je nach Klassenstufe wird man aus dem Material, das ich zusammengestellt habe, auswählen. Im 6./7. Schuljahr kann man sich z. B. auf die Fabel, die Endfassung des grimmschen Märchens und die moderne Fassung von Rathenow beschränken.
Bezogen auf Märchen gibt es die weit verbreitete Auffassung, dass es sich hierbei um sehr alte, mündlich tradierte literarische Texte handelt, die die Brüder Grimm erstmals wortgetreu aufgezeichnet hätten. Eine solche Auffassung haben die Brüder Grimm in ihren Äußerungen selbst nahegelegt, dennoch ist sie so nicht haltbar. Die Brüder Grimm haben auch ausgiebig schriftliche Quellen benutzt und insbesondere Wilhelm Grimm hat die Märchen stilistisch stark bearbeitet; viele Märchenstoffe sind aus anderen literarischen Gattungen übernommen. Für die Entstehungsgeschichte der Märchen, wie sie uns heute vertraut sind, ist das Märchen vom *Wolf und den sieben jungen Geißlein* interessant; bei ihm handelt es sich um eine Übernahme aus der Fabeltradition.

Die Fabel
Die Fabel von der Geiß, dem Zicklein und dem Wolf (F 4.1 M) ist in vielen Fassungen seit der Antike überliefert, u. a. in der immer wieder neu aufgelegten Sammlung von Ulrich Boner mit dem Titel *Der Edelstein*. Diese Fassung wird hier für den Unterricht vorgeschlagen, weil die Brüder Grimm im Kommentar zu ihrem Märchen auf Boner hinweisen. Boner war ein Predigermönch in Bern in der ersten Hälfte des 14. Jahrhunderts. Seine Fabeln, in Versform verfasst, hat er aus lateinischen Quellen übernommen. Boners Fabeln sind in vielen Handschriften des Spätmittelalters überliefert; 1461 erschienen sie erstmals als Druck. Den mittelhochdeutschen, dialektal geprägten Text habe ich möglichst wortgetreu für den Unterricht übersetzt, auf Versform und Reim jedoch verzichtet. Bei Boner und in anderen Fassungen der Fabel handelt es sich nicht um sieben junge Geißlein, sondern nur um ein einziges; es wird auch nicht vom Wolf gefressen, weil es ihn gar nicht hereinlässt; er zieht hungrig von dannen.

Ulrich Boner

Von einer Geiß und einem Wolf (Von Kindergehorsam)

Eine Geiß wollte auf ihre Weide gehen; da ließ sie im Stall eine junge Geiß, ihr Töchterlein, stehen. Sie sprach zu ihr: „Lass niemand hinein! Du musst die Türe geschlossen lassen; auf keinen Fall darfst du hinausgehen. Bleib da drinnen, das ist gut für dich, so bist du vor dem Wolf geschützt." Als die Geiß so eingeschlossen war, kam ein Wolf daher. Er ging voll Hinterlist zum Stall und benahm sich wie die alte Geiß, verfälschte Stimme und Bewegung und sagte zu der jungen Geiß: „Lass mich hinein, mein trautes liebes Töchterlein!" Sie sprach: „Wer bist du? Bleib da draußen stehen! Ich mache das Tor des Stalls nicht auf. Meine Mutter hat mir verboten, zu dir hinaus zu kommen. Ich kenne dich wohl, deine Stimme ist falsch, dir nützt weder Deutsch noch Welsch. Du kannst hier nicht hinein, bei Gott! Ich will mich an das Gebot halten, mein Mütterlein hat mir verboten, jemand hier hineinzulassen. Du bist ein Wolf, das sehe ich wohl, denn du bist voll von betrügerischer Absicht." Der Wolf musste vor der Tür stehen bleiben, ganz hungrig musste er von dannen gehen.

Ach Herr Gott, wie viele gibt es auf der Erde von denen, die gleiche List ausdenken, die süße Worte haben und in ihrem Herzen sind Untat und Mord begraben! Die haben eine falsche Sprache: Ihre Worte entsprechen nicht ihrem Tun; sie betrügen, lügen voll Falschheit. Ihre Worte haben die Süßigkeit des Honigs, ihr Tun die Bitterkeit der Galle. Große Vorsicht braucht der, der sich vor ihnen hüten muss. Diese Botschaft lehrt uns dabei auch, dass jeder, sei er jung, alt oder wer auch immer, ohne Arglist das tun soll, was ihm aufgetragen ist.

Mittelhochdeutscher Text: Ulrich Boner: Der Edelstein. Hrsg. von Franz Pfeiffer.
Leipzig 1844, S. 49-50. Übersetzung: Kaspar H. Spinner

Sehr bekannt ist auch die Fabelfassung mit dem Titel *Le loup, la chèvre et le chevreau* von Jean de La Fontaine, dem Verfasser der bedeutendsten französischen Fabelsammlung aus dem 17. Jahrhundert, die hier jedoch nicht für den Unterricht vorgeschlagen wird. Bei ihm erkennt das Geißlein den Wolf daran, dass er keine weiße Pfote hat, ein Motiv, das dann im grimmschen Märchen weiter ausgebaut ist. Auf La Fontaine verweisen die Brüder Grimm in ihrem Kommentar; die wichtigste Quelle für sie war allerdings die Aufzeichnung einer mündlichen Überlieferung, wahrscheinlich der Kasseler Familie Hassenpflug. Da in dieser Familie französisch gesprochen wurde, kann man davon ausgehen, dass La Fontaines Fabel hier bekannt war.

Wenn die Schülerinnen und Schüler die Fabel mit dem Märchen vergleichen, können sie gattungstypische Merkmale herausarbeiten; das wird zum Teil ein Auffrischen von Erkenntnissen aus früherer Beschäftigung mit Fabel und Märchen sein. Neu dürfte die textgenetische Sicht sein: Auf dem Weg von der Fabel zum Märchen wird die lehrhafte Funktion aufgehoben, die Handlung wird abenteuerlicher, sie wird stärker ausgeschmückt und entfaltet.

Das Märchen der Brüder Grimm in der Erst- und der Endfassung

Die Kinder- und Hausmärchen der Brüder Grimm erschienen erstmals 1812. Für weitere Auflagen bearbeitete Wilhelm Grimm die Märchen stilistisch, manchmal fügte er sogar inhaltliche Elemente neu ein. Hier wird für den Unterricht ein Vergleich der Fassung aus der Erstausgabe mit der Fassung letzter Hand (von den Brüdern Grimm) vorgeschlagen; diese Fassung ist die heute allgemein bekannte. Die Schülerinnen und Schüler können – sozusagen philologisch genau – einzelne Textstellen miteinander vergleichen und sich dabei auch überlegen, ob sie die Veränderungen für gelungen erachten. Es kann durchaus auch sein, dass einigen die knappere Erstfassung besser gefällt (F 4.2 M und 4.3 M)

Brüder Grimm

Der Wolf und die sieben jungen Geislein (Erstausgabe 1812)

Eine Geis hatte sieben Junge, die sie gar lieb hatte und sorgfältig vor dem Wolf hütete. Eines Tags, als sie ausgehen mußte, Futter zu holen, rief sie alle zusammen und sagte: „Liebe Kinder, ich muß ausgehen und Futter holen, wahrt euch vor dem Wolf und laßt ihn nicht herein, gebt auch acht, denn er verstellt sich oft, aber an seiner rauhen Stimme und an seinen schwarzen Pfoten könnt ihr ihn erkennen; hütet euch, wenn er erst einmal im Haus ist, so frißt er euch alle miteinander." Darauf ging sie fort, bald aber kam der Wolf vor die Hausthüre und rief: „liebe Kinder, macht mir auf, ich bin eure Mutter und hab euch schöne Sachen mitgebracht." Die sieben Geiserchen aber sprachen: „Unsere Mutter bist du nicht, die hat eine feine liebliche Stimme, deine Stimme aber ist rauh, du bist der Wolf, wir machen dir nicht auf." Der Wolf ging fort zu einem Krämer und kaufte sich ein großes Stück Kreide, die aß er und machte seine Stimme fein damit. Darnach ging er wieder zu der sieben Geislein Hausthüre und rief mit feiner Stimme: „liebe Kinder, laßt mich ein, ich bin eure Mutter, jedes von euch soll etwas haben." Er hatte aber seine Pfote in das Fenster gelegt, das sahen die sieben Geiserchen und sprachen: „unsere Mutter bist du nicht, die hat keinen schwarzen Fuß wie du; du bist der Wolf, wir machen dir nicht auf." Der Wolf ging fort zu einem Bäcker und sprach: „Bäcker, bestreich mir meine Pfote mit frischem Teig", und als das gethan war, ging er zum Müller und sprach: „Müller, streu mir fein weißes Mehl auf meine Pfote." Der Müller sagte nein. – „Wenn du es nicht thust, so freß ich dich." Da mußte es der Müller thun. Darauf ging der Wolf wieder vor der sieben Geiserchen Hausthüre und sagte; „liebe Kinder, laßt mich ein, ich bin eure Mutter, jedes von euch soll etwas geschenkt kriegen." Die sieben Geiserchen wollten erst die Pfote sehen, und wie sie sahen, daß sie schneeweiß war und den Wolf so fein sprechen hörten, glaubten sie, es wäre ihre Mutter, und machten die Thüre auf, und der Wolf kam herein. Wie sie ihn aber erkannten, versteckten sie sich geschwind, so gut es ging, das eine unter den Tisch, das zweite ins Bett, das dritte in den Ofen, das vierte in die Küche, das fünfte in den Schrank, das sechste unter eine große Schüssel, das siebente in die Wanduhr. Aber der Wolf fand sie alle und verschluckte sie, außer das jüngste in der Wanduhr, das blieb am Leben. – Wie der Wolf seine Lust gebüßt, ging er fort, bald darauf kam die alte Geiß nach Haus. Was für ein Jammer! Der Wolf war da gewesen und hatte ihre lieben Kinder gefressen. Sie glaubte, sie wären alle todt, da sprang das jüngste aus der Wanduhr und erzählte, wie das Unglück gekommen war.

Der Wolf aber, weil er sich vollgefressen, war auf eine grüne Wiese gegangen, hatte sich in den Sonnenschein gelegt und war in einen tiefen Schlaf gefallen. Die alte Geis dachte daran, ob sie ihre Kinder nicht noch erretten könnte, sagte darum zu dem jüngsten Geislein: „nimm Zwirn, Nadel und Scheere und folg' mir nach." Darauf ging sie hinaus und fand den Wolf schnarchend auf der Wiese liegend: „da liegt der garstige Wolf", sagte sie und betrachtete ihn von allen Seiten, nachdem er zum Vieruhrenbrot meine sechs Kindlein hinuntergefressen hat, gieb mir einmal die Scheere her: „Ach! wenn sie noch lebendig in seinem Leibe wären!" Damit schnitt sie ihm den Bauch auf, und die sechs Geiserchen, die er in der Gier ganz verschluckt hatte, sprangen unversehrt heraus. Sie hieß sie gleich hingehen und große und schwere Wackersteine herbeitragen, damit füllten sie dem Wolf den Leib, nähten ihn wieder zu, liefen fort und versteckten sich hinter einer Hecke.

Als der Wolf ausgeschlafen hatte, so fühlt' er es so schwer im Leib und sprach: „es rumpelt und pumpelt mir im Leib herum! es rumpelt und pumpelt mir im Leib herum! was ist das? ich hab' nur sechs Geiserchen gegessen." Er dacht, er wollt einen frischen Trunk thun, das mögt' ihm helfen und suchte einen Brunnen, aber wie er sich darüber bückte, konnte er vor der Schwere der Steine sich nicht mehr halten und stürzte ins Wasser. Wie das die sieben Geiserchen sahen, kamen sie herzugelaufen und tanzten vor Freude um den Brunnen.

Kinder- und Hausmärchen der Brüder Grimm. Hrsg. von Friedrich Panzer. Wiesbaden, S. 72–73

Brüder Grimm

Der Wolf und die sieben jungen Geißlein (endgültige Fassung 1857)

Es war einmal eine alte Geiß, die hatte sieben junge Geißlein und hatte sie lieb, wie eine Mutter ihre Kinder liebhat. Eines Tages wollte sie in den Wald gehen und Futter holen, da rief sie alle sieben herbei und sprach: „Liebe Kinder, ich will hinaus in den Wald, seid auf eurer Hut vor dem Wolf, wenn er hereinkommt, so frißt er euch alle mit Haut und Haar. Der Bösewicht verstellt sich oft, aber an seiner rauhen Stimme und an seinen schwarzen Füßen werdet ihr ihn gleich erkennen." Die Geißlein sagten: „Liebe Mutter, wir wollen uns schon in acht nehmen, Ihr könnt ohne Sorge fortgehen." Da meckerte die Alte und machte sich getrost auf den Weg.

Es dauerte nicht lange, so klopfte jemand an die Haustür und rief: „Macht auf, ihr lieben Kinder, eure Mutter ist da und hat jedem von euch etwas mitgebracht." Aber die Geißerchen hörten an der rauhen Stimme, daß es der Wolf war. „Wir machen nicht auf", riefen sie, „du bist unsere Mutter nicht, die hat eine feine und liebliche Stimme, aber deine Stimme ist rauh; du bist der Wolf." Da ging der Wolf fort zu einem Krämer und kaufte sich ein großes Stück Kreide: die aß er und machte damit seine Stimme fein. Dann kam er zurück, klopfte an die Haustür und rief: „Macht auf, ihr lieben Kinder, eure Mutter ist da und hat jedem von euch etwas mitgebracht." Aber der Wolf hatte seine schwarze Pfote in das Fenster gelegt, das sahen die Kinder und riefen: „Wir machen nicht auf, unsere Mutter hat keinen schwarzen Fuß wie du: du bist der Wolf." Da lief der Wolf zu einem Bäcker und sprach: „Ich habe mich an den Fuß gestoßen, streich mir Teig darüber." Und als ihm der Bäcker die Pfote bestrichen hatte, so lief er zum Müller und sprach: „Streu mir weißes Mehl auf meine Pfote." Der Müller dachte: „Der Wolf will einen betrügen", und weigerte sich, aber der Wolf sprach: „Wenn du es nicht tust, so fresse ich dich." Da fürchtete sich der Müller und machte ihm die Pfote weiß. Ja, das sind die Menschen.

Nun ging der Bösewicht zum drittenmal zu der Haustüre, klopfte an und sprach: „Macht mir auf, Kinder, euer liebes Mütterchen ist heimgekommen und hat jedem von euch etwas aus dem Walde mitgebracht." Die Geißerchen riefen: „Zeig uns erst deine Pfote, damit wir wissen, daß du unser liebes Mütterchen bist." Da legte er die Pfote ins Fenster, und als sie sahen, daß sie weiß war, so glaubten sie, es wäre alles wahr, was er sagte, und machten die Türe auf. Wer aber hereinkam, das war der Wolf. Sie erschraken und wollten sich verstecken. Das eine sprang unter den Tisch, das zweite ins Bett, das dritte in den Ofen, das vierte in die Küche, das fünfte in den Schrank, das sechste unter die Waschschüssel, das siebente in den Kasten der Wanduhr. Aber der Wolf fand sie alle und machte nicht langes Federlesen: eins nach dem andern schluckte er in seinen Rachen; nur das jüngste in dem Uhrkasten, das fand er nicht. Als der Wolf seine Lust gebüßt hatte, trollte er sich fort, legte sich draußen auf der grünen Wiese unter einen Baum und fing an zu schlafen.

Nicht lange danach kam die alte Geiß aus dem Walde wieder heim. Ach, was mußte sie da erblicken! Die Haustüre stand sperrweit auf: Tisch, Stühle und Bänke waren umgeworfen, die Waschschüssel lag in Scherben, Decke und Kissen waren aus dem Bett gezogen. Sie suchte ihre Kinder, aber nirgends waren sie zu finden. Sie rief sie nacheinander bei Namen, aber niemand antwortete. Endlich als sie an das jüngste kam, da rief eine feine Stimme: „Liebe Mutter, ich stecke im Uhrkasten." Sie holte es heraus, und es erzählte ihr, daß der Wolf gekommen wäre und die andern alle gefressen hätte. Da könnt ihr denken, wie sie über ihre armen Kinder geweint hat.

Endlich ging sie in ihrem Jammer hinaus, und das jüngste Geißlein lief mit. Als sie auf die Wiese kam, so lag da der Wolf an dem Baum und schnarchte, daß die Äste zitterten. Sie betrachtete ihn von allen Seiten und sah, daß in seinem angefüllten Bauch sich etwas regte und zappelte. „Ach Gott", dachte sie, „sollten meine armen Kinder, die er zum Abendbrot hinuntergewürgt hat, noch am Leben sein?" Da mußte das Geißlein nach Haus laufen und Schere, Nadel und Zwirn holen. Dann schnitt sie dem Ungetüm den Wanst auf, und kaum hatte sie einen Schnitt getan, so streckte schon ein Geißlein den Kopf heraus, und als sie weiter schnitt, so sprangen nacheinander alle sechse heraus, und waren noch alle am Leben und hatten nicht einmal Schaden erlitten, denn das Ungetüm hatte sie in der Gier ganz hinuntergeschluckt. Das war eine Freude! Da herzten sie ihre liebe Mutter und hüpften wie ein Schneider, der Hochzeit hält. Die Alte aber sagte: „Jetzt geht und sucht Wackersteine, damit wollen wir dem gottlosen Tier den Bauch füllen, solange es noch im Schlafe liegt." Da schleppten die sieben Geißerchen in aller Eile die Steine herbei und steckten sie ihm in den Bauch, soviel sie hineinbringen konnten. Dann nähte ihn die Alte in aller Geschwindigkeit wieder zu, daß er nichts merkte und sich nicht einmal regte.

Als der Wolf endlich ausgeschlafen hatte, machte er sich auf die Beine, und weil ihm die Steine im Magen so großen Durst erregten, so wollte er zu einem Brunnen gehen und trinken. Als er aber anfing, zu gehen und sich hin und her zu bewegen, so stießen die Steine in seinem Bauch aneinander und rappelten. Da rief er:

„Was rumpelt und pumpelt
in meinem Bauch herum?
Ich meinte, es wären sechs Geißlein,
so sind's lauter Wackerstein."

Und als er an den Brunnen kam und sich über das Wasser bückte und trinken wollte, da zogen ihn die schweren Steine hinein, und er mußte jämmerlich ersaufen. Als die sieben Geißlein das sahen, da kamen sie herbeigelaufen, riefen laut: „Der Wolf ist tot! Der Wolf ist tot!", und tanzten mit ihrer Mutter vor Freude um den Brunnen herum.

Brüder Grimm 1980: Kinder- und Hausmärchen. Ausgabe letzter Hand. Band 1. Hrsg. von Heinz Rölleke.
Stuttgart, S. 51–54.

Es seien hier einige Unterschiede zwischen den beiden grimmschen Fassungen genannt (jeweils zuerst die Formulierung aus der Endfassung):

▸ typischer Märchenanfang: „Es war einmal eine alte Geiß ... " statt „Eine Geis hatte ... "

▸ anschaulich-ausführliche Schilderung: „Nicht lange danach kam die alte Geiß aus dem Walde wieder heim. Ach, was mußte sie da erblicken! Die Haustüre stand sperrweit auf: [...]" statt „[...] kam die alte Geis nach Haus. Was für ein Jammer! der Wolf war da gewesen und hatte ihre lieben Kinder gefressen." In der Endfassung wird erzählt, wie die alte Geiß die eingetretene Unordnung sieht und wie sie ihre Kinder sucht.

▸ Ausrichtung an der Perspektive der Hauptfiguren: „so klopfte jemand an die Haustür" statt „bald aber kam der Wolf vor die Hausthüre" – die kleinen Geislein wissen in der Endfassung zunächst nicht, dass es der Wolf ist, für sie ist es zunächst „irgend"jemand. Das erhöht die Spannung.

▸ Emotionalisierung: Eingefügt ist der Satz: „Das war eine Freude! Da herzten sie ihre liebe Mutter und hüpften wie ein Schneider, der Hochzeit hält. "

▸ Lese-/Höreranrede an Kinder: Eingefügt ist der Satz: „Da könnt ihr denken, wie sie über ihre armen Kinder geweint hat. "

▸ Wertende Charakterisierung: Der Wolf wird als „Bösewicht", „Ungetüm" und „gottloses Tier" bezeichnet. Eingefügt ist (bezogen auf das Verhalten des Müllers) die Bemerkung: „Ja, das sind die Menschen. "

Handschriftliche Vorfassung von Jacob Grimm

An einer kurzen Textstelle, der Rückkehr der alten Geiß, sei die Textgenese des Märchens von der handschriftlichen Fassung bis zur Ausgabe letzter Hand noch etwas ausführlicher gezeigt (🖐 F 4 AB). Die handschriftliche Aufzeichnung von

Jacob Grimm ist erhalten und erlaubt deshalb bei diesem Märchen durch den Vergleich mit der ersten Druckfassung auch einen Einblick in den Übergang von der mündlichen zur schriftlichen Fassung.

Handschriftliche Aufzeichnung von Jacob Grimm:

> [...] Als er fortgegangen u. die Mutter zurückgekommen war, so sprang das jüngste Geischen aus der Uhr u. erzählte alles. [...]
>
> Die älteste Märchensammlung der Brüder Grimm. Synopse der handschriftlichen Urfassung von 1810 und der Erstdrucke von 1812. Hrsg. von Heinz Rölleke. Cologny-Genève: Fondation Martin Bodmer 1975, S. 48

Erstausgabe:

> [...] bald darauf kam die alte Geis nach Haus. Was für ein Jammer! der Wolf war da gewesen und hatte ihre lieben Kinder gefressen. Sie glaubte sie wären alle todt, da sprang das jüngste aus der Wanduhr, und erzählte, wie das Unglück gekommen war. [...]
>
> Kinder- und Hausmärchen der Brüder Grimm. Vollständige Ausgabe der Urfassung. Hrsg. von Friedrich Panzer. Wiesbaden, o. J., S. 73

In der Erstausgabe, die oben ganz abgedruckt ist, wird bei dieser Stelle deutlich, wie die Brüder Grimm dem Märchen zu lebendiger Anschaulichkeit verhelfen, eine Tendenz, die sich dann bis zur Endfassung noch verstärkt. Der Ausrufesatz „Was für ein Jammer!" in der Erstausgabe verstärkt das Mitfühlen mit der Geiß ebenso wie die Rede von den „lieben Kinder[n]". Auch durch die Gedankenwiedergabe „Sie glaubte sie wären alle todt" wird Innensicht vermittelt.

Eine mündliche Fassung

Wilhelm Grimm stieß einige Jahre nach der Veröffentlichung der Märchen auf eine Dialektfassung aus dem Elsass. Sie erschien ihm besonders ursprünglich zu sein und er ließ sich von ihr für die Überarbeitung des Märchens anregen. Ludwig Bechstein, der 1845 eine überaus erfolgreiche Märchensammlung herausgegeben hatte, in der auch viele Märchen der Brüder Grimm zu finden sind, übersetzte das elsässische Märchen ins Hochdeutsche – aus dieser Übersetzung wird hier zitiert. Die elsässische Fassung war – was Wilhelm Grimm offenbar nicht bewusst war – durchaus von der frühen Fassung, die er mit seinem Bruder herausgegeben hatte, abhängig. Die elsässische Fassung zeigt also, wie ein publiziertes Märchen die mündliche Märchentradition beeinflusst und wie diese wieder zurückwirkt auf die gedruckten Ausgaben. Für den Unterricht ist einerseits interessant zu untersuchen, worin die elsässische Fassung von der Erstfassung der Brüder Grimm abweicht, ebenso aber auch, was Wilhelm Grimm bei der Bearbeitung von der elsässischen Fassung übernommen hat.

Erstausgabe der Brüder Grimm:

> [...] bald darauf kam die alte Geis nach Haus. Was für ein Jammer! der Wolf war da gewesen und hatte ihre lieben Kinder gefressen. Sie glaubte, sie wären alle todt, da sprang das jüngste aus der Wanduhr, und erzählte, wie das Unglück gekommen war.
>
> Kinder- und Hausmärchen der Brüder Grimm. Vollständige Ausgabe der Urfassung. Hrsg. von Friedrich Panzer.
Wiesbaden o. J., S. 73

Elsässische Dialektfassung (hier ins Hochdeutsche übersetzt), die zwischen der ersten und letzten Ausgabe der Brüder Grimm erschienen ist:

> Wie hernach die alte Geiß aus dem Walde zurückgekommen ist, hat sie das Haus offen gefunden und die Stube leer, da hat sie gleich gedacht, jetzt ist's nicht geheuer, und hat angefangen, ihre lieben Zicklein zu suchen, sie hat sie aber nicht finden können, wo sie auch gesucht hat, und so laut sie auch gerufen hat, es hat keins Antwort gegeben. Endlich ist sie in den Garten gegangen [...]
>
> August Stöber: Elsässisches Volksbüchlein. Straßburg 1842, hier in der Übersetzung von Ludwig Bechstein:
Märchenbuch. Nach der Ausgabe von 1857 Hrsg. v. Hans-Jörg Uther. München 1997, S. 223

Endfassung der Brüder Grimm:

> Nicht lange danach kam die alte Geiß aus dem Walde wieder heim. Ach, was musste sie da erblicken! Die Haustüre stand sperrweit auf: Tisch, Stühle und Bänke waren umgeworfen, die Waschschüssel lag in Scherben, Decke und Kissen waren aus dem Bett gezogen. Sie suchte ihre Kinder, aber nirgends waren sie zu finden. Sie rief sie nacheinander bei Namen, aber niemand antwortete. Endlich als sie an das jüngste kam, da rief eine feine Stimme: „Liebe Mutter, ich stecke im Uhrkasten." Sie holte es heraus, und es erzählte ihr, dass der Wolf gekommen wäre und die andern alle gefressen hätte. Da könnt ihr denken, wie sie über ihre armen Kinder geweint hat.
>
> Brüder Grimm 1980: Kinder- und Hausmärchen. Ausgabe letzter Hand. Hrsg. von Heinz Rölleke. Band 1
Stuttgart, S. 53

Für den Vergleich „grimmsche Erstfassung – elsässische Fassung – grimmsche Endfassung" können folgende Aspekte festgehalten werden:

▸ Erzählt wird die elsässische Fassung im Perfekt, dem gängigen mündlichen Erzähltempus insbesondere im oberdeutschen Raum. Dies übernimmt Wilhelm Grimm nicht.

▸ Eine Übernahme aus der elsässischen Fassung in die Umarbeitung ist offensichtlich die Angabe „aus dem Walde".

▸ Die Suche nach den Geißlein wird in der elsässischen Fassung im Vergleich zur grimmschen Erstfassung ausführlicher geschildert; es wird erzählt, dass die Geiß vergeblich nach den Kindern ruft. Damit erlebt der Leser das Geschen stärker aus der Perspektive der Geiß nach – es wird nicht, wie in der Erstausgabe, gleich gesagt „Der Wolf war da gewesen". Diese Ausgestaltung übernimmt Wilhelm Grimm und erweitert die Schilderung der Situation und die Perspektivierung noch. (Die Schilderung der Unordnung mit den Tischen usw. hatte Wilhelm Grimm schon für die zweite Ausgabe eingefügt.)

▸ In der elsässischen Fassung werden auch Gedanken der Geiß wiedergegeben („da hat sie gleich gedacht, jetzt ist's nicht geheuer") – dies übernimmt Wilhelm Grimm nicht.

▸ Im Gegensatz zu beiden grimmschen Fassungen wird in der elsässischen Fassung auch das jüngste Geißlein vom Wolf gefressen.

▸ In der endgültigen Fassung ist eine direkte Anrede an die Kinder als Adressaten des Märchens eingefügt: „Da könnt ihr denken, wie sie über ihre armen Kinder geweint hat." Damit wird eine empathische Rezeption unterstützt.

Für den Vergleich im Unterricht kann auch die oben wiedergegebene Stelle aus der Handschrift einbezogen werden. Im Downloadmaterial (F 4 AB) findet sich ein Arbeitsblatt, auf dem in vier Spalten die Auszüge aus der Handschrift, der Erstausgabe, der elsässischen Fassung und der Endfassung parallel wiedergegeben sind, und zwar bis zur Stelle, wo die Geißchen wieder aus dem Bauch des Wolfs herausspringen.

Die parodistische moderne Fassung von Lutz Rathenow

Zum Märchen vom *Wolf und den sieben Geißlein* gibt es auch moderne parodistische Fassungen und Umdichtungen. Hier sei ein entsprechendes Märchen von Lutz Rathenow für den Unterricht vorgeschlagen (F 4.4 M). Rathenow, geboren 1952 in Jena, gehörte zu den regimekritischen Autoren in der DDR. Er lebt in Berlin und veröffentlicht unter anderem Gedichte, Kinderbücher, Satiren und Essays.

Lutz Rathenow

Der Wolf und die widerspenstigen Geißlein

Die Mutter hat die Suppe versalzen. Zum wiederholten Mal ist sie missglückt. Die sieben Geißlein sitzen am Tisch und spucken einander voll. Was soll man mit so einer Suppe anderes machen?

„Rutscht mir den Buckel runter!", ruft die Mutter und kippt den Rest weg. Die Kleinen springen auf und wollen auf den Rücken der Geiß hüpfen.

„Hilfe!", meckert sie.

„Wir wollen dir den Buckel runterrutschen", jubeln die Geißlein.

„Schert euch zum Wolf!", schreit die Mutter und galoppiert zur Tür. Sie hat genug von den frechen Geißlein, von der ewig versalzenen Suppe.

Zickige Ziegen, denkt sie und rennt zu einem ihrer Freunde, dem erheblich älteren Steinbock.

Da klatschen die Ziegen Beifall und beschließen, sich kräftig zu kampeln. Es kämpft jeder gegen jeden. Es gewinnt keiner.

Schließlich sind alle zu erschöpft, um weiterzukämpfen. „Wir könnten mal was Nützliches tun", schlägt eines vor.

„Schlafen", erwidert das zweite, „soll gesund sein."

„Die Vorratskammer leer essen", spricht das dritte, „da kann das Zeug nicht mehr schlecht werden."

Dem vierten fällt ein: Durch den Schornstein kriechen, um ihn zu säubern.

„Kehren wäre einfacher", sagt das fünfte.

„Moment", unterbricht das sechste, „ich habe eine prima Idee: Wir waschen auf! Ohne Wasser. Damit wir nicht rummatschen. Wir reiben das Geschirr ab und sparen Spülmittel."

„Das wäre das Beste", ergänzt das siebente Geißlein, „wir werfen uns Teller und Tassen zu. Bis aller Dreck abgefallen ist."

Dieser Vorschlag begeistert die anderen sechs. Sie lassen sofort Teller, Tassen, Untertassen, einen Krug, zwei Töpfe und einen Nachttopf reihum durch die Luft wandern.

Es kreist sich gut. Was runterfällt, braucht nicht mehr entdreckt zu werden. Und die Töpfe gehen sowieso nicht entzwei. Nach einer Weile befinden sich mehr Scherben am Boden als Teller und Tassen in der Luft. Und drei Geißlein fühlen eine Beule am Kopf.

„Jetzt machen wir was anderes Nützliches", spricht das siebente, „und zwar tun wir gar nichts, bevor mehr kaputt geht. In diesem Sinne ist Nichtstun sehr nützlich."

Die anderen murren: „Laaaaaangweilig!"

„Käme endlich mal der Wolf, da wäre was los!"

„Mutter wird wütend, die schönen Tassen und Teller."

„Scherben sind auch schön", meint das siebente Geißlein.

Die sechs Geschwister lachen nicht.

Es klopft.

„Die Mutter!" Allgemeines Erschrecken.

„Nein, der Wolf!", ruft es von draußen.

Die Geißlein sind erleichtert, glauben es nur noch nicht. Obwohl die Stimme sehr tief klingt. Doch Mutter verstellt sich öfter. Ihre Kinder sperren sie aus Spaß schon mal aus. Stecken den Schlüssel ins Schloss, damit sie von außen nicht aufschließen kann. Dann tut Mutter, als ob sie der Wolf sei.

Auf den Wolf sind die Geißlein wahnsinnig neugierig, kennen ihn bloß aus dem Fernsehen.

„Na, dann geh ich wieder", spricht es von draußen.

Da stutzen die sieben und verlangen laut: „Moment! Zeig uns deine Pfoten!" Als sie sehen, wie schwarz diese sind, schließt das erste Geißlein auf.

„Hallo! Hier bin ich!", grüßt der Wolf und tritt ein.

„Eh, mach hinter dir die Tür zu!", verlangt das zweite.

„Fletsch mal die Zähne, soll schön gruselig sein!", sagt das dritte.

Ein anderes spricht: „Eigentlich könntest du die Scherben wegräumen!"

Das empört den Wolf. Was denken die von ihm? Er knurrt böse.

„Lauter!", fordert das fünfte Geißlein. „Wir stellen dich vor die Tür, unsere Mutter zu vertreiben!"

Und das sechste fragt: „Hast du wirklich sieben Ziegen auf einmal verschluckt?"

„Na ja, wollte erst gar nicht. War Notwehr. Die kitzelten mich mit ihren Hörnern, dass mir vor Lachen fast die Luft wegblieb."

„Angabe, pure Angabe!", widerspricht das siebente Geißlein. „Ich wette, du beförderst nicht mal sieben Fliegen in deinen Bauch!"

„Siebenhundert, wenn ich wollte!"

„Los, verschluck uns, sonst glauben wir dir nicht!", rufen alle sieben.

Da lacht der Wolf: „Ziegenfleisch ess ich aus der Büchse, schön gekocht. Zu trinken könnt ihr mir geben. Ich habe Durst."

Diese Antwort befriedigt die Ziegen ganz und gar nicht. Sie wollen gefressen werden. Und zwar gleich. Im Bauch des Wolfes wären sie vor der Mutter sicher. Außerdem sind sie neugierig. Und die Scherben würde man dem Wolf anlasten. Wölfe machen alles kaputt, so heißt es überall.

Doch der hier spürt nicht mal Lust, eine einzige Ziege anzuknabbern. „Ich bin gekommen", erklärt er, „mir die rote Kappe, Schürze und Korb auszuleihen. Bei den Wolfskindern wird Theater gespielt. Ich soll das Rotkäppchen sein."

Da meckern die Geißlein fröhlich, tanzen um den Wolf und singen: „Rotkäppchen, Suppennäpfchen." Kein witziger Text, trotzdem wiederholen sie ihn oft und öfter, sodass der Wolf nicht weitererzählen kann.

Und als er wieder zu Wort kommt, sagt er: „Als Nächstes spielen wir ‚Der Wolf und die sieben Geißlein'. Ihr könnt mitmachen! Wenn ihr wollt, spielt einer von euch den Wolf. Wir sind da nicht so."

Doch die Geißlein bestehen darauf, erst mal gefressen zu werden.

„Aufmampfen! Runterschlucken!"

Sie brüllen immer lauter. Der Wolf weigert sich strikt und will gehen. Das lassen sich die sieben nicht bieten. Wütend stürzen sie sich auf ihn und haben das Tier im Nu erschlagen.

Die Geißlein laufen erschrocken fort. Die Welt ist groß, Märchen gibt es genug, in denen sie ein neues Zuhause finden werden.

Die Mutter entdeckt bei ihrer Rückkehr im Uhrkasten einen Zettel: „Willst du jemand finden, musst du selbst verschwinden."

Da flucht die Mutter wieder über ihre frechen Ziegen. Und erwägt, in den Tierpark überzusiedeln. Menschenkinder sollen lieber sein. Im Zoo würde sie bestaunt und gestreichelt und bekäme heimlich Süßigkeiten zugesteckt. Aber die Langeweile. Und kaum Bewegung. So sucht sie doch ihre frechen Geißlein. Die Nachrichten von deren Streichen sind eine gute Spur für die alte Geiß.

Aus: Lutz Rathenow: Ein Eisbär aus Apolda. Leipzig, ²2009, S. 10–13
(leicht abweichende Erstveröffentlichung 1990; aus der früheren Fassung habe ich übernommen
„um weiterzukämpfen" statt „weiterkämpfen" und „Suppennäpfchen" statt „Suppennäpfen")

Rathenow arbeitet in seinem Text mit Umdeutungen ins Gegenteil, Wortspielen und überraschender, teilweise sogar absurder Logik, und mit Versatzstücken aus der modernen Welt. Dies kann durch einen Vergleich mit dem grimmschen Märchen untersucht werden. Folgende Umdeutungen könnte man zusammenstellen:

▸ Bei Grimm spricht die Geißenmutter von ihren „lieben Kindern", bei Rathenow hat sie „genug von den frechen Geißlein".

▸ Die Geißlein haben Angst vor der Mutter (weil sie das Geschirr kaputt-gemacht haben), nicht vor dem Wolf. Sie wollen, dass der Wolf hineinkommt und sie frisst.

▸ Der Wolf will die Geißlein nicht fressen.

▸ Die Mutter tut manchmal so, als sei sie der Wolf – im grimmschen Märchen verstellt sich der Wolf, als sei er die Mutter.

Als Wortspiele wären zu nennen:

▸ Die Redewendung „Rutscht mir den Buckel runter" wird von den Geißlein wörtlich genommen, sie wollen auf den Rücken der Geiß hüpfen und runter-rutschen.

▸ Die geläufige Redewendung „Schert euch zum Teufel" wird von der Geiß umformuliert zu „Schert euch zum Wolf"; sie wird dann wörtlich wahr: Die Geißlein lassen den Wolf ins Haus.

▸ Die Formulierung „Zickige Ziegen" wirkt durch die Alliteration und weitere Lautähnlichkeit (-ig- und -ieg-) sprachspielerisch.

▸ Die Geißlein „waschen auf" statt „waschen ab".

▸ Das Geschirr wird damit „entdreckt" (Wortneubildung).

Überraschende und absurde Logik findet sich in den Begründungen, die die Geißlein für ihr Tun anbringen:

▸ Auf den Vorschlag, etwas Nützliches zu tun, schlägt ein Geißlein „schlafen" vor.

▸ Ein weiteres Geißlein schlägt vor, die Vorratskammer leer zu essen, weil das Zeug dann nicht mehr schlecht werden kann.

▸ Ein weiterer Vorschlag ist „Durch den Schornstein kriechen, um ihn zu säu-bern" – das würde zu sieben dreckigen Geißlein führen.

▸ Die Geißlein werfen sich Teller und Tassen zu, damit der Dreck abfällt – was runterfällt, sind dann allerdings eher die Teller und Tassen, die kaputt gehen. Das wird freilich von den Geißlein als Vorteil gesehen: Was kaputt geht, muss nicht mehr „entdreckt" werden.

▸ Nichtstun wird von einem Geißlein als nützlich bezeichnet, weil dann nichts mehr kaputt gehen kann.

▸ Ein Geißlein findet, dass Scherben „schön" seien.

▸ Die Geißlein wollen gefressen werden, weil sie im Bauch des Wolfes vor der Mutter sicher wären und man dem Wolf statt ihnen die Scherben, die sie ver-ursacht haben, anlasten würde.

Als Versatzstücke aus der heutigen Welt sind zu nennen:

▸ „Fernsehen"
▸ Ziegenfleisch „aus der Büchse"
▸ Tierpark, Zoo

Vorschläge für den Unterricht

Die konkrete Vorgehensweise im Unterricht wird man von der Klassenstufe und von der zur Verfügung stehenden Zeit abhängig machen. Hier seien einige Möglichkeiten genannt:

▸ Man beschränkt sich auf den Vergleich der Fabel mit dem Märchen (Endfassung). Der Schwerpunkt liegt dann auf dem Gattungsvergleich. Der Arbeitsauftrag könnte lauten:

Vergleicht die Fabel *Von einer Geiß und einem Wolf* mit dem Märchen *Der Wolf und die sieben jungen Geißlein*. Welche Unterschiede stellt ihr fest?
Einige der Unterschiede, die ihr entdecken könnt, hängen damit zusammen, dass die beiden Texte zu unterschiedlichen Gattungen – Fabel und Märchen – gehören. Für welche Unterschiede könnte dies zutreffen? (Ihr könnt dabei auch an andere Fabeln und Märchen, die ihr kennt, denken.)

▸ Man beschränkt sich auf den Vergleich der Erst- und der Endfassung des grimmschen Märchens. Hier geht es vor allem um den Stilvergleich. Der Arbeitsauftrag könnte lauten:

Die Brüder Grimm haben ihre Märchen mehrfach herausgegeben; Wilhelm Grimm hat dabei auch immer wieder Veränderungen vorgenommen. Vergleicht die erste und die letzte Fassung vom Märchen *Der Wolf und die sieben jungen Geißlein*. Stellt einige Textstellen, die ihr besonders auffallend findet, nebeneinander (in zwei Spalten herausschreiben). Was haltet ihr von den Veränderungen? Empfindet ihr sie als Verbesserungen? Begründet eure Auffassung.

▸ Man beschränkt sich auf den Vergleich des grimmschen Märchens (Endfassung) mit dem modernen Märchen von Rathenow. Als Arbeitsauftrag könnte man formulieren:

Im Märchen von Lutz Rathenow ist vieles ganz anders als im Märchen der Brüder Grimm. Stellt einige besonders auffällige Unterschiede zusammen. Welches Märchen gefällt euch besser – das der Brüder Grimm oder das von Lutz Rathenow?

▸ Man kann die Schülerinnen und Schüler zusätzlich auf wortspielerische Formulierungen aufmerksam machen:

Es gibt im Märchen von Lutz Rathenow einige ungewöhnliche Formulierungen:
    Schert euch zum Wolf
    waschen auf
    entdreckt
Inwiefern sind diese Formulierungen ungewöhnlich?

▸ Die Schülerinnen und Schüler vergleichen den Textauszug aus der Handschrift, der Erstfassung, der elsässischen Fassung und der Endfassung. Der Arbeitsauftrag könnte lauten:

Vergleicht die vier Fassungen der Textstelle, die hier abgedruckt sind. Die elsässische Fassung ist von der ersten gedruckten Fassung der Brüder Grimm beeinflusst und hat ihrerseits Wilhelm Grimm Anregungen für die Überarbeitung der Erstfassung gegeben.

▸ Die Beschäftigung mit der Fabel und dem Märchen zum gleichen Stoff kann auch als Anregung für eine kreative Aufgabe dienen: Die Schülerinnen und Schüler wählen eine Fabel und entwickeln daraus ein Märchen. Bei der Besprechung der Ergebnisse kann festgehalten werden, welche Charakteristika des Märchens die Schülerinnen und Schüler realisiert haben. Der Arbeitsauftrag könnte lauten:

Durch den Vergleich der Fabel *Von einer Geiß und einem Wolf* mit dem Märchen *Der Wolf die sieben jungen Geißlein* habt ihr gesehen, wie ein Fabelstoff zu einem Märchen erweitert worden ist. Wählt selbst eine Fabel und entwickelt daraus ein Märchen.

5. Wut oder was? Eine Kurzgeschichte von Marlene Röder (7.–10. Schuljahr)

Besonders berücksichtigte Bezüge zu den Kompetenzen literarischen Lernens (Teil C):
▸ 4 Perspektiven literarischer Figuren nachvollziehen
▸ 5 Narrative Handlungslogik verstehen
▸ 7 Metaphorische und symbolische Ausdrucksweise verstehen

Marlene Röder ist eine jüngere Autorin, die in Gießen lebt und dort auch studiert. In ihrer Kurzgeschichte *Scherben* (F 5 M u. AB) erzählt sie eine Situation aus dem Leben eines nicht ganz vierzehnjährigen Jungen. Der Text ist eine typische Kurzgeschichte mit unvermitteltem Anfang, offenem Schluss, Fokussierung auf ein krisenhaftes Geschehen; er stellt einige Anforderungen an junge Leserinnen und Leser, und zwar sowohl wegen der angewendeten Erzähltechnik (Zeitstruktur, Aussparungen) als auch wegen des schonungslos wirkenden Inhalts. Stilistisch auffällig sind Anleihen aus der Jugendsprache.

Marlene Röder

Scherben

Ich bin unvorsichtig geworden. Wie schnell das geht. Zu Hause wäre mir das nie passiert. Ich bin müde, daran liegt es. Seit ich hier bin, könnte ich die ganze Zeit nur schlafen.

Sie haben mir ein Zimmer gegeben mit Modellflugzeugen, die von der Decke hängen. An eine Wand ist ein Regenbogen gesprayt. „Was ist denn das für ein Babyzimmer?", hab ich gefragt. Ich bin fast vierzehn, Mann.

„Das ist das Zimmer von meinem Bruder", hat das Mädchen gesagt, und Alter, wie die dabei geguckt hat. Als würde sie mir jeden Knochen im Leib einzeln brechen, wenn ich die Scheißflugzeuge auch nur schief angucke.

„Und wo ist er, dein Bruder?", hab ich gefragt. Weil, hey, ich hätte ein Problem damit, wenn meine Alten einfach jemand in meinem Zimmer pennen lassen würden, selbst wenn es ein Babyzimmer ist. Aber diese Pfarrerskinder, die sind wohl sozial erzogen. Nächstenliebe und so was.

„Er ist tot", hat sie gesagt und auf den Fußboden geschaut: „Er hatte Muskelschwund." Ich starre sie an und stelle mir einen Jungen vor, der sich langsam auflöst, die Muskeln flutschen zurück wie Spaghetti, bis er nur noch ein Häufchen Knochen ist, überspannt von Haut. Und auseinanderfällt.

Bestimmt hätte ich da was sagen sollen, irgendwas mit herzlich ... Aber das Einzige, was mir eingefallen ist, war herzlichen Glückwunsch, und das passte ja wohl nicht. Also hab ich nur gesagt: „Toll, das Zimmer von 'nem Toten."

Auf dem Schreibtisch steht sogar noch ein angefangenes Modellflugzeug, steht da wie in einem Scheiß-Museum, und manchmal bastle ich ein bisschen dran rum, nur um die Pfarrersippschaft zu ärgern.

Neulich kam der Pfarrer himself ins Zimmer, um irgendwelches Gerichtszeug mit mir zu besprechen. Ich hab gesehen, dass er es sofort gemerkt hat, er hat auf das Flugzeug gestarrt und ich dachte, gleich fängt er an zu flennen oder scheuert mir eine, aber stattdessen hat er mich angeguckt und dann hat er versucht zu lächeln.

Kein Wunder, dass man da lasch wird. Dass man nicht mehr aufpasst, dass man vergisst, die Tür abzuschließen, wenn man morgens mit müdem Kopf ins Bad trottet. Zu Hause wär mir das nie passiert.

Ich stehe in Boxershorts vorm Waschbecken und spüle mir die Zahnpasta aus dem Mund. Als ich wieder hochgucke, sehe ich in dem großen Spiegel, dass das Mädchen hinter mir in der offenen Tür steht. Sie starrt mich an, starrt meinen Rücken an, die Striemen, wo der Arsch mich mit dem Gürtel … Und meine Mutter, die zugesehen hat, bisschen geflennt, aber zugesehen … Und jetzt sieht das Mädchen das alles, und ich steh da mit einem Rest Zahnpasta im Mundwinkel und hab mich noch nie so scheißnackt gefühlt. Ich wirbel herum, aber ihr Blick geht an mir vorbei, es ist immer noch alles sichtbar im Spiegel, und wie kann das sein, dass sie morgens schon so aussieht, mit dem langen, rotbraunen Haar, das ihr über die Schulter fällt, makellos, ja, das ist das Wort. Ihre Augen sind geweitet, sie guckt mich an wie etwas, was runtergefallen und kaputtgegangen ist, schade drum. Und dann gräbt sich diese Furche in ihre Stirn – oh, tut mir so leid für dich – und am liebsten würde ich sie schlagen. Stattdessen schreie ich sie an und schmeiße meine Zahnbürste nach ihr, dass der Schreck das andere in ihren Augen auslöscht. Ich schmeiße auch den Zahnputzbecher und die Cremes, den Rasierapparat und überhaupt alles, was in Reichweite ist. Aus einem kleinen Schnitt am Kinn des Mädchens tropft Blut, aber es bleibt immer noch stehen. Zuletzt knalle ich die Seifenschale aus poliertem Stein gegen den großen Wandspiegel. WUMM! Mit einem befriedigenden Krachen explodiert er und die Scherben regnen glitzernd runter. Da läuft sie endlich weg.

Mein Herz hämmert. Mir ist so heiß. Ich will meine Haut ausziehen und das alte zerknüllte Ding in den Korb für die schmutzige Wäsche schmeißen. Ich will mich hinlegen, mit dem Gesicht auf die kühlen Fliesen, 'ne Runde ausruhen. Aber das geht nicht, alles voller Scherben.

Das war's wohl mit dem Pfarrershaus. Nachdem ich ihr Bad zerlegt habe, schmeißen die mich raus. War ja klar, dass so was passiert. Aus irgendeinem Grund muss ich an das halb fertige Modellflugzeug denken, während ich in diesem Trümmerhaufen rumstehe. Alles voller Scherben und ich bin barfuß.

Kein Ahnung, wie ich hier je wieder wegkommen soll.

Es klopft an der Badezimmertür. „Kann ich reinkommen?", fragt eine Männerstimme.

„Meinetwegen." Was soll ich auch sonst sagen? Erwachsene machen eh, was sie wollen, egal, was du davon hältst.

Es ist der Pfarrer. Bestimmt hat seine Tochter ihn geholt, weil sie Angst vor dem Verrückten im Bad hat. Bestimmt ist er wütend, weil ich sie mit Sachen beworfen habe, aber sein Gesicht bleibt ganz ruhig. Er sieht sich in dem zertrümmerten Bad um, dann sieht er mich an. Die Scherben knirschen unter seinen Sohlen, als er auf mich zukommt. Er trägt Schuhe. Mein Körper spannt sich. Da breitet er linkisch die Arme aus und ich kapiere, dass er mich hochheben will, mich über die Scherben hinwegtragen wie einen kleinen Jungen. Aus irgendeinem Grund tut das mehr weh, als wenn er mich geschlagen hätte.

Ich mache einen Schritt rückwärts, suche nach Worten und finde welche, mit denen ich ihn schlagen kann: „Nur weil dein Sohn tot ist … Ich brauch niemanden, der mich rettet, kapiert!" Die Arme des Pfarrers sinken langsam herab, auch in seinem Gesicht sinkt etwas und ich schaue weg.

„Ich hab keinen Muskelschwund! Ich hab jede Menge Muskeln!", sage ich, denn ich bin fast vierzehn.

Und dann laufe ich über die Scherben zur Tür. Ich merke, wie die Scherben in meine nackten Füße schneiden, aber ich laufe weiter.

Aus: Marlene Röder: Melvin, mein Hund und die russischen Gurken. Erzählungen. © 2011 by Ravensburg Buchverlag Otto Maier GmbH, S. 83–86

Es sei zunächst auf einige Textschwierigkeiten hingewiesen, die das Verstehen erschweren können, die aber auch Ansatzpunkte für Analyse- und Interpretationsüberlegungen im Unterricht sein können.

▸ Die Geschichte ist am Anfang nicht linear erzählt. Der Text beginnt mit einer Kommentierung des Geschehens und gibt dann einen Rückblick, erkennbar an einem Tempuswechsel vom Präsens ins Präteritum. Die Kommentierung des Textanfangs wird am Ende des Rückblicks noch einmal aufgegriffen („Kein Wunder, dass man da lasch wird. Dass man nicht mehr aufpasst"); diese Textstelle führt zum eigentlichen Geschehen hin, das im Präsens erzählt wird, beginnend mit dem Absatz „Ich stehe in Boxershorts vorm Waschbecken […]" kurz vor der Textmitte.

▸ Wie das für Kurzgeschichten typisch ist, gibt es keine Exposition, in der Ort und Figuren für den Leser eingeführt werden. Man muss im Verlauf der Lektüre erschließen, worum es geht.

▸ Dass der Junge wegen des gewalttätigen Vaters, vom Ich-Erzähler nur „der Arsch" genannt, in die Pfarrersfamilie gekommen ist, erschließt sich durch die Striemen auf seinem Rücken.

▸ Die Verhaltensweise des Protagonisten, die etwas Schockierendes hat, wird im Text nicht beziehungsweise nur ganz indirekt und ansatzweise erklärt; der Leser muss selbst Vermutungen darüber anstellen, warum sich der Protagonist so verhält.

Einstieg

Der letztgenannte Aspekt kann den Einstieg in die Beschäftigung mit dem Text bilden, z. B. mit der Frage

Kann man verstehen, was mit diesem Jungen los ist?

Vielleicht ist ein solcher Impuls für eine erste Auseinandersetzung auch gar nicht nötig, weil die Schülerinnen und Schüler von sich aus auf den Text reagieren. Als Einstieg ist auch ein literarisches Gespräch in Gruppen möglich. Ergänzend kann, ausgehend vom Satz „Kein Wunder, dass man da lasch wird", erörtert werden, warum der Junge der Ansicht ist, dass man nicht lasch werden soll: Auf der Handlungsebene bezieht sich dies darauf, dass der Junge die Badezimmertür nicht abgeschlossen hat; auf der psychologischen Ebene geht es um Selbstschutz, innere Verhärtung, Abschottung.

Für die weitere Arbeit werden im Folgenden ein Arbeitsauftrag zum Textaufbau, Interpretationsfragen und Verfahren der szenischen Interpretation vorgeschlagen. Sie lassen sich auf unterschiedliche Weise miteinander kombinieren.

Arbeitsauftrag zum Textaufbau

Der Aufbau des Textes sollte vor allem im Hinblick auf die Zeitstruktur geklärt werden. Dabei treten unter Umständen auch inhaltliche Verstehensschwierigkeiten zutage, die in diesem Zusammenhang besprochen werden können. Die Untersuchung des Textaufbaus kann zunächst in Gruppen erfolgen; da zu erwarten ist, dass es zu teilweise voneinander abweichenden Ergebnissen kommt, wird der Austausch im Plenum interessant sein. Der Arbeitsauftrag für die Gruppen könnte lauten (hier formuliert für Unterricht ab 8. Schuljahr) :

Untersucht den Aufbau des Textes und erstellt dazu ein Schema. Vermerkt dabei auch, wie sich die Teile zum zeitlichen Ablauf des erzählten Geschehens verhalten.

Interpretationsfragen

Das aggressiv-zerstörerische Verhalten des Jungen im Badezimmer bietet sich als Ausgangspunkt für eine zentrale Leitfrage an; sie lautet einfach, ist aber nicht einfach zu beantworten:

Warum wirft der Junge die Badezimmergegenstände nach dem Mädchen und zerstört den Spiegel?

Diese Frage kann mehr auf der Textoberfläche (… weil er im Spiegel sieht, dass das Mädchen die Striemen auf seinem verletzten Rücken sieht) und mehr im Hinblick auf die psychologischen Motive (z. B. Scham wegen der familiären Gewaltverhältnisse) interpretiert werden. In diesem Zusammenhang kann auch eine Interpretation des die Gewalt auslösenden Augenblicks erfolgen, also der folgenden Textstelle: „Und dann gräbt sich diese Furche in ihre Stirn – oh, tut mir so leid für dich – und am liebsten würde ich sie schlagen. Stattdessen […]. "

Was verrät die Furche auf der Stirn über die Reaktion des Mädchens, warum reagiert der Junge darauf mit seinem aggressiven Verhalten?

Der eingeschobene Satz „oh, tut mir so leid für dich" drückt den Gedanken aus, den der Junge dem Mädchen unterstellt. Ob seine Annahme zutreffend ist, also ob das Mädchen tatsächlich so etwas denkt, ist zu erörtern – man kann auch vermuten, dass das Mädchen eher in einer Mischung von Erstaunen und Entsetzen reagiert. Die Reaktionen des Jungen auf die Verhaltensweise des Pfarrers zeigen ebenfalls, dass er vor allem auf – unterstelltes oder tatsächliches – Mitleid abweisend reagiert.

Dann kann auch die Reaktion des Jungen auf den Pfarrer in der Schlusssituation interpretiert werden (vgl. insbesondere den Satz „Aus irgendeinem Grund tut das mehr weh, als wenn er mich geschlagen hätte" und die Äußerungen des Jungen).

Wie lässt sich das Verhalten des Jungen am Schluss, als er dem Pfarrer gegenübersteht, erklären?

Es gibt in der Kurzgeschichte einige metaphorische Ausdrucksweisen und Dingsymbole, auf die genauer eingegangen werden kann; für diese Textstellen gibt es zwar kaum eine eindeutige Interpretation; aber es ist sinnvoll, dass die Schülerinnen und Schüler wahrnehmen, dass hier Bedeutungshorizonte eröffnet werden, die über die rein wörtliche Bedeutung hinausgehen:

▸ „[…] das alte zerknüllte Ding in den Korb für die schmutzige Wäsche schmeißen": Der Junge möchte seine Haut ausziehen – interessant für ein deutendes Nachdenken über diese Stelle sind insbesondere auch die Adjektive (bzw. attributives Partizip) „alte", „zerknüllte", „schmutzige";

▸ „Aus irgendeinem Grund muss ich an das halb fertige Modellflugzeug denken": Der Junge zerstört das Badezimmer, der verstorbene Sohn konnte das Modellflugzeug nicht fertig bauen, in beiden Fällen ist etwas nicht (genauer: noch nicht bzw. nicht mehr) ganz („halb fertig" – „Trümmer"); mit dem Modellflugzeug kann man eventuell auch das Fliegen als Befreiung verbinden;

▸ „auch in seinem Gesicht sinkt etwas": Der Satz bezieht sich auf den Pfarrer, das Verb sinken wird im Satz vorher auf die Arme und hier auf die Mimik und die dahinterstehende psychische Reaktion bezogen.

Vorschläge zur szenischen Interpretation

Stellt euch vor, dass ein Psychologe eingeschaltet wird, der mit dem Jungen über das Vorgefallene spricht. Spielt das Gespräch mit den beiden Rollen „der Junge" und „der Psychologe". Eventuell könnt ihr das Spiel noch erweitern durch ein Gespräch, das der Psychologe anschließend mit dem Pfarrer führt.

Nachdem der Junge den Spiegel zerstört hat, denkt er, dass er wohl nicht im Pfarrershaus bleiben kann. Ob der Pfarrer das auch denkt? Sammelt in Gruppen Pro- und Kontra-Gründe, die dem Pfarrer durch den Kopf gehen könnten, und schreibt sie auf; dann setzt sich eine Schülerin oder ein Schüler auf einen Stuhl; er bzw. sie stellt, ohne etwas zu sagen, den Pfarrer dar. Die Gruppenmitglieder der Pro- und der Kontra-Gruppe stellen sich neben oder hinter den Pfarrer, und zwar so viele, wie die Gruppe Argumente gefunden hat (das können zwei bis vier sein). Jedes Gruppenmitglied übernimmt jeweils ein Argument. Die Argumente werden im Wechsel von Pro und Kontra vorgelesen.

6. Natur erobert die Stadt zurück: Texte von Wolfgang Bächler und Franz Hohler (ab 7. Schuljahr)

Besonders berücksichtigte Bezüge zu den Kompetenzen literarischen Lernens (Teil C):
▶ 1 Beim Lesen und Hören lebendige Vorstellungen entwickeln
▶ 3 Sprachliche Gestaltung aufmerksam wahrnehmen
▶ 6 Mit Fiktionalität bewusst umgehen

Wolfgang Bächler (geboren 1925 in Augsburg, gestorben 2007 in München) und Franz Hohler (geboren 1943 in Biel/Schweiz) haben beide Texte über die Rückeroberung der Stadt durch die Natur geschrieben.

Text von Wolfgang Bächler
Bächlers Kurz- oder vielleicht besser Kürzestgeschichte ist eine knapp und stilistisch wirkungsvoll erzählte fantastische Utopie, wie die Natur die Stadt zurückerobert (F 6.1 M). Den Text schlage ich hier für produktives Umschreiben vor (ich greife damit ein Unterrichtsmodell auf, das ich in Praxis Deutsch 101/1990, S. 36–39 publiziert hatte).

Wolfgang Bächler
Stadtbesetzung
Schwarze Wälder belagern die Stadt, haben sie lautlos umzingelt. Längst haben sie Vorposten an die Einfallstraßen gestellt, Spähtrupps, Vorhuten, Fünfte Kolonnen bis in den Stadtkern geschickt. Jetzt dringen sie nachts in die Vororte ein, schlagen sie Breschen in Villenviertel, stoßen an die Ufer des Flusses, die Böschungen der Kanäle vor und säumen alle Gewässer ein.
Pappelkolonnen sperren die Straßen ab, gliedern die Alleebäume ein, schließen zu dichteren Reihen auf, marschieren im Gleichschritt weiter. Tannen und Eschen befreien Gefangene in den Gärten und Parks, Friedhöfen und Hinterhöfen. Eichen und Buchen besetzen die Kreuzungen, Knotenpunkte, die großen Plätze, verbrüdern, verschwistern sich mit den Ulmen, Linden, Kastanienbäumen, sprengen die Ketten parkender Autos, drängen die Baumaschinen, Bauzäune, Grundmauern, Gerüste, Geländer zurück, schlagen Wurzeln in Gruben und Gräben.

Fichten umstellen die Amtsgebäude, das Rathaus, den Rundfunk, den Bahnhof, die Polizei-inspektionen, Gerichte, Gefängnis, das Arbeits- und das Finanzamt. Die Pappelfront hat die Kaserne erreicht, verteilt sich um die Gebäude. Ahornbäume füllen die Lücken, schreiten durchs Tor in den Hof. Machtlos klettern die Wachen mit ihren Gewehren die Äste hinauf in die Kronen, sehen vor lauter Bäumen die Stadt nicht mehr.

Geräuschlos, kampflos, ohne Verluste haben die Wälder die Stadt besetzt, erobern sie Hei-matboden zurück, besiegen sie Steine, Stahl und Beton, verdrängen Verdrängte ihre Ver-dränger.

Aus: Wolfgang Bächler 1979: Stadtbesetzung. Prosa. Frankfurt a.M., S. 143

© S. Fischer Verlag GmbH, Frankfurt a. M. 1979

Die stilistische Gestaltung von Bächlers Text ist auffällig durch das militärische Vokabular ("Vorposten", "Spähtrupps", "Vorhuten" usw.), das in verfremden-dem Kontrast zur Naturthematik steht. Der Stil ist berichtend, es dominieren Ver-ben und Substantive, Adjektive kommen kaum vor. Auffällig ist das Stilmittel der Häufung, z. T. verbunden mit Alliteration ("Grundmauern, Gerüste, Geländer", "Steine, Stahl und Beton"). Syntaktisch gibt es nur Hauptsätze, oft mit der Anei-nanderreihung von mehreren Prädikaten. Wirkungsvoll ist die Schlussformulie-rung "verdrängen Verdrängte ihre Verdränger", die eine genauere Interpretati-on nahelegt (warum ist hier von "Verdrängten" die Rede?).

Die stilistische Gestaltung kann den Schülerinnen und Schülern besonders be-wusst werden, wenn sie Bächlers Bericht in eine andere Textsorte transformie-ren; dies soll in freier kreativer Weise geschehen ohne Zwang, die Textinhalte genau zu übernehmen. Folgende Arbeitsanregungen können zur Auswahl ge-geben werden:

Tagebuch
Du erlebst die Stadtbesetzung und schreibst darüber in dein Tagebuch (über mehrere Tage hin).

Privater Brief
Du schreibst einem Freund oder einer Freundin in einer anderen Stadt von deinen Erlebnis-sen in der belagerten Stadt.

Fantastischer Brief
Stell dir vor, du seist einer der Bäume. Du schreibst einem anderen Baum von der Beset-zung.

Amtlicher Brief
Der Oberbürgermeister, beunruhigt durch das Geschehen, schreibt an den Regierungspräsi-denten und schildert die Vorkommnisse.

Zeitungsartikel
Eine Zeitung einer anderen Stadt schreibt auf der ersten Seite mit großer Überschrift über die Stadtbesetzung.

Kriminalroman
Die Geschichte von der Stadtbesetzung ist Teil eines Kriminalromans geworden. Schreibe einen entsprechenden Romanausschnitt.

Traumerzählung
Du hast die Stadtbesetzung geträumt und erzählst deinen Traum.

Bei der Besprechung der Schülertexte kann auf die textsortentypischen Unterschiede eingegangen werden. Die Schülerinnen und Schüler beobachten an ihren eigenen Texten, was sich durch das Umschreiben in der stilistischen Gestaltung verändert hat.

Zur Veranschaulichung sei hier der Anfang des Textes einer Siebtklässlerin wiedergegeben (rechtschriftlich bereinigt); sie hat den privaten Brief gewählt:

Liebe Saskia,
wenn Du wüsstest, was in unserer kleinen, sonst so verträumten Stadt los ist, Du würdest es mir nicht glauben. Die Leute in der Stadt sind verzweifelt, sie wissen weder, wohin, noch was sie tun sollen.
Es hat alles so harmlos angefangen, wir haben uns sogar gefreut, dass die Bäume und Pflanzen so gut gediehen. Aber jetzt, jetzt geht es wirklich zu weit, wenn du dich umdrehst, steht plötzlich hinter dir ein Baum, und siehst du dann wieder nach vorne und willst einen Schritt machen, so stehst du an einem mit Gras und Efeu bewachsenen Betonweg. So geht das schon den ganzen Tag. [...]

Bächlers Geschichte ist auch eine reizvolle Vorlage für eine bildnerische Umsetzung; dabei können z. B. drei Bilder zu drei Phasen der zunehmenden Besetzung der Stadt gezeichnet oder gemalt werden.

Zeichne oder male drei Bilder, die zeigen, wie die Stadt immer mehr von den Wäldern besetzt wird.

Ein Text von Franz Hohler

Das gleiche Thema wie Bächler hat Franz Hohler in seiner Erzählung *Die Rückeroberung* gestaltet (in seinem gleichnamigen Sammelband Darmstadt: Luchterhand 1982, S. 5–21). Hohler erzählt hier in Ichform aus der Sicht eines Stadtbewohners. In einem jüngeren und kürzeren Text mit dem Titel *Wildnis* hat er das Thema erneut und alltagsnäher aufgegriffen; diesen Text schlage ich hier für den Unterricht vor (F 6.2 M u. AB):

Franz Hohler
Wildnis

Wenn ich aus meiner Haustür trete, stehe ich auf einem kleinen Vorplatz, dessen Bodenbelag nicht mehr ganz kompakt ist. Aus seinen Ritzen sprießen im Sommer kleine Gräser, winziger Klee, ab und zu ein Löwenzahn oder ein Breitwegerich, manchmal sogar Maßliebchen, und der Humusrand, der sich in der Spalte um den Gully verfestigt hat, genügt dem Schöllkraut als Nährboden. Ich betrachte dessen gelbe Blüten, den Schrecken jeder Gärtnerseele, mit Wohlgefallen. Für den ordnenden Rasenkantenscherenästheten ist das Schöllkraut keine Blume, nicht einmal ein Kraut, sondern ein Unkraut, für die Kräuter so schlimm wie ein Unmensch für die Menschen. Die Botanik, welche sich der Pflanzenwelt unparteiisch nähert, hat allerdings eine schmeichelhaftere Gattungsbezeichnung für das Schöllkraut. Sie rechnet es zu den Pionierpflanzen, zu den tapferen also, den entbehrungsreichen, die bereit sind, ein gefahrvolles, ressourcenarmes Leben zu führen, die darin sogar ihre eigentliche Bestimmung finden.

Wenn ich im Herbst das frisch gefallene Birkenlaub von unserer großen Treppe wische, die zur Straße hinunterführt, streift mich gelegentlich ein Hauch von Perfektionismus, und ich kehre mit dem knirschenden Laubrechen auch die Blätter heraus, die sich während eines Sommers in den Ecken zusammengepappt haben. Dann stelle ich mit Erstaunen fest, dass darunter bereits Wohnorte entstanden sind, Pioniersiedlungen für ein genügsames, improvisationsfreudiges Gliederfüßlervolk, die Asseln, und wenn ich sie verstört und hastig herumkrabbeln sehe, komme ich mir vor, als hätte ich mit einem Stock mutwillig einen Ameisenhaufen aufgewühlt.

Meistens lasse ich dann das Laub in den Ecken liegen, aus Respekt vor den unentwegten Kleinsquattern, und nehme mir sogar vor, mich über sie und ihre Lebensform kundig zu machen. Das große Buch der Gartenassel muss wohl noch geschrieben werden, aber etwas weiß ich auch so: Die Asseln sind Kundschafter, die im Auftrag der Wildnis unsere Zivilisation ausspähen. Sie können dabei mit der Unterstützung des Schöllkrauts rechnen, aber auch Breitwegerich, Brombeere und Brennnessel gehören zu ihren Helferinnen.

Das Ziel der Natur, wenn sie denn eines haben sollte, ist nicht das Gepflegte, sondern das Ungepflegte, nicht die Kultur, sondern die Wildnis. Ich bin überzeugt, dass sie unsere Eingriffe, Zugriffe, Durchgriffe und Angriffe überleben wird, verwundet zwar, aber letztlich stärker. Ihre Boten sind im Anmarsch. Schon überziehen sich die Betonsäulen mit Flechten und Moos, und aus den Mauerfugen wachsen junge Birken, deren Wurzeln den Asphalt wölben. Wenn ich eine Wette eingehen müsste, was auf unserer Erde länger leben wird, Schallschutzmauer oder Schöllkraut, Autobahnen oder Asseln, ich wüsste sofort, wer meine Favoriten sind.

Hohlers Text hat den Charakter eines alltagsnahen Notats; allerdings tritt in der Mitte des dritten Absatzes eine Wendung zum Surrealen ein, wenn die Asseln personifizierend als Kundschafter bezeichnet werden. Hier ist also eine Annäherung an die Fantastik von Bächlers Geschichte festzustellen. Wenn man zum ersten Absatz in Hohlers Text zurückblickt, dann erkennt man, dass dort die Personifizierung schon beginnt, wenn von „tapferen" Pionierpflanzen die Rede ist – „tapfer" ist hier metaphorisch verwendet, das Adjektiv kennzeichnet eigentlich Menschen.

Für eine kreative Schreibaufgabe im Unterricht kann die im Text angedeutete Fantastik weiter entfaltet werden:

In seinem Text bezeichnet Hohler die Asseln als Kundschafter, die im Auftrag der Wildnis unsere Zivilisation ausspähen. Stell dir vor, die Asseln würden einen Kundschafterbericht an die Wildnis schreiben. Verfasse diesen Bericht. Berücksichtige dabei, dass Schöllkraut, Breitwegerich, Brombeere und Brennnessel im Text als Helferinnen der Asseln genannt werden.

Interessant kann auch ein Vergleich der Texte von Bächler und Hohler sein, und zwar im Hinblick auf Parallelen und Unterschiede in inhaltlicher, struktureller und stilistischer Hinsicht.

Vergleiche den Text *Wildnis* von Franz Hohler mit der *Stadtbesetzung* von Wolfgang Bächler. Untersuche dabei Inhalt, Erzählperspektive und Sprache.

Hohlers Text wirkt eher alltagssprachlich, zeigt aber durchaus eine ausgeprägte stilistische Formung. Hinweisen lässt sich in dieser Hinsicht u.a. auf die folgenden sprachlichen Auffälligkeiten in Hohlers Text:

▸ *Anaphorik der Absatzanfänge:* „Wenn ich […]" beim ersten, zweiten und letzten Absatz
▸ *Alliteration:* „Breitwegerich, Brombeere und Brennnessel", „Wurzeln […] wölben", „Schallschutzmauern oder Schöllkraut", „Autobahnen oder Asseln"
▸ *Oxymoron:* „Schrecken der Gärtnerseele, mit Wohlgefallen"
▸ *Sprachspielerische Entgegensetzung:* „Kraut" – „Unkraut", „Unmensch" – „Mensch", „das Gepflegte" – „das Ungepflegte"
▸ *Sprachspielerische Häufung von Wörtern mit gleichem Wortstamm:* „Eingriffe, Zugriffe, Durchgriffe und Angriffe"
▸ *Neologismus:* „Rasenkantenscherenästheten" (ein Wort, das enträtselt werden muss, die Rasenkantenschere ist ein elektrisches Gartengerät), „Gliederfüßlervolk" (Gliederfüßler ist ein zoologischer Begriff), „Kleinsquatter"

(Squatter sind Siedler, die ein unbebautes Stück Land für die Bewirtschaftung besetzen)
▸ *Personifikation:* Schöllkraut wird als „tapfer" bezeichnet, die Asseln als „Kundschafter", Breitwegerich, Brombeere und Brennnessel als „Helferinnen", Flechten und Moos als „Boten".
Die Schülerinnen und Schüler können auch Zusatzinformationen über Pionierpflanzen recherchieren.

7. Nach zwanzig Jahren – *Balder & Söhne* von Kathrin Schmidt (ab 8. Schuljahr)

Besonders berücksichtigte Bezüge zu den Kompetenzen literarischen Lernens (Teil C):
▸ 1 Beim Lesen und Hören lebendige Vorstellungen entwickeln
▸ 4 Perspektiven literarischer Figuren nachvollziehen
▸ 5 Narrative Handlungslogik verstehen

In ihrer Kurzgeschichte *Balder & Söhne* (F 7 M u. AB) erzählt Kathrin Schmidt von einem harmlosen und amüsanten Missverständnis. Zugleich zeichnet sie das Bild von zwei alten Männern, die ein Leben führen, als sei die Zeit stillgestanden. Die vielfach preisgekrönte Autorin, 1958 in Gotha geboren, ist in der DDR aufgewachsen; das spiegelt sich in der Kurzgeschichte wider: Die Ich-Erzählerin (eine Malerin, nicht eine Schriftstellerin wie die Autorin) kehrt nach zwanzig Jahren, in denen sie im Westen gelebt hat, in die Stadt ihrer DDR-Kindheit zurück und sieht die Veränderungen, die stattgefunden haben. Im Haus ihrer Kindheit ist aber immer noch wie damals der kleine Papierladen, wie ein Relikt aus alten Zeiten.

—Ⓜ

Kathrin Schmidt
Balder & Söhne
Im letzten Frühjahr erhielt ich die Chance, meine Bilder in der Galerie Fizz auszustellen. Die Galerie Fizz ist in G. ansässig, der Stadt meiner Kindheit. Aufgeregt machte ich mich auf den Weg. Ich war zwanzig Jahre lang nicht mehr dort gewesen. Jahre, die ich im Westen des Landes verbracht, die Schule beendet und studiert hatte. Würde sich ein Gefühl der Vertrautheit einstellen?
Wohl kaum. Schließlich fand ich die Stadt sehr verändert vor. Das Renaissancerathaus war wunderbar restauriert und die gesamte Innenstadt zum Fußgängerbereich erklärt worden. In den kleinen, krummen Häuschen residierten nun Buchhandels- und Bekleidungsketten, aber auch mittelständische Geschäfte und sogar ein Vietnamese mit jenem unbeschreiblichen Ramsch, der alternde Kleinstadtfrauen so unwiderstehlich anzieht. Während die Häuser, in denen große Handelsketten Platz gefunden hatten, sich nach hinten auf wundersame Weise

erweiterten, war der Vietnamese nur ebenso groß – oder klein – wie die Papierhandlung Balder & Söhne. Dass es sie immer noch gab, wunderte mich. Der alte Balder war vor zwanzig Jahren schon über achtzig gewesen, seine Söhne weit über fünfzig. Ich betrat den Laden und erkannte die beiden sofort, wie sie hinter dem altertümlichen Verkaufstresen hockten und lasen. Ortwin sprang auf, mich nach meinem Begehr zu fragen. Nun, „aufspringen" ist ein übertriebenes Verb. Allenfalls mit einer Geste des Aufspringens erhob er sich langsam und mühselig aus seinem Sesselchen. Sein Bruder Erhard, das Haar noch immer zu brechtscher Frisur einfach nach vorn gekämmt, wo es in gerade geschnittenem Pony endete, war sitzen geblieben, schaute nicht einmal auf. Ich lächelte und schwieg erst einmal abwartend vor mich hin. Als sich nichts rührte, löste Erhard sich endlich von seinem Buch und sah zu mir herüber. Natürlich erkannte er mich. Als Teenager war ich Tag für Tag im Geschäft gewesen, hatte mit dem alten Balder Schach gespielt, der dabei aus dem Hinterhalt jenseits des Tresens ein Auge auf seine Söhne geworfen hatte, als müsste er noch immer, auch wenn sie aufs Rentenalter zugingen, darauf achten, dass sie den Laden nicht ruinierten. Mein mittig gescheiteltes Haar war nicht mehr blond, sondern möhrenfarben, ein Hennaunglück der letzten Woche, aber es fiel noch genau so wie damals nur knapp über die Schultern und erwies sich als Wiedererkennungszeichen – Erhard fingerte ergriffen darin herum, als er mich begrüßt hatte. Ortwin brauchte länger und einen Kurzvortrag seines Bruders über meine Identität, bis es ihm dämmerte, wer ich war. Meine Mutter und ich hatten bis zur Ausreise Mitte der Achtzigerjahre in diesem Haus gewohnt, in der Dachetage. Eineinhalb Zimmerchen, in denen ich geboren und aufgewachsen war, über den drei Zimmerchen, in denen die Baldermänner gelebt hatten. Diese wiederum über dem kleinen Laden zu ebener Erde. Das Haus gehörte dem alten Balder. Meine Mutter hatte mir damals erzählt, dass seine Frau Anfang der Fünfzigerjahre verstorben war und dass seitdem keine Zweite mehr die Schwelle zur balderschen Wohnung übertreten hatte. Ortwin und Erhard hatten sich sonderbarerweise dem väterlichen Eremitendasein gefügt und es mit ihm geteilt. Im Zudritteremitentum hatten sie den kleinen Laden durch die Zeiten geschippert, die ihm nicht hold gewesen waren. Heute waren sie ihm sicher ebenso wenig hold wie vor zwanzig oder vierzig Jahren, als Privateigentum eine verabscheuungswürdige Angelegenheit gewesen war. Jetzt war Privateigentum keine verabscheuungswürdige Angelegenheit mehr, aber das baldersche Privateigentum war klein. Bestand nach wie vor aus einem windschiefen Häuschen mit kleinem altertümelndem Laden darin, der auch deshalb noch existierte, weil dafür keine Miete fällig wurde, während man draußen sicher Schlange stand, den beiden alten, standhaften Herren ihr Häuschen abkaufen und sie in eine luxuriöse Wohnanlage verfrachten zu wollen. Schadenfroh stellte ich mir die erfolglosen Verkaufsverhandlungen vor und wunderte mich plötzlich über dieses Abschweifen der Gedanken, während doch Ortwin einen Tee gebracht und Erhard mir Fragen gestellt hatte, denn er schaute mich erwartungsvoll an.

Wie?, sagte ich einfach und möglichst beiläufig, um mich bei der Schadenfreude nicht ertappen zu lassen.

Er ruft noch oft nach dir!, sagte Erhard.

Ich wurde auf der Stelle unruhig. Der alte Balder lebte noch? Mit über hundert Jahren?

Wo habt ihr ihn denn untergebracht?, fragte ich vorsichtig, denn die beiden waren eigentlich auch in einem Alter, in dem alleinstehende Herren daran denken sollten, sich nach einem Alterssitz mit angemessener Pflege umzusehen.

Verständnislos sahen die beiden erst mich, dann sich an.

In der Wohnung natürlich!, sagte Ortwin.

In unserer?, fragte ich unsicher.

Erhard beeilte sich: *Nein, nein. Wo ihr früher gewohnt habt, wurde ein junger Mann einquartiert nach eurem Weggang, der sich aber kaum hier sehen ließ. Zwar pünktlich seine Miete zahlte, aber was war das denn auch zu jenen Zeiten, fünfzehn Mark! Nach der Wende war er weg und wir haben die Wohnung als Bodenkammer genutzt. Vater hatte zu viel alten Krempel, den wir nicht wegwerfen konnten und deshalb eingelagert haben …*

Aha, so hatten sie also Raum gewonnen. So ein alter Mensch brauchte ein Pflegebett, einen Toilettenstuhl …

Ob er noch so gut beieinander war, mich sehen zu wollen? Ich wollte ihn auf jeden Fall sehen und fragte die beiden, ob er Besucher empfinge.

Sie lachten, aber ihre offensichtliche Verlegenheit machte mir zu schaffen. Erhard hüstelte. Ortwin meinte, sie müssten erst einmal ein bisschen aufräumen oben, und außerdem hätten sie so lange keinen Besuch mehr gehabt, dass es schon gar nicht mehr wahr wäre und sie nicht wüssten, ob überhaupt etwas zu trinken oder zu essen da sei, denn sie gingen immer in die Pension Schubert, wo ihnen die gute Frau Schmidt Frühstück, Mittag und Abendbrot richtete.

Und er?, fragte ich, wiederum vorsichtig.

Na, das bisschen, was der braucht, kaufe ich auf Vorrat im Supermarkt, das reicht dann immer für ein Vierteljahr, erklärte Ortwin.

Sprachlos stellte ich mir einen uralten, ausgemergelten Greis vor, von dessen Existenz womöglich niemand mehr wusste, weil er jenen, die früher hier schon gewohnt haben mochten, einfach aus dem Sinn geraten war wie ein Stück vertrocknenden Lebkuchens, das hinter die erste Reihe im Bücherregal gefallen und dort vergessen worden war. Jene hingegen, die zugezogen waren, hatten ihn niemals wahrgenommen und vermissten ihn deshalb auch nicht.

Meine Beklommenheit stieg.

Ich fragte, wann sie denn mit Aufräumen fertig sein könnten.

Die beiden erröteten.

Ni … ni … nicht vor morgen Abend, stotterte Erhard.

Aber – wir können ihn doch runterholen, meinst du nicht auch?, fragte Ortwin, und seinem Bruder schienen die Eisenreifen wieder vom Herzen zu springen, die sich in den vergangenen Minuten dort zu schließen begonnen hatten. Die beiden liefen mit aller ihnen verbliebenen geschäftigen Geschwindigkeit nach oben, nachdem sie mich gebeten hatten, eventuelle Kundschaft einen Moment lang zu vertrösten.

Ich sah mich um. In Fassungen eingeschobene Zettel auf den vielen Schubfächern verrieten, was sich in ihnen verbarg. *Blei, Bunt* und *Tinte* las ich, *A4, A5, A*6, aber auch *Geha, Rotring* oder *Pelikan*. In den beiden hohen Regalen an der Wand lagerten fein säuberlich übereinandergestapelte Kartons mit Aufklebern, *Kalender, Federn, Löschpapier, Gummis, Packpa-*

pier, Zirkel, Leim. Wie früher. Sicher konnten sie sich von diesem uralten System auch deshalb nicht lösen, weil ihr Vater noch lebte.

Niemand betrat die Papierhandlung. Das wunderte mich nicht.

Vielmehr fragte ich mich, wie sie den Alten die Treppen herunterbugsieren würden.

Sollte er womöglich noch gut zu Fuß sein?

Ich hörte, wie oben die Tür geschlossen wurde. Kein Poltern war zu hören, kein Stöhnen oder Geschiebe. Sie liefen die Treppe genau so schnell – oder eben langsam – herunter, wie sie hinaufgestiegen waren.

Meine Spannung wuchs ins Unerträgliche.

Sie öffneten die Tür zum Laden.

Mein Lachen erschütterte sie offenbar bis ins Mark.

Das war ja Coco, der da auf Ortwins Schulter saß! Coco, den ich längst vergessen hatte! Hatte ich mir als Kind eine Amazone nur als Frau mit einer ausgebrannten Brust vorstellen können, die das Bogenschießen beherrschte, so hatte Coco mich eines Besseren belehrt: Auch männliche Wesen konnten Amazonen sein. Coco war eine mit einer gelben Stirn. Nur mit Männern lebend, war ihm Weibliches stets suspekt gewesen, und meinen Namen hatte er nur wutentbrannt schreien können. *Er ruft noch oft nach dir!*, hatte Erhard gesagt – sollte sich daran etwas geändert haben?

Immer noch musste ich lachen. Verwirrt sahen Ortwin und Erhard einander an.

Coco kreischte, es klang tatsächlich wutentbrannt, meinen Namen. Beruhigt sah ich ihn als den, der er immer gewesen war: ein grüner Terrorist mit antiweiblichen Allüren. Ein altes Gefühl stellte sich umstandslos ein, das ich aus meinem Inventar gestrichen hatte: Papageienliebe. Oder was war das, was mir die Herzgegend aufwühlte, als ginge ein Pflug hindurch? Ich machte einen Schritt rückwärts, aus Respekt.

Ortwin und Erhard erzählte ich nichts von der Verwechslung. Dafür berichteten sie ausufernd und mit immer freudiger werdender Erregung von Cocos Macken. Seiner Vorliebe fürs Fernsehen und der einschläfernden Wirkung desselben, die ihn regelmäßig auf des einen oder des anderen Schultern ereilte. Seinem meckernden Lachen und Weinen, dessen sie sich nicht erwehren könnten und einstimmen müssten, sobald er damit anfinge. Allerdings sei ihm seine Lust auf allzu menschliche Ernährung ausgetrieben worden durch ihre regelmäßigen Besuche in der Pension Schubert. Nur langsam habe er sich auf Trockenfutter einstellen können, aber in den letzten zehn Jahren, seit dem Tod ihres Vaters, der regelmäßig für sie gekocht habe, sei ihm nichts anderes übrig geblieben.

Über neunzig war der alte Balder also geworden und hatte seine Söhne umsorgt wie eine Mutter ... Ich wollte nicht nachdenken über die Fehlstellen eines solchen Lebens, das andererseits prall genug war, einer Gelbstirn-Amazone Lebenslust und -luft zu geben.

Schließlich habe ich an jenem Nachmittag in der Papierhandlung Balder & Söhne Farben gekauft. Acrylfarben in kleinen weißen Tuben. Cocos Bild hängt heute über meinem Schreibtisch. Sehe ich es lange genug an, kommen für einen Moment die Baldermänner daraus hervor. Sie winken. Wie Gäste, deren Gegenwart augenblicklich Vergangenheit wird.

Aus: Kathrin Schmidt: Finito. Schwamm drüber. Erzählungen. S. 231–237 © 2011 by Kiepenheuer & Witsch GmbH & Co. KG, Köln

Der Reiz der Kurzgeschichte von Kathrin Schmidt lebt vor allem von dem Missverständnis der Ich-Erzählerin; dem Leser erschließt sich der Sachverhalt erst in dem Augenblick, als die Ich-Erzählerin ihren Irrtum erkennt, aber schon vorher merkt er, dass etwas nicht stimmen kann, oder ist zumindest leicht irritiert. Es bietet sich deshalb an, im Unterricht die Geschichte nicht gleich bis zum Schluss zu lesen, sondern vorher innezuhalten und Gedanken auszutauschen, wie die Geschichte weitergehen könnte. Die folgende Stelle bietet sich zum Einhalten an: „Meine Spannung wuchs ins Unerträgliche. Sie öffneten die Tür zum Laden."

Mit einer spielfreudigen Klasse kann man schon früher einhalten, nämlich bei Erhards Äußerung „Er ruft noch oft nach dir!". Zwei Schüler(-innen) spielen die beiden Brüder und werden, ohne dass die anderen Schülerinnen und Schüler dies hören, instruiert, dass mit „er" der Papagei gemeint ist. Eine weitere Schülerin (oder ein Schüler) übernimmt die Rolle der Frau und wird informiert, dass die Frau meint, mit „er" sei der alte Balder gemeint. Nun wird improvisierend das Gespräch gespielt, wobei als Regel gilt, dass auf beiden Seiten vom Papagei bzw. vom alten Balder nur mit „er" gesprochen wird. Nach einer Weile wird das Spiel unterbrochen und überlegt, was hinter dem Missverständnis steckt. Falls die Schülerin, die die Frau spielt, schon während des Spiels merkt, von wem die beiden Brüder tatsächlich sprechen, hört das Spiel auf. Auch die zuschauenden Schülerinnen und Schüler können raten.

Anweisung Balderbrüder, 2 Rollen
Ihr spielt die beiden Balderbrüder Erhard und Ortwin. Das Spiel beginnt mit der Äußerung von Erhard „Er ruft noch oft nach dir!". Mit „er" ist der Papagei gemeint; das wissen aber die Frau (= Ich-Erzählerin) und die zuschauende Klasse nicht. Ihr sollt im Spiel das Wort „Papagei" nicht verwenden, sondern nur von „er", „ihm", „ihn" sprechen.

Anweisung Frau
Das Spiel beginnt mit einer Äußerung von Erhard: „Er ruft noch oft nach dir!" Du denkst: Lebt der alte Balder tatsächlich noch, er müsste doch über hundert Jahre sein? Du fragst: „Wo habt ihr ihn denn untergebracht?"Dann improvisiert ihr das Gespräch weiter.

Wenn der Text zu Ende gelesen ist, kann rückblickend das Gespräch zwischen der Ich-Erzählerin und den Balder-Söhnen noch genauer daraufhin untersucht werden, was der Frau bei den Äußerungen von Ortwin und Erhard und umgekehrt den Balderbrüdern bei den Äußerungen der Frau merkwürdig vorkommt (z. B. dass, wie die Frau versteht, alle drei Monate ein Essensvorrat für den alten Balder gekauft wird).

Untersucht das Gespräch, das die Frau mit den Balderbrüdern führt. Warum kommen der Frau die Äußerungen der Balderbrüder und umgekehrt die Äußerungen der Frau den Balderbrüdern merkwürdig vor?

Für ein improvisiertes szenisches Spiel bietet sich auch eine „erfolglose Verkaufsverhandlung" an, wie sie sich die Ich-Erzählerin vorstellt. Zwei Schülerinnen oder Schüler spielen einen Kaufinteressenten und einen Notar, die die beiden Brüder bedrängen; zwei weitere Schülerinnen oder Schüler spielen die beiden Brüder, die abwehren. Interessant im Hinblick auf die Interpretation des Textes dürfte insbesondere sein, mit welchen Begründungen die Brüder einen Verkauf verweigern.

Spielt eine Verkaufsverhandlung, bei der ein Kaufinteressent und ein Notar vergeblich versuchen, die Balder-Brüder zum Verkauf ihres Hauses zu bewegen.

Die Vergegenwärtigung der Lebenssituation der beiden Brüder kann vertieft werden, wenn der Satz „Ich wollte nicht nachdenken über die Fehlstellen eines solchen Lebens" aufgegriffen wird. Die Ich-Erzählerin wehrt ein solches Nachdenken ab, aber indem sie das sagt, gibt sie dem Leser einen Anstoß, dies seinerseits zu tun: Haben die Brüder ein verfehltes Leben geführt? Kann man sich vorstellen, dass sie mit ihrem Leben glücklich sind? Worauf haben sie verzichten müssen, was haben sie gewonnen? Solche Überlegungen gehen über eine Textinterpretation hinaus, der Text gibt nur wenige Hinweise zur Erörterung der genannten Fragen. Man wird sich deshalb mit Vermutungen begnügen müssen und eigene Vorstellungen zum Leben der beiden Brüder entwickeln. Dies ist eine durchaus angemessene Form der Textrezeption, denn literarische Texte, insbesondere solche der neuesten Literatur, sind gerade darauf angelegt, dass sie beim Rezipienten weitere Vorstellungen und Gedanken anregen.

Das Nachdenken über das Leben der Balderbrüder kann als Pro-Kontra-Diskussion geführt werden mit folgender Anweisung:

Die Ich-Erzählerin schreibt: „Ich wollte nicht nachdenken über die Fehlstellen eines solchen Lebens." Diskutiert zu viert, ob die Brüder ein verfehltes Leben geführt haben. Zwei von euch nennen bejahende Argumente, zwei von euch verneinende Argumente.

Der Schluss der Kurzgeschichte ist in seiner ins Surreale gehenden Bildlichkeit für Schülerinnen und Schüler nicht unbedingt auf Anhieb nachvollziehbar: „Sehe ich es lange genug an, kommen für einen Moment die Baldermänner daraus hervor. Sie winken. Wie Gäste, deren Gegenwart augenblicklich Vergangenheit wird." Was ist mit dem abschließenden Vergleich im letzten Satz gemeint? Man könnte den Vergleich so deuten, dass die Balderbrüder, die in der Vorstellung der Ich-Erzählerin aus dem Bild treten, gleichsam Gäste sind, deren Gegenwart die Erinnerung wachruft; so lässt das Bild von Coco, das die Ich-Erzählerin mit den bei den Balderbrüdern gekauften Farben gemalt hat, die Vergangenheit lebendig werden.

Die Geschichte *Balder & Söhne* endet mit dem verkürzten Satz: „Wie Gäste, deren Gegenwart augenblicklich Vergangenheit wird." Versucht, diesen Schluss zu deuten.

Möglich ist auch, für den Schluss der Kurzgeschichte drei Varianten anzubieten, die originale und zwei zusätzlich ausgedachte; die Schülerinnen und Schüler sollen sich überlegen, welchen der Schlüsse sie bevorzugen würden, und ihre Wahl begründen. Sie kennen den Text bis „Cocos Bild hängt heute über meinem Schreibtisch. Sehe ich es lange genug an, …". Der Arbeitsauftrag kann folgendermaßen lauten:

Hier sind drei mögliche Schlüsse für die Kurzgeschichte. Welchen würdet ihr wählen?

„… wird die Sehnsucht nach meiner Jugend, nach dem alten Balder und nach seinem Papagei, immer größer und ich frage mich, ob ich das Bild nicht lieber abhängen sollte."

„… kommen für einen Moment die Baldermänner daraus hervor. Sie winken. Wie Gäste, deren Gegenwart augenblicklich Vergangenheit wird."

„… dann wird mir bewusst, wie unterschiedlich die Lebenswege der Menschen sind. Wie es Menschen gibt, die zufrieden sind, wenn sie immer am gleichen Ort bleiben, und Menschen, die von einem Ort zum anderen ziehen."

Mit der ersten Variante habe ich einen eher sentimentalen Schluss formuliert, mit der dritten Variante eine verallgemeinernde Einsicht. Das Verfahren mit den drei Schlüssen soll durch die Begründungen, die sich die Schülerinnen und Schüler für ihre Wahl zurechtlegen, das interpretierende Verstehen der Kurzgeschichte unterstützen. Das kann auch durch Begründungen der nicht originalen Textvarianten erfolgen, obschon diese für einen erfahrenen Leser nicht recht zum Stil von Kathrin Schmidt passen.

8. Stein und Zeit – Texte von Klaus Merz und Franz Hohler (ab 8. Schuljahr)

Besonders berücksichtigte Bezüge zu den Kompetenzen literarischen Lernens (Teil C):

- ▸ 1 Beim Lesen und Hören lebendige Vorstellungen entwickeln
- ▸ 3 Sprachliche Gestaltung aufmerksam wahrnehmen
- ▸ 4 Perspektiven literarischer Figuren nachvollziehen
- ▸ 7 Metaphorische und symbolische Ausdrucksweise verstehen

In den beiden Texten von Klaus Merz und Franz Hohler, die ich hier vorschlage, spielt ein Stein die Hauptrolle; in beiden Texten ist der Stein als Inbegriff zeitüberdauernder Materie dem vergänglichen Leben des Menschen gegenübergestellt und zugleich mit ihm in Verbindung gebracht. Der Text von Klaus Merz ist ganz kurz, wirkt biografisch und öffnet doch einen weiten Assoziationsraum. Hohler spannt einen Bogen, wie er weiter kaum sein könnte, und fokussiert dann, wie bei einem filmischen Zoom, auf ein einzelnes Ereignis.

Klaus Merz, 1945 geboren, und Franz Hohler, 1943 geboren, sind beide bekannte Schweizer Autoren.

Der Text von Klaus Merz
 (F 8.1 M u. AB)

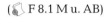

Klaus Merz
Mein Werkzeug
Während der ersten dreißig Jahre meines Lebens trug ich oft einen Kieselstein im Hosensack mit. Als Spielgefährte, als Amulett, später als Erdgeschichte in handlicher Form. Im Lauf der Zeit ist der Stein zwar speckig, aber nie weniger geworden. Und wenn ich ihn verlor, wußte ich, daß er nicht verloren war, sondern weiterrollte durch die Zeit. Es wird ihn noch geben, wenn von uns und unseren Hosensäcken schon lange nichts mehr übrig ist.

Diese Einsicht verhalf mir in philosophischen Stunden zu einer gewissen Gelassenheit, an gewöhnlichen Tagen aber führte sie nur zu Bitterkeit über den eigenen schnellen Verschleiß. Eines Herbstes wechselte ich den Stein durch eine Roßkastanie aus, gegen allfälliges Rheuma. Und seit ein paar Jahren trage ich an ihrer Stelle einen klein gewordenen Radiergummi mit. Als Werkzeug. Und als Erinnerung an mein Leben. Denn auch der Radiergummi wird, anders als der Kiesel, durch meine Irrtümer verbraucht.

Aus: Klaus Merz 2010: Am Fuß des Kamels. Erstauflage 1994. Innsbruck, S. 6

Zur Prosa von Klaus Merz hat der Literaturwissenschaftler Peter von Matt einmal in einer Laudatio auf den Autor gesagt: „Ob Klaus Merz ein Stück Prosa schreibt oder ein Gedicht, immer erscheint vor uns ein Stück Wirklichkeit in extremer Verdichtung, schwere Materie. Es ist überschaubar, selten länger als zwei Seiten. Das Entscheidende aber geschieht, wenn es endet. Wenn es endet, expandiert die Verdichtung. Sie schießt aus ins Imaginäre, wird zehnfach, hundertfach" (abgedruckt als Nachwort in: Klaus Merz: Jakob schläft. Frankfurt a. M.: Fischer 5. Aufl. 2010, S. 89). Die „extreme Verdichtung" trifft auf den Text *Mein Werkzeug* mit dem Kieselstein sozusagen wörtlich zu. Und die beiden letzten Sätze des kurzen Textes weiten den Bedeutungshorizont aus, so wie es Peter von Matt beschreibt. Ein solchermaßen verdichteter Text, der leichtfüßig als autobiographische Bemerkung daherkommt, muss verzögert und mehr als einmal gelesen werden. Überlegungen sollte man im Unterricht zu den folgenden Textstellen anregen – das kann zunächst in Gruppen erfolgen, z. B. in sechs Gruppen, wobei immer zwei Gruppen eine der im Folgenden genannten Textstellen erhalten:

„Als Spielgefährte, als Amulett, später als Erdgeschichte in handlicher Form."
Was können wir uns unter diesen drei Bedeutungen, die der Stein hatte, vorstellen?

„Diese Einsicht verhalf mir […] zu einer gewissen Gelassenheit", aber auch „zu Bitterkeit über den eigenen schnellen Verschleiß."
Warum kann die genannte Einsicht so unterschiedliche Wirkung haben?

„[…] als Erinnerung an mein Leben. Denn auch der Radiergummi wird, anders als der Kiesel, durch meine Irrtümer verbraucht."
Was mag hier mit „Erinnerung an mein Leben" und mit „Irrtümer" gemeint sein?

Bei der letzten Frage kommt es vor allem darauf an, dass die doppelte Bedeutung von „Irrtümer" thematisiert wird: Mit dem Radiergummi korrigiert man Fehler und Formulierungen, mit denen man nicht zufrieden ist. Aber es handelt sich auch um die Irrtümer, die man im Leben begeht.

Die Kurzgeschichte von Franz Hohler

In seiner Kurzgeschichte *Der Stein* (F 8.2 M) arbeitet Franz Hohler mit Gegensätzen: Die Jahrmillionen der Erdentstehung werden der Tat eines einzelnen Menschen, der gefühllose Stein den Gefühlen eines Vierzehnjährigen gegenübergestellt:

Franz Hohler

Der Stein

Etwas platzte.

Etwas tanzte durchs Dunkel.

Ein Tosen. Ein Krachen. Ein Rauschen.

Sternenherzklopfen. Gestirngelächter.

Etwas glomm.

Etwas gloste.

Etwas barst.

Galaktischer Donner. Zeitgeburt.

Etwas wurde herausgeschleudert.

Etwas ballte sich.

Etwas drehte sich.

Etwas kreiste.

Da war sie, die Erde, von niemandem gesehen, von niemandem gehört, von niemandem gerochen. Schutzlos schwebte sie im Hagel des Universums, das sich immer noch selbst gebar und das aus seinen Urlungen Meteoriten hustete, die bargen Atem in sich, die bargen Tropfen in sich, die blieben auf der Erde zurück, und langsam verbreitete sich Luft, und langsam verbreitete sich Wasser.

Jahrmillionen.

Die Hitze im Innern der Kugel strebte nach außen, immer mehr Feurigflüssiges begann sich zu verfestigen, die Erde zog sich einen steinernen Mantel an. Er wurde von Ozeanen überflutet, doch Sockel und Platten stießen nach oben, breiteten ihre Küsten aus unter dem Licht der Sonne und luden zum Leben ein.

Jahrmillionen.

Im Wasser begann es zu zucken und zu zappeln, Lebendiges nährte sich von dem, was Gesteine und Wasser abgaben, und von anderm Lebendigen.

Jahrmillionen.

Pflanzen zeigten sich, Farne schlugen Wurzeln im Boden, Insekten krabbelten an ihren Stängeln. Aus den Meeren hoben Lurche ihre Köpfe, krochen ans Land, schauten sich um und nahmen die Einladung an. Flossen verwandelten sich in Füße. Reptilien schleiften ihre schuppigen Bäuche durch die Sümpfe. Nadelhölzer versuchten Fuß zu fassen.

Jahrmillionen.

Eiswinde lösten sich mit dem heißen Hauch von Monsunen ab. Der Entstehung von Leben folgte das Aussterben von Leben.

Dinosaurier brüllten und erlagen ihrer eigenen Größe, Vulkane feuerten ihre Botschaft aus der Tiefe in die Höhe und erloschen, Vögel erhoben sich in die Lüfte und kreisten über den Erdteilen, die von den Kräften des Wärmezerfalls stetig auseinandergetrieben wurden. Zum Ei als Brutgefäß kam die Gebärmutter, neugeborene Tiere saugten Milch aus ihrer Mutter, Fledermäuse schwirrten durch die Urwälder und starben nicht mehr aus.

Jahrmillionen.

Ständig drängte neue Unruhe aus dem Erdinnern nach oben, abgekühlte Gesteinsmassen suchten das Licht, die Kontinente wuchsen und brachen auseinander, dazwischen schossen gurgelnd neue Meere, unter denen sich Felsbastionen so lange aneinanderstießen und drückten, bis sie sich übereinanderschoben, bis sie sich aus den Wassern aufrichteten und zu Gebirgszügen erhoben.

Jahrmillionen.

Die Alpen entstanden. Ein Kampf unter Gesteinsgiganten, Gneis, Granit, Schiefer, Kalk, Dolomit ihre Namen. Aus den Wüsten des Südens war einer gekommen, um am Ringen teilzunehmen, Verrucano, der Alte, von rötlicher Farbe, ein Sohn von Feuermutter Magma, der warf sich auf die Jüngeren und presste sie nieder, bis sie sich ergaben. Doch wer den obersten Platz einnahm, war Stürmen, Hagel, Schnee und Eis am stärksten ausgesetzt und verwitterte rascher, hier und dort brach ein Stück aus dem Riesen heraus und donnerte in die Tiefe, und seine Brocken zerfielen zu Geröll.

Noch zwanzig Millionen Jahre, bis Menschenaugen zu den Bergen hinaufblicken und ängstlich in andere Augen blicken, wenn das Rumpeln von Felsstürzen zu hören ist.

Gletscher dehnen sich aus, ziehen sich wieder zurück, dehnen sich erneut und treiben die Menschensippen in ihrer Nähe auf die Suche nach freundlicheren Gegenden. Einer davon, der sich zu Füßen des alten Verrucano breitmacht, nimmt dessen Geröllschutt mit auf die Wanderschaft, und auf seiner mehrtausendjährigen Wachstumsreise hat er genügend Zeit, den Steinen mit seinem Eisdruck die Kanten abzuschleifen, und als ihm die Zunge abzuschmelzen beginnt und es auf den Heimweg geht, lässt er sie alle liegen. Er lässt auch eine Mulde für ein Seebecken zurück, langsam bedeckt sich das Gletschervorfeld mit Erde, auf der Gras und Bäume wachsen, die Mulde füllt sich mit Wasser, und auf einem Hügel an ihrem Ausfluss errichten Kelten eine Siedlung, die später von den Römern zu einem Kastell ausgebaut wird: Turicum.

Es ist anzunehmen, dass ein Stein nichts fühlt, dass er nichts hört und nichts sieht. Sonst müsste man sagen, der Stein, der vor zwanzigtausend Jahren mit dem Linthgletscher nach Zürich gekommen war und hier mit Erde überdeckt wurde, hatte ein eintöniges Leben, denn er blieb unter dem Boden liegen, durch Erde von seinen Reisegefährten getrennt, vielleicht stieß ihn ab und zu die Schnauze eines Maulwurfs an, vielleicht streifte ihn gelegentlich ein Regenwurm, aber von dem, was über der Erde vor sich ging, spürte er nichts. Karl der Große gründete das Großmünster ohne ihn, die Enthauptung Hans Waldmanns war ihm ebenso gleichgültig wie die Predigten Huldrych Zwinglis, und die Kanonenschüsse, mit welchen die Franzosen während der Koalitionskriege die Russen und Österreicher aus der Stadt vertrieben, drangen nicht in die Tiefe des Bodens und wären auch nur ein Bruchteil des Polterns gewesen, mit dem sich im Paläozän die Penninische Decke über die europäische Kruste geschoben hatte.

Ein Stein denkt nicht, ein Stein freut sich nicht, ein Stein trauert nicht, ein Stein hat keinen Hunger, ein Stein hat keine Angst, ein Stein liebt nicht, ein Stein hasst nicht, ein Stein hat weder Freunde noch Feinde. Ein Stein handelt nicht. Er tut nur, was andere Kräfte mit ihm tun, die Fliehkraft, die Schwerkraft. Er kollert, sagt man, wenn er vom Erdhaufen eines Aushubs herunterrollt. Eigentlich aber *wird* er gerollt und *wird* er gekollert.

Als ihn nun eine Baggerschaufel unter dem aufgerissenen Straßenbelag hervorholt und auf einen Bauschuttcontainer wirft, denn die Kanalisation wird erneuert, kommt er zum ersten Mal seit zwanzigtausend Jahren wieder ans Tageslicht. Gerne würden wir ihn aufatmen und die Frische des Frühlingstags genießen lassen, wenn wir nicht wüssten, dass das eine unzulässige Vermenschlichung wäre. Zudem ist er von einer Dreckschicht überzogen, und auch wenn diese über das Wochenende, an dem er zuoberst auf dem Haufen liegt, langsam vertrocknet, etwas abbröselt und den rötlichen kieselförmigen Ackerstein darunter hervorschimmern lässt, bleibt es dabei: Der Stein fühlt nichts.

Der vierzehnjährige Junge aus einer Vorortsgemeinde, der zusammen mit einem Klassenkameraden am Nachmittag des 1. Mai nach Zürich gekommen ist, weil er gehört hat, dass hier Unerhörtes passiert und dass man an diesem Unerhörten teilnehmen kann, ist schon eine Stunde lang mit Vermummten herumgerannt, hat die Kapuze seines T-Shirts hochgezogen, hält sich das Taschentuch vors Gesicht, während er einem Tränengasnebel zu entkommen versucht, der von einer Front blauer Marsmenschen stammt, die hinter Schilden in Helmen und Gasmasken über die ganze Breite der Straße vormarschieren. „Sauhünd!" und „Nazi!" hört er links und rechts von sich schreien. Da kommt er am Container vorbei, hält einen Moment an, packt den Stein, dreht sich um und schleudert ihn gegen die Verfolger.

Der Stein gehorcht den Gesetzen der Physik, die ihn auf eine durch die Abschusskraft und die Zielrichtung bestimmte ballistische Kurve senden. Er prallt nicht auf einen Uniformierten, sondern auf ein fliehendes Mädchen, das in eine Seitenstraße getrieben wird. Das Mädchen, am Kopf getroffen, stürzt zu Boden, zwei Polizisten knien nieder, ein anderer ruft per Funk einen Sanitätswagen.

Der Vierzehnjährige kann sich in einen Hausdurchgang drücken, spurtet über den Innenhof und auf der andern Seite wieder hinaus und geht dann mit der Langsamkeit des Unbeteiligten in die Richtung des Hauptbahnhofs. Er presst sich das Taschentuch auf die Augen und wischt sich die Tränen ab, die einen beißenden Geruch haben, aber es kommen immer mehr Tränen, die nicht mehr nach Gas riechen. Er muss sich auf einen Schaufenstersims setzen. Er möchte, dass das nicht geschehen ist, was gerade geschah.

Aber es ist geschehen. Das Mädchen wird in die Notfallaufnahme des Universitätsspitals gefahren. Ein Polizist hat den Stein auf die Bahre gelegt. Der Arzt, der das Schädel-Hirn-Trauma diagnostiziert, lässt ihn von einer Pflegerin waschen und vergleicht ihn mit der Wunde. Für die Gerichtsmedizin wird die Verletzung unter „Einwirkung stumpfer Gewalt" fallen.

Der Vierzehnjährige, dessen Eltern nicht zu Hause sind, schaltet am Abend zitternd vor Angst die Nachrichten ein und vernimmt, dass es Sachschäden von mehreren Hunderttausend Franken gegeben habe und dass eine junge Frau durch einen Steinwurf schwer verletzt wurde. Als er hört, sie sei außer Lebensgefahr, atmet er auf und lässt sich weinend aufs Bett fallen. Er wird niemandem davon erzählen, und er will so etwas nie wieder tun.

Nach einer Operation und einem längeren Klinikaufenthalt erholt sich das Mädchen langsam wieder. Auf Betreiben seiner Eltern wird Anklage gegen Unbekannt erhoben, aber die Untersuchung ist aussichtslos und wird irgendeinmal eingestellt. Der jungen Frau wird der Stein auf ihr Verlangen ausgehändigt, und sie behält ihn.

> An ihrem 18. Geburtstag lässt sie sich von ihrem Freund in die Mitte des Sees hinausrudern, nimmt dann den Stein aus ihrer Tasche und wirft ihn ins Wasser.
>
> Und da versinkt er langsam und treibt noch einige Blasen nach oben, bevor er in der Tiefe verschwindet.
>
> Ein Stein tut das, was mit ihm getan wird.
>
> Jetzt ist er auf dem Grund des Beckens angekommen. Ein bisschen Schlamm wird aufgewühlt und zeigt an, wo nun sein Platz ist.
>
> Ein Stein erinnert sich nicht. Ein Stein träumt nicht. Ein Stein hofft nicht.
>
> Man kann nicht einmal sagen, dass er wartet.
>
> Aus: Franz Hohler 2011: Der Stein. Erzählungen. München, S. 133–140. © Franz Hohler

Die Kurzgeschichte spielt in Zürich, die geologischen Aussagen beziehen sich, wo sie geografisch lokalisiert sind, auf die Alpen und den Zürichsee. Für diese inhaltlichen Zusammenhänge können einige Erklärungen hilfreich sein:

▸ „Verrucano": dunkle, rötliche Gesteinsart, die in einer Zeit entstanden ist, als trockenes Klima herrschte. In den Alpen, vor allem im Schweizer Kanton Glarus, hat sich Verrucano über jüngere Gesteinsschichten geschoben. Der Fluss Linth, an dem Zürich liegt, kommt aus dem Kanton Glarus.

▸ „Turicum" ist der römische Name für Zürich.

▸ „Großmünster" ist die wichtigste Kirche in Zürich; die weiteren historischen Angaben (Hans Waldmann, Huldrych Zwingli …) beziehen sich auf die Geschichte der Stadt Zürich.

Im zweiten Teil der Geschichte kommen die folgenden regionalen Ausdrucksweisen vor:

▸ „Sauhünd": Hünd ist schweizerdeutsch der Plural zu Hund.

▸ „Universitätsspital": Spital ist das schweizerische Wort für Krankenhaus.

Die wichtigste Figur in der Geschichte ist der vierzehnjährige Junge, der den Stein geworfen hat. Seine Gefühle dürften für Schülerinnen und Schüler gut nachvollziehbar sein, sodass eine vertiefende Interpretation kaum notwendig ist. Unangebracht wäre auf jeden Fall eine moralisierende Kommentierung – dass der Junge selbst seine Tat bereut, wird im Text deutlich. Allenfalls kann man im Unterricht überlegen, warum der Junge den Stein geworfen hat. Hier gibt der Text keine direkte Erklärung und regt den Leser an, Vermutungen anzustellen. Offensichtlich ist der Junge nicht gewaltbereit zur Demonstration gegangen, aber er ist plötzlich in der Situation eines Verfolgten, die Polizisten erscheinen ihm wie „Marsmenschen". Ist es Angst, ist es Wut, ist es der Einfluss der aufgeheizten Stimmung, ist es eine unwillkürliche Reaktion oder ist es all dies zusammen? Die Anregung zu solchen Überlegungen könnte lauten:

Die Geschichte von Franz Hohler überlässt es dem Leser, darüber nachzudenken, warum der Junge den Stein geworfen haben mag. Tauscht eure Vermutungen aus.

Eine eingehendere Beschäftigung lohnt Hohlers rasanter Durchgang durch die Erdgeschichte. Die Schülerinnen und Schüler können mit entsprechenden Recherchen eine Art Zeitleiste mit den Entwicklungen, auf die Hohler anspielt, erstellen (z. B. in Gruppen arbeitsteilig bezogen auf Textabschnitte). Einige Formulierungen von Hohler, die u. U. nicht gleich verständlich sind, können so geklärt werden, z. B. dass der Satz „Zum Ei als Brutgefäß kam die Gebärmutter, neugeborene Tiere saugten Milch aus ihrer Mutter" die Entstehung der Säugetiere meint. Damit die Beschäftigung mit der Kurzgeschichte nicht beim naturwissenschaftlichen Erklären bleibt, sollte dann auf jeden Fall auch erörtert werden, inwiefern sich Hohlers Darstellung von einem Fachtext unterscheidet. Dazu schlage ich den folgenden Arbeitsauftrag vor:

Der Teil von Hohlers Text, der von der Erdgeschichte handelt, ist in einem auffallenden Stil geschrieben. Stellt einige typische Stilcharakteristika zusammen (in einer kleinen Tabelle oder mit Unterstreichungen im Text mit verschiedenen Farben). Tauscht euch darüber aus, wie der Stil auf euch als Leserinnen und Leser wirkt.

Bei dieser Aufgabe kann es u. a. um die folgenden Aspekte gehen:
- Hohler arbeitet mit vielen Wiederholungen („Etwas … Etwas …", „von niemandem … von niemandem …"; „Jahrmillionen … Jahrmillionen …"). Welche Wirkung erreicht er damit beim Leser?
- Es gibt asyndetische Reihungen von parallelen Satzkonstruktionen („Pflanzen zeigten sich, Farne schlugen Wurzeln im Boden, Insekten krabbelten an ihren Stängeln"; „Dinosaurier brüllten und erlagen …Vulkane feuerten … und erloschen, Vögel erhoben sich in die Lüfte und kreisten …").
- Es gibt auch Aneinanderreihungen von Wörtern („Ein Tosen. Ein Krachen. Ein Rauschen"; „Gneis, Granit, Schiefer, Kalk, Dolomit").
- Hohler arbeitet mit Personifikationen („Sternenherzklopfen. Gestirngelächter", „aus seinen Urlungen", „Verrucano, der Alte … ein Sohn von …") – andererseits macht Hohlers Geschichte deutlich, dass Gestein nur gefühllose tote Materie ist.

Durch diese Stilisierung erhält der erste, erdgeschichtlich-lokalhistorische Teil von Hohlers Geschichte einen poetischen, rhythmisierten, fast musikalisch wirkenden Charakter. Der zweite Teil, der vom vierzehnjährigen Jungen handelt, ist in einem anderen Stil geschrieben, eher knapp berichtend. Der erste Teil eignet sich für eine szenische Lesung mit vier bis acht Sprechern, wahlweise mit zusätzlichen Geräuschproduzenten:

Bereitet zum ersten Teil von Hohlers Text (bis „Turicum") eine szenische Lesung vor. Sprecht euch ab, welche Sätze und Worte wer spricht, ob einzeln, ob zusammen. Ihr könnt auch Textstellen wiederholen und gleichzeitig verschiedene Sätze sprechen. Variiert die Lautstärke und überlegt euch die Aufstellung der Sprecher im Raum. Ihr könnt den Vortrag auch mit Geräuschen begleiten bzw. untermalen.

Hohlers Geschichte endet damit, dass das Mädchen, das verletzt worden ist, den Stein in den See wirft. Dies wird knapp und distanziert erzählt, sodass der Leser sich fragen mag, warum die Geschichte so endet. Man kann den Schluss so interpretieren, dass der Stein, der zwanzigtausend Jahre im Verborgenen war und für kurze Zeit ans Tageslicht kam, nun wieder in der Unsichtbarkeit verschwindet, wo er emotionslos die Menschen, für die er eine Rolle gespielt hat, überdauern wird. Aber warum hat die junge Frau (so wird das Mädchen im Text nun genannt) den Stein behalten und wirft ihn nun in den See? Warum tut sie das an ihrem 18. Geburtstag, warum mit ihrem Freund? Darauf gibt die Geschichte keine Antwort, aber die Schülerinnen und Schüler können darüber ihre Vermutungen austauschen. Vielleicht schreiben sie zuerst ihre Gedanken auf einen Zettel, die Zettel werden eingesammelt, einzelne herausgezogen und vorgelesen als Anstoß fürs Gespräch. Eine andere methodische Möglichkeit besteht darin, die (in der Geschichte nicht erzählte) Situation zu spielen, in der die junge Frau ihrem Freund ihr Vorhaben mit dem Stein erklärt und ihn bittet, mit ihr auf den See zu fahren. Die beiden Arbeitsanregungen lassen sich folgendermaßen formulieren:

Am Ende von Hohlers Kurzgeschichte wirft die junge Frau den Stein, der sie verletzt hatte, in den See. Warum sie das tut, wird im Text nicht gesagt. Schreibt auf einen Zettel eure Vermutung, warum sie das tut, warum an ihrem 18. Geburtstag, warum mit ihrem Freund. Legt die Zettel dann zusammen, greift drei oder vier Zettel heraus, lest sie vor und tauscht eure Gedanken im Plenum aus.

Stellt euch die Situation vor, in der die junge Frau ihrem Freund erklärt, dass sie den Stein in den See werfen möchte, und ihn bittet, mit ihr auf den See zu fahren. Nehmt einen Stein und spielt zu zweit die Szene.

9. Hinter der Türe: Kurzprosatexte von Rolf Haufs und Nadja Einzmann (ab 8. Schuljahr)

Besonders berücksichtigte Bezüge zu den Kompetenzen literarischen Lernens (Teil C):

▸ 1 Beim Lesen und Hören lebendige Vorstellungen entwickeln
▸ 4 Perspektiven literarischer Figuren nachvollziehen

Die beiden Kurzprosatexte, die ich hier vorschlage, sind handlungsarm und leben vor allem von der Atmosphäre. Diese soll durch produktive Aufgaben lebendig werden. Bei Haufs handelt es sich um eine männliche Hauptfigur, bei Einzmann ist das Geschlecht nicht eindeutig, aber man assoziiert eher eine weibliche Person. Beide Texte schildern eine extreme und zugleich ambivalente Abschottung von der Umwelt. Beide Hauptfiguren schließen sich ein, aber bei Haufs hört die Hauptfigur auf das, was vor ihrer Wohnungstür geschieht, und bei Einzmann erinnert sich die Hauptfigur an Zeiten, als sie anders war, und stellt sich vor, ihr Bett sei ein Schiff, mit dem sie in die Welt hinausfährt. Die psychische Befindlichkeit der Hauptfigur, die in den Texten zur Darstellung kommt, dürfte Jugendlichen in der Pubertät und Adoleszenz gut nachvollziehbar sein. Für manche Leser und Leserinnen wird die Beschäftigung mit dem Text im Horizont von Selbstfindung und -reflexion erfolgen, für andere wird es mehr um empathischen Nachvollzug einer fremden Erlebnisweise gehen. Beide Kurzprosatexte vermitteln den Schülerinnen und Schülern einen Eindruck einer typischen Art neuerer Kurzprosatexte, die ohne richtige Handlung die Lebensbefindlichkeit eines Menschen zum Ausdruck bringen. Ihre Sprache ist von eindringlicher Rhythmik geprägt, die sich zum Beispiel durch viele Wortwiederholungen ergibt.

Zum Kurzprosatext von Rolf Haufs
( F 9.1 M u. AB)

Rolf Haufs
Er
Er schloss die Tür, die laute Tür, die von innen mit einer Eisenplatte beschlagen war, mit einer Kette im unteren Drittel, die er nur manchmal benutzte, eigentlich nur aus Spaß, wenn er Besuch hatte, oder einfach nur so, das Kettenrasseln, das Gefühl, in Sicherheit zu sein, das Gefühl, die Tür, die eigene Tür hinter sich zu haben, er selbst zu sein, machen zu können, was er wollte. Auch in der Küche war die Tür, durch die man in das hintere Treppenhaus gelangte, mit einer Eisenplatte beschlagen, mit einer Kette im unteren Drittel, die er nun einhängte, bevor er sich auszog, ganz auszog und nackt durch die Wohnung ging, quer durch alle Zimmer hindurch und schon daran dachte, was geschehen würde, wenn das Telefon klingelte oder jemand vor der Tür stünde, ob er den Mut haben würde, nackt ans Telefon zu

gehen, nackt die Tür zu öffnen, daran dachte, während er Wasser über seine Füße laufen ließ, wieder durch alle Zimmer ging mit nassen Füßen und die Fußspuren betrachtete auf dem Parkettfußboden, die dunklen Abdrücke seiner Zehen, seiner Fersen. Er hatte Angst. Angst war es, die ihn daran hinderte, etwas Vernünftiges zu tun. Er hörte auf die Geräusche im Haus, auf die Schritte im Treppenhaus, er war erleichtert, wenn die Schritte an seiner Tür vorübergingen und der Schatten, den er durch den Spion erkennen konnte, nach oben oder nach unten verschwand. Er hörte auf die Schritte in der Wohnung über ihm, auf die Schritte des Mannes, der, wenn er ihm begegnete, kaum seinen Gruß erwiderte, auf die kürzeren, schnelleren Schritte der Frau, die immer ein dunkles Kopftuch trug, deren Stimme durch die Decke drang, er lauschte, er hörte hin, ob sie über ihn sprachen, eine Beschwerde an den Hausverwalter schrieben, eine Anzeige machten, spürte, dass sie über ihn redeten, dass sie sich fragten, was er denn eigentlich täte, den ganzen Tag hinter dem Fenster, den geschlossenen Vorhängen, hinter der Tür, die mit einer Eisenplatte beschlagen war, im unteren Drittel mit einer Kette. Er holte einen Stuhl und stellte ihn auf den Tisch, er kletterte auf den Tisch auf den Stuhl, um der Decke ganz nahe zu sein, den Stimmen, die immer leiser wurden, aber so leise sie wurden, er hörte sie.

Aus: Christoph Buchwald und Klaus Wagenbach (Hrsg.) 1984: Lesebuch. Deutsche Literatur der siebziger Jahre. Berlin S. 140–141 (Erstveröffentlichung 1970)

Rolf Haufs, geboren 1935 in Düsseldorf, gestorben 2013 in Berlin, war Schriftsteller und Rundfunkredakteur. Er schrieb vor allem Gedichte, Erzählungen und Hörspiele. Der Text *Er* entstammt dem montageartigen Roman *Der Linkshänder oder Schicksal ist ein hartes Wort* (1970), um einen Satz gekürzt ist er im angegebenen Sammelband von Buchwald/Wagenbach erschienen.

Zum Text von Rolf Haufs werden vier textproduktive Aufgaben für Einzelarbeit und eine zu einer Statue, gestaltet von einer Gruppe, vorgeschlagen. Man kann so vorgehen, dass man zunächst die szenische Interpretation (Aufgabe E) an zwei Gruppen zu je vier bis sechs Schüler(-inne)n vergibt und dann den übrigen die Wahl lässt zwischen den Aufgaben A, B, C und D. Als Arbeitszeit können 15 bis 20 Minuten angesetzt werden; es genügt, wenn die Schülerinnen und Schüler eine Drittel- bis halbe Seite schreiben. Danach werden die Statuen vor der Klasse präsentiert; die Zuschauenden können benennen, was sie sehen, und den Bezug zum Text herstellen. Da eine realistische Darstellung nicht möglich ist, enthalten die Statuen in der Regel symbolische Elemente, die eine Interpretation nahelegen. Die darstellende Gruppe kann nach den Zuschaueräußerungen eine Rückmeldung geben, ob das, was sie sich vorgestellt hat, gesehen wurde. Anschließend werden Texte, die die Schülerinnen und Schüler geschrieben haben (Aufgaben A bis D), szenisch vorgelesen. Bis zu drei Schülerinnen und Schüler, die einen inneren Monolog der Hauptfigur geschrieben haben, sitzen auf Stühlen; um sie herum in gewissem Abstand stehen bis zu vier Verfasser von Texten zu Aufgabe B, etwas weiter entfernt vier Verfasser von Texten zu Aufgabe C. Wiederum bis zu vier Verfasser von Gedichten (Aufgabe D) stellen sich in die Ecken des Raumes. Die verfassten Texte werden hintereinander vorgelesen, wobei die Lehrerin bzw. der Lehrer jeweils mit einem Wink das Zeichen für das Vorlesen gibt. Für die Reihenfolge gibt es verschiedene Möglichkeiten; ich selber lasse bei der Durchführung dieses Arrangements jeweils als erstes einen inneren Monolog der Hauptfigur vorlesen; als Abschluss ist ein Gedicht in der Regel wirkungsvoll. Falls eine der Aufgaben nicht gewählt worden ist, entfällt sie bei der Präsentation. Das vorgeschlagene Vorgehen nimmt eine Unterrichtsstunde in Anspruch. Dieses szenische Arrangement beim Vorlesen soll hier auch als übertragbares Beispiel dafür gelten, wie man produktive Einzelarbeiten in eine Gesamtpräsentation einbinden kann.

In Lehrerfortbildungen werde ich immer wieder gefragt, was man denn nach der Präsentation der Schülerproduktionen nun mit dem Text von Rolf Haufs noch machen soll. Grundsätzlich gehe ich davon aus, dass die produktive Erarbeitung und Präsentation für sich stehen kann. Die Schülerinnen und Schüler lassen sich dabei intensiv auf einen literarischen Text ein, entwickeln Vorstellungen zu ihm, üben sich im Schreiben bzw. in der szenischen Darstellung und sind bei letzterer angehalten, kooperativ im Sinne sozialen Lernens eine Lösung zu suchen. Durch die Präsentation ist auch ein Anteil an rhetorischer Übung verwirklicht (Vorlesen eines eigenen Textes bzw. bei der Statue körpersprachlicher Ausdruck).

Interessant, aber nicht einfach ist ein textanalytischer Zugang zum Text. Man kommt am ehesten zu Ergebnissen, wenn man zuerst den Gesamtaufbau betrachtet und die strukturelle Bedeutung des Satzes „Er hatte Angst, […]" genau in der Mitte des Textes entdeckt und dann untersucht, was vor diesem Satz und nach ihm erzählt wird (in der ersten Hälfte: was die Hauptfigur in ihrer Wohnung tut, in der zweiten Hälfte: wie sie auf Geräusche der Mitbewohner hört).
Vorschlag für die produktiven Aufgaben:

Wähle einen der vier folgenden Schreibaufträge:

A Versetze dich in die Situation des Mannes und schreibe auf, was er denkt. Beginne mit „Jetzt höre ich wieder Schritte …"

B Stell dir vor, du seist ein Hausbewohner. Was denkst du über den Mann, was weißt du über ihn? Schreibe es auf (in Ich-Form).

C Stelle dir vor, du seist ein Mann oder eine Frau, der/die den Mann der Geschichte früher als Schulkameraden gekannt hat. Berichte, wie dieser Mann in der Jugend war.

D Unterstreiche im Text einige Wörter, die dir besonders wichtig oder ausdrucksstark erscheinen. Versuche dann, mit diesen Wörtern (oder einigen von ihnen) ein Gedicht zu machen. Du brauchst nicht zu reimen und kannst beliebige weitere Wörter verwenden.

Vorschlag für die Statue:

E Überlegt, wie ihr den Gehalt des Textes als Statue, die aus vier bis sechs Körpern besteht, zur Darstellung bringen könnt. Ihr sollt dann diese Statue der Klasse präsentieren.

Einige Schülerarbeiten aus einer 10. Gymnasialklasse, innerhalb der Arbeitsphase von 10–15 Minuten entstanden, seien hier wiedergegeben, um zu verdeutlichen, was von Schülerinnen und Schülern erwartet werden kann. Zwei Beispiele zur Aufgabe A zeigen, wie unterschiedlich die Aufgabe gelöst werden kann:

Jetzt höre ich wieder die Schritte, fern und doch deutlich. Wem mögen sie gehören?
Denkt er an mich? Was hält er von mir?
Bin ich ein Spinner? – Vielleicht!
– Soll ich mich der Leute wegen ändern?
– Einer sein, der ich niemals sein kann!
Niemals –
Der Fernseher der Nachbarn ist deutlich zu hören: „Ich will so bleiben, wie ich bin …"

Der folgende Schülertext ist sehr alterstypisch in der Art, wie die Identitätsproblematik thematisiert wird. Dabei ist der Textbezug durchaus gewahrt. Einen anderen Schwerpunkt legt der folgende Text; er ist wegen der genauen Rekonstruktion der Wahrnehmung der Hauptfigur und des vom Vorlagentext beeinflussten Stils mit den vielen Wiederholungen interessant. Dass es nicht immer einfach ist, die geforderte veränderte Perspektive einzuhalten, zeigt die Stelle, wo versehentlich die Er-Form verwendet wird: „auf der Ebene seiner Wohnung"; (Originalschreibung!):

Jetzt höre ich wieder die Schritte die ich jeden Tag höre. Tag für Tag. Woche für Woche. Jahr für Jahr. Es sind immer dieselben Schritte. Die Schritte die am Morgen von oben her herunter klingen und unten am Ausgang leiser werden, am Nachmittag unten leise zu hören sind und, nachdem sie auf der Ebene seiner Wohnung im Treppenhaus widerhallen, oben verklingen. Die Schritte die am Abend wieder herunterkommen und in der Nacht wieder herauf. Es sind immer dieselben Schritte. Der Klang, die Lautstärke, die Dauer, der unterschiedliche Rhytmus beim auf- oder absteigen oder wenn sie auf der Ebene sind. Ich kenne die Schritte von jeder Person mit allen Schuhen. Selbst die verschiedensten Kombinationen von den Tönen, die durch ein paarweise Herunter- oder Heraufsteigen, durch gleichzeitiges erschallen im Treppenhaus, oder mit lokalem Abstand entstehen, durch verschiedene Eile oder Ruhe entstehen, ich kenne sie. Nichts bleibt vor mir verborgen. Und wenn ich unbekannte Schritte hörte, prägen sie sich in mein Gedächtnis ein. Bald werde ich die Schritte kennen.

Zu Aufgabe B hat eine Schülerin oder ein Schüler den folgenden Text geschrieben (die alte Rechtschreibung verrät, dass es schon eine Weile her ist, dass ich die Unterrichtsstunde gehalten habe):

Ich verstehe nicht, weshalb sich der Mann im 2. Stock so merkwürdig verhält. Der Herr …
Wie heißt er doch gleich. Jetzt weiß ich nicht mal, wie er heißt. Aber man erfährt ja nie etwas über ihn. Frau Ziller von nebenan meint er sei geistig behindert und wisse selbst nicht, weshalb er sich einsperrt. Ich glaube das nicht. Ich meine einmal irgendwo gehört zu haben, daß er dabei war als seine Eltern getötet wurden. Ja, genau das hat mir Frau Beier gesagt. Er mußte als Kind mit ansehen, wie seine Eltern von einem Fremden erschossen wurden. Kein Wunder, daß er vor jedem Angst hat. Wie er immer an mir vorbeigeht … Den Kopf gesenkt leise „Guten Tag" murmelnd. Irgendwie ist er immer auf der Flucht …

Auf gelungene Weise wird hier alltagsnah der Gedankenfluss wiedergegeben. Wirkungsvoll ist der Schlusssatz „Irgendwie ist er immer auf der Flucht". Weniger dicht ist der folgende Schülertext, in dem auch die Übernahme der Fremdperspektive nicht richtig klappt (z. B. „Am Anfang der Geschichte habe ich noch gedacht"):

Ich habe das Gefühl, dass der Mann irgendwie unter Verfolgungsängsten leidet. Er denkt, dass ständig über ihn geredet wird, und durch diese Wahnvorstellungen lebt er praktisch schon in einer Scheinwelt, die sich aus seinen Ängsten ergeben hat.
Am Anfang der Geschichte habe ich noch gedacht, dass er vielleicht etwas verbergen will, was die anderen Hausbewohner auf keinen Fall erfahren oder sehen sollen, aber jetzt glaube ich eher, dass er vielleicht wahnsinnig ist. Jedenfalls verhält er sich so. Oder er hat wirklich etwas zu verbergen.
Er leidet aber auch unter einer ständigen Angst, aber vor was er eigentlich direkt Angst hat, ist mir nicht ganz klar.

Zu den Gedichten seien wiederum zwei unterschiedliche Beispiele zitiert, die beide sehr alterstypisch sind:

Er hörte
Er hörte die Tür gehen
und die Kette klirren
Er hörte nackte Schritte
Er hörte sie auf dem Steinboden

> Er hörte auf das Telefon
> Doch er hörte es nicht klingeln
> Und er hörte keine Stimmen
> Er hörte in sich hinein
> er fühlte sich ganz allein
> Und er hörte
> Er hörte die Angst in sich hinaufkriechen
> Er hörte sich zum Schreibtisch gehen
> Dann hörte er einen Knall
> Und er hörte nicht mehr.

Dieser Text ist inhaltlich sehr konsequent strukturiert: Erste Zeile („Er hörte")
und letzte Zeile („Und er hörte nicht mehr") sind aufeinander bezogen. Das Hören bezieht sich zuerst auf Geräusche draußen, dann auf die Ketten innen an der
Tür, dann auf die eigenen Schritte. Dann hört „er" nichts mehr, dafür hört „er" in
sich hinein und hört seine Angst. Was am Schluss geschieht, wird nicht direkt gesagt, der Leser erschließt, dass „er" sich erschießt. Ein katastrophaler Schluss ist
durchaus typisch für Texte von Jugendlichen.

Es kommt aber auch zu gegenteiligen Schlüssen, zu einem Happy End, wie
das folgende Beispiel zeigt – die Gemeinsamkeit besteht darin, dass die Texte
nicht einfach offen enden:

> Gefesselt,
> in Ketten.
> Nackt, ganz nackt
> und Angst, ja,
> vor den Fußspuren,
> oder,
> den Geräuschen.
> Und wieder,
> Schritte,
> und Stimmen,
> die immer leiser werden.
> Erleichterung.
> Und alles ist wieder gut.

Variante

Statt mit schriftlichen Produktionsaufgaben können die Figurenperspektiven
auch durch Rollengespräche entfaltet werden. Ein Schüler oder eine Schülerin

übernimmt die Rolle der Hauptfigur, eine Gruppe von Schüler(-inne)n sitzt links davon und übernimmt die Rolle von Hausbewohnern, eine andere Gruppe setzt sich als ehemalige Klassenkameraden rechts. Der Lehrer oder die Lehrerin stellt nun Fragen an die Rollenträger, z. B.: „Sie wohnen im gleichen Haus wie der Mann, der sich in seine Wohnung einschließt. Was wissen und halten Sie von ihm?"

Zum Kurzprosatext von Nadja Einzmann
(F 9.2 M)

Nadja Einzmann
An manchen Tagen

An manchen Tagen warte ich, daß etwas passiert. Auf einen Anruf; daß das Haus einstürzt; oder der Arzt mir sagt, daß ich nur noch wenige Wochen zu leben habe. Ich sitze im Bett und warte, und meine Mutter klopft an die Türe. Zu berichten hat sie nichts. Sei so gut, sagt sie, bring den Müll hinunter, oder: Wie wäre es mit einem Spaziergang, es ist ein wunderbarer Tag, sonnig, und die Spatzen pfeifen es von allen Dächern. Nein, rufe ich ihr zu, durch die geschlossene Tür, mir ist nicht danach, mir ist nicht nach Welt. Und ich sitze im Bett, der Himmel schaut blau durch mein Fenster oder umwölkt sich, oder ein Gewitter zieht auf. Mein Bett ist mein Schiff, mein Bett ist mein Floß, ich treibe dahin, Haie und andere Meerestiere unter mir und Sterne und Himmel über mir.

Was soll ich unternehmen mit dir, sagt meine Mutter, und stellt mir das Abendessen vor die Tür. Keines meiner Kinder, keines meiner Kinder, alle sind sie normal und gehen zur Arbeit, gehen morgens aus dem Haus und kehren abends zurück, nur du nicht. Was soll nur werden mit dir?

Es gab Zeiten, da ich anders war, solche Zeiten hat es gegeben. Ausgesprochen lebhaft war ich. Keine Aufgabe war sicher vor mir, und dann noch zum bloßen Zeitvertreib zeichnete ich und voltigierte und focht und tanzte die Nächte durch. Meine Geschwister sahen müde aus, wenn sie von der Arbeit kamen. Sie hatten sich das Weiß in ihren Augen blutig gesehen über den Tag, und auch ihre Hände waren wund und schmerzten. Mir sah man keine Mühen an. Nie. Ich schwebte über den Boden, wo andere gingen, und daß ich mich bückte, kam nur sehr selten vor. Ja, es hat Zeiten gegeben, da ich anders war, und ich trauere ihnen nicht nach. Packt eure Herzen in Alufolie, daß sie geschützt sind, wenn ihr aus dem Haus geht, und reicht sie nicht frei herum!

Es hat Zeiten gegeben, da ich anders war, und meine Mutter trauert ihnen nach. Kind, sagt sie, willst du nicht aufstehen, daß dein Vater mit dir fischen gehen kann und deine Geschwister dir berichten von ihrem Tag? Nein, sage ich, mir ist nicht nach Welt. In meinem Bett sitze ich, das mein Floß ist, und der Seegang ist hoch. Salziger Wind fährt mir durchs Haar und die Wellen überschlagen sich.

Aus: Nadja Einzmann: Da kann ich nicht nein sagen. © S. Fischer Verlag GmbH, Frankfurt a. M. 2001, S. 41–42.

Nadja Einzmann ist 1974 in der Nähe von Karlsruhe geboren, heute lebt sie in Frankfurt am Main. Sie hat Germanistik und Kunstgeschichte studiert und publiziert Gedichte und Prosatexte.

Als Einstieg in die Beschäftigung mit diesem Text ist ein Austausch darüber sinnvoll, ob die Schülerinnen und Schüler nachvollziehen und verstehen können, warum die Ich-Erzählerin sich so verhält und fühlt, wie dies im Text zum Ausdruck kommt (es ist übrigens nicht eindeutig, ob die Hauptfigur männlich oder weiblich ist; die Erinnerungen der Hauptfigur sprechen aber eher für Letzteres).

Stimmenskulptur

Die Interpretationsidee, die der hier vorgeschlagenen Stimmenskulptur zugrunde liegt, besteht darin, dass man im Text vier Stimmen unterscheiden kann. Da ist einmal das sprechende Ich, das sich in sein Zimmer eingeschlossen hat. Dann gibt es die wörtlich wiedergegebene Stimme der Mutter. Ergänzt werden können zwei innere Stimmen der Ich-Erzählerin: Sie erinnert sich an frühere Zeiten, in denen sie sich ganz anders verhalten hat. Diese Erinnerungen sollen hier als die Stimme der Erinnerung gefasst werden. Dann gibt es die Fantasie von einem Floß, mit dem die Erzählerin eine Reise unternimmt. Dies bezeichne ich als die Stimme der Floßfantasie. Man könnte statt von Stimmen auch von vier Raumzeiten sprechen, von der Gegenwart im Zimmer, von der Welt der Mutter außerhalb des Zimmers, vom Raum der Erinnerung und vom Fantasieraum. Zu jeder Stimme wird eine Gruppe gebildet:

1. Stimme der Ich-Erzählerin in der gegenwärtigen Wirklichkeit, 3 Schüler(-innen)
2. Stimme der Mutter, 3 bis 6 Schüler(-innen)
3. Stimme der Erinnerung der Ich-Erzählerin („da ich anders war"), 3 bis 6 Schüler(-innen)
4. Stimme der Floß-Fantasie, 3 bis 6 Schüler(-innen)

Jede Gruppe greift einzelne Sätze oder Satzteile aus dem Text heraus und verteilt sie auf die Sprecher(innen). Es können auch zusätzliche Sätze formuliert und Sätze variiert werden. Eine einfachere und weniger zeitaufwendige Variante besteht darin, dass die Sätze/Satzfetzen von der Lehrerin oder dem Lehrer vorgegeben werden, z. B.:

▸ Für Gruppe 1 (Ich-Erzählerin in der Gegenwart):
„An manchen Tagen warte ich, dass etwas passiert."
„Ich sitze im Bett und warte."
„Nein, mir ist nicht nach Welt."

▸ Für Gruppe 2 (Mutter):
„Wie wäre es mit einem Spaziergang, es ist ein wunderbarer Tag."
„Was soll ich unternehmen mit dir, was soll nur werden mit dir?"
„Kind, willst du nicht aufstehen)"

▸ Für Gruppe 3 (Erinnerung):
„Es gab Zeiten, da ich anders war."

„Ich voltigierte und focht und tanzte die Nächte durch."

„Ich schwebte über den Boden."

‣ Für Gruppe 4 (Floßfantasie):

„Mein Bett ist mein Schiff, mein Bett ist mein Floß."

„Salziger Wind fährt mir durchs Haar."

„Die Wellen überschlagen sich."

Für die Präsentation der Stimmen setzen sich die Teilnehmer von Gruppe 1 in die Mitte und sprechen ihre Sätze mehrfach wiederholt, Gruppe 2 steht um Gruppe 1 herum und spricht anschließend ihre Texte. Darauf folgt Gruppe 3, die etwas entfernter steht. Schließlich kommt Gruppe 4, die weit im Raum verteilt ist – es geht bei ihr ja um die Reisefantasie. Die gesprochenen Sätze einer Gruppe sollen sich überlagern (z. T. murmelnd), einzelne Wörter können hervorgehoben oder wiederholt werden. Der Übergang zwischen den Gruppen soll fließend gestaltet werden, etwa so, dass die vorangehende Gruppe leiser wird und die folgende beginnt, bevor die vorhergehende ganz verstummt. Es ist auch möglich, dass die Gruppen gar nicht verstummen, sondern leise ihre Texte weiter sprechen. Am Schluss soll auf jeden Fall Gruppe 1 noch einmal ihre Texte sprechen. Selbstverständlich sind viele Variationen zu dem hier vorgeschlagenen Vorgehen denkbar, etwa in der Weise, dass sich die Gruppen auch bewegen; wenn z. B. die Sprecher der Mutterstimme um die erste Gruppe langsam herumgehen, kann dies die Eindringlichkeit der mahnend-bittenden Sätze verstärken.

In der Regel wird man die Stimmenskulptur zwei- bis dreimal durchführen, bis sie reibungslos funktioniert. Zuschauende und -hörende Schülerinnen und Schüler können jeweils Verbesserungsvorschläge machen.

Im Downloadmaterial ist eine Arbeitsanweisung für Schülerinnen und Schüler aufgenommen, die mit der Methode der Stimmenskulptur schon vertraut sind und sie selbständig erarbeiten können.

Varianten

Zum Text von Nadja Einzmann sind auch textproduktive Aufgaben möglich, z. B. das Verfassen eines inneren Monologes der Mutter oder eines Gesprächs zwischen Vater und Mutter. In einem Unterrichtsmodell in Praxis Deutsch schlägt Monika Groß eine Umformung in ein Gedicht vor (Monika Gross: Doch mir ist nicht nach Welt. Offene Texterkundung mit Erzählungen von Nadja Einzmann. In: Praxis Deutsch 206/2007, S. 62–66).

10. Kalendergeschichte und Anekdote: Hebel und Kleist (ab 8. Schuljahr)

Besonders berücksichtigte Bezüge zu den Kompetenzen literarischen Lernens (Teil C):

‣ 3 Sprachliche Gestaltung aufmerksam wahrnehmen

‣ 10 Prototypische Vorstellungen von Gattungen/Genres gewinnen

Es ist ein Glücksfall der deutschen Literaturgeschichte, dass zwei bedeutende Schriftsteller, Johann Peter Hebel und Heinrich von Kleist, dieselbe in einer Tageszeitung erschienene Anekdote in jeweils sehr typischer Weise für ihr eigenes Publikationsorgan bearbeitet haben. Bei Hebel wird aus der Anekdote eine Kalendergeschichte, Kleist belässt es bei einer Anekdote, arbeitet den Text aber in dem für ihn typischen Stil um. So kann ein Vergleich der drei Texte – Vorlage, Hebel und Kleist – zeigen, was Schriftsteller aus einem eher spröde formulierten Text machen können. Es geht also um Stilvergleich, der allerdings nicht nur formalistisch zu verstehen ist: Auch inhaltlich ist die lehrhafte Intention, die in beiden Texten erkennbar ist, sehr unterschiedlich. Die Texte habe ich bereits vor Jahren für ein ähnliches Unterrichtsmodell in Praxis Deutsch verwendet (Stilanalyse von Anekdoten. In: Praxis Deutsch 75/1986, S. 60–62).

Die Texte
(F 10.1 M)

Anonym
Anekdote
Vor geraumer Zeit kam Jemand unaufgefordert zu einem französischen Kommandanten in den preußischen Staaten, und wollte ihm verrathen, wo man eine Quantität Bauholz verborgen habe. Der brave Kommandant wies ihn ab, und sagte. „Lassen Sie Ihrem guten Könige dieses Holz, damit er einst Galgen bauen könne, um solche niederträchtigen Verräther, wie Sie sind, daran aufzuhängen."

Aus: Helmut Sembner ²1984: In Sachen Kleist. München, S. 106
(in dieser Fassung erstmals erschienen 1808 im Korrespondenten von und für Deutschland)

(F 10.2 M)

Johann Peter Hebel:
Schlechter Lohn
Als im letzten preußischen Krieg der Franzos nach Berlin kam, in die Residenzstadt des Königs von Preußen, da wurde unter anderm viel königliches Eigentum weggenommen und fortgeführt oder verkauft. Denn der Krieg bringt nichts, er holt. Was noch so gut verborgen war, wurde entdeckt und manches davon zur Beute gemacht, doch nicht alles. Ein großer Vorrat von königlichem Bauholz blieb lange unverraten und unversehrt. Doch kam zuletzt noch ein Spitzbube von des Königs eigenen Untertanen, dachte, da ist ein gutes Trinkgeld zu verdienen, und zeigte dem französischen Kommandanten mit schmunzlicher Miene und spitzbübischen Augen an, was für ein schönes Quantum von eichenen und tannenen Baumstämmen noch da und da beisammen liege, woraus manch tausend Gulden zu lösen wäre.

Aber der brave Kommandant gab schlechten Dank für die Verräterei, und sagte: „Laßt Ihr die schönen Baumstämme nur liegen, wo sie sind. Man muß dem Feind nicht sein Notwendigstes nehmen. Denn wenn Euer König wieder ins Land kommt, so braucht er Holz zu neuen Galgen für so ehrliche Untertanen, wie Ihr einer seid."

Das muß der Rheinländische Hausfreund loben, und wollte gern aus seinem eigenen Wald ein paar Stämmlein auch hergeben, wenn's fehlen sollte.

Aus: Johann Peter Hebel 1980: Schatzkästlein des Rheinländischen Hausfreundes. Ein Werk in seiner Zeit. Hrsg. v. H. Schlaffer. Tübingen, S. 132–133 (erstmals erschienen 1809).

 F 10.3 M)

Heinrich von Kleist
Franzosen-Billigkeit
(werth in Erz gegraben zu werden.)

Zu dem französischen General Hulin kam, während des Kriegs, ein … Bürger, und gab, Behufs einer kriegsrechtlichen Beschlagnehmung, zu des Feindes Besten, eine Anzahl, im Pontonhof liegender, Stämme an. Der General, der sich eben anzog, sagte: Nein, mein Freund; diese Stämme können wir nicht nehmen. – „Warum nicht?" fragte der Bürger. „Es ist königliches Eigenthum." – Eben darum, sprach der General, indem er ihn flüchtig ansah. Der König von Preußen braucht dergleichen Stämme, um solche Schurken daran hängen zu lassen, wie er. –

Aus: Helmut Sembner ²1984: In Sachen Kleist. München, S. 102–103 (erstmals erschienen 1810)

Zum historischen Hintergrund: Die Anekdote bezieht sich auf den Krieg Frankreichs gegen Preußen im Jahr 1806. Berlin wurde damals von den Franzosen besetzt, der preußische Hof floh nach Königsberg.

Hinweise zum Sprachgebrauch:

▸ „Brav" hat in den Texten noch die Bedeutung von „tüchtig".

▸ „Spitzbube" hat zu jener Zeit eine weniger abgeschwächte Bedeutung; es entspricht eher dem Wort „Gauner".

▸ „Der Rheinländische Hausfreund" ist der Titel des Kalenders, den Hebel herausgegeben hat und in dem seine Fassung erschienen ist. Im Kalender erscheint der „Rheinländische Hausfreund" als Erzähler.

▸ „Billigkeit" hat noch die Bedeutung von „Gerechtigkeit".

▸ Dass in „Franzosen-Billigkeit" nur die Redeteile des einen Partners in Anführungszeichen gesetzt sind, entspricht einem von Kleist auch sonst praktizierten Vorgehen.

Unterrichtsvorschlag zum Textvergleich

Für das Vorgehen im Unterricht ist es sinnvoll, wenn die Schülerinnen und Schüler möglichst genau die Unterschiede der Fassungen festhalten. Dabei sollen die einzelnen Stilmerkmale als Ausdruck eines Stilwillens interpretiert werden. So kann man die Kürze des kleistschen Textes mit dem Fehlen wertender Adjektive, dem Verzicht auf Innensicht, dem durchgängigen Gebrauch des Aktivs und dem Verzicht auf Erzählerkommentar in Verbindung bringen und dahinter einen Stilwillen sehen, der auf Prägnanz und streng an der Schlusspointe ausgerichtete Funktionalität zielt, während Hebel fast vergnüglich die Situation ausmalt und zugleich den Leser durch Kommentierung zu einem ständigen Nachdenken über das Erzählte anregt.

Wichtige Unterschiede zwischen dem Text von Hebel und dem von Kleist seien hier mit Bezug auf die Quelle tabellarisch zusammengestellt – dabei gehe ich nicht davon aus, dass dies alles von den Schülerinnen und Schülern herausgefunden werden muss:

Übersicht über den Textvergleich

Hebel	Kleist
▸ länger, vor allem durch eine breite Hinführung	▸ Kürzer, aber vor allem im Vergleich zur Quelle mit genauerer Angabe des Wer, Wann, Wo („General Hulin", „während des Kriegs", „im Pontonhof liegender")
▸ viele Adjektive, z. B. „ein schönes Quantum von eichenen und tannenen Baumstämmen" (in der Vorlage nur „eine Quantität Bauholz") oder „mit schmunzlicher Miene und spitzbübischen Augen"	▸ Streichung von Adjektiven gegenüber der Vorlage, „Der General" statt „der brave Kommandant, „der König von Preußen" statt „Ihrem guten Könige", „Schurken" statt „niederträchtigen Verräter"
▸ Wertungen durch den Erzähler, z. B. Sentenzen wie „Denn der Krieg bringt nichts, er holt" (hier zeigt sich die für Hebel typische Antikriegshaltung), wertende Adjektive wie „brav" und Substantive wie „Spitzbube", „Verräterei", Erzählkommentar am Schluss („Das muß der rheinländische Hausfreund loben …")	▸ Keine Stellungnahme des Erzählers im Text; das „brav" der Vorlage wird getilgt, statt „verraten", das an „Verrat" anklingt, steht nur „gab an". Als „Schurke" wird der „Bürger" erst in der Äußerung des Generals bezeichnet. Wertend ist allerdings die Überschrift einschließlich des Klammerzusatzes.

▸ Die Pointe durch bewertende Kennzeichnungen wie „Spitzbube" vorbereitet	▸ Die Pointe scharf herausgearbeitet mit dem exponierten „er" am Schluss. Der General reagiert zunächst nur beiläufig auf den „Bürger", um dann umso schärfer den „Schurken" abfahren zu lassen.
▸ Ironie („ehrliche Untertanen"), ironische Übertreibung („sein Notwendigstes"), Euphemismus („Stämmlein" für die Erstellung von Galgen), Paradoxon („Schlechter Lohn").	▸ direkter, genauer Stil (allerdings mit „mein Freund" auch Ironie – der Begriff kontrastiert mit der Kennzeichnung „Schurken" am Schluss)
▸ Wiedergabe von Gedanken („dachte, da ist […]", psychologisch aufschlussreiche Mimik („mit schmunzlicher Miene und spitzbübischen Augen")	▸ keine psychologisierenden Erklärungen, keine Innensicht, dafür bedeutsame Gesten: „der sich eben anzog", „indem er ihn flüchtig ansah" (drückt die Missachtung des „Schurken" aus)
▸ neben Aktiv- auch Passivformulierungen (in der Einleitung)	▸ durchgängiger Gebrauch des Aktivs: die handelnden Subjekte stehen dadurch stärker im Vordergrund.
▸ neben direkter auch indirekte Rede (mit Konjunktiv I und II: „beisammenliege", „wäre")	▸ Konzentration auf die direkte Rede, nur Indikativ, Ausbau zu einem Dialog durch die eingefügte Frage „Warum nicht?"
▸ Anlehnung an die Umgangssprache („da und da", „wenn's fehlen sollte")	▸ Elemente der Amtssprache („behufs einer kriegsrechtlichen Beschlagnehmung")
▸ Das Verhalten des auf materiellen Vorteil bedachten „Spitzbuben" wird kritisch in den Vordergrund gerückt, vgl. die Überschrift (bei solchem Verhalten gewinnt man „schlechten Lohn"), die Nennung der Beweggründe des „Spitzbuben" („dachte, da ist ein gutes Trinkgeld zu verdienen") und den Kommentar am Schluss	▸ Das bewundernswerte Verhalten des Generals steht im Vordergrund (vgl. die Überschrift und die klare Abfuhr, die er dem „Schurken" zukommen lässt)

Weitere Möglichkeiten

Im Sinne eines operativen Vorgehens können die Texte ohne die Antwort des Kommandanten und getrennt davon die weggeschnittenen Schlüsse ausgegeben werden. Die Schülerinnen und Schüler sollen nun selbst eine Zuordnung vornehmen und ihre Entscheidung begründen. Die Schlüsse zeigen die typischen Charakteristika der drei Texte (F 10 AB). Der Arbeitsauftrag könnte lauten:

A

Die drei Texte sind hier ohne ihren Schlussteil abgedruckt. Welchen Schluss würdet ihr welchem Text zuordnen? Versucht, eure Entscheidung zu begründen:

„Lassen Sie Ihrem guten Könige dieses Holz, damit er einst Galgen bauen könne, um solche niederträchtigen Verräther, wie Sie sind, daran aufzuhängen."

„Laßt Ihr die schönen Baumstämme nur liegen, wo sie sind. Man muß dem Feind nicht sein Notwendigstes nehmen. Denn wenn Euer König wieder ins Land kommt, so braucht er Holz zu neuen Galgen für so ehrliche Untertanen, wie Ihr einer seid."
Das muß der rheinländische Hausfreund loben, und wollte gern aus seinem eigenen Wald ein paar Stämmlein auch hergeben, wenn's fehlen sollte.

Nein, mein Freund; diese Stämme können wir nicht nehmen. – „Warum nicht?" fragte der Bürger. „Es ist königliches Eigentum." – Eben darum, sprach der General, indem er ihn flüchtig ansah. Der König von Preußen braucht dergleichen Stämme, um solche Schurken daran hängen zu lassen, wie er. –

Ein einfaches produktionsorientiertes Verfahren bestünde darin, dass die Texte von Hebel und Kleist ohne Titel ausgegeben werden und die Schülerinnen und Schüler selbst einen Titel formulieren. Diese Aufgabe richtet den Blick weniger auf den Stil als auf die Stoßrichtung der beiden Texte.

Eine spezielle textanalytische Aufgabe wäre die Untersuchung des Tempusgebrauchs in den Texten von Hebel und Kleist. Beide Texte sind im Präteritum erzählt, zeigen aber Wechsel ins Präsens. Bei Kleist ist dieser Wechsel durch die bei ihm ausgebaute direkte Rede bedingt. Bei Hebel tritt dieses Präsens der direkten Rede ebenfalls auf, dazu kommt aber noch das Präsens der Erzählerkommentare („Denn der Krieg bringt nichts, er holt", „Das muß der rheinländische Hausfreund loben"). Im Präsensgebrauch zeigt sich bei Kleist die Tendenz zum szenischen Erzählen (Kleist war ja vor allem auch Dramenautor), bei Hebel die Tendenz zum belehrenden Kommentieren. Der Unterschied hat auch mit der Gattung zu tun, der episch entfaltenden Kalendergeschichte und der mehr dramatisch aufgebauten Anekdote, die gleichsam ein Minidrama darstellt.

11. Ein Text von Robert Walser (ab 8. Schuljahr)

Besonders berücksichtigte Bezüge zu den Kompetenzen literarischen Lernens (Teil C):
▸ 1 Beim Lesen und Hören lebendige Vorstellungen entwickeln
▸ 3 Sprachliche Gestaltung aufmerksam wahrnehmen

Robert Walser ist mehrere Jahrzehnte lang nur wenig beachtet worden. Die 1916 erstmals erschienene Sammlung *Kleine Prosa*, aus der ich hier den Text *So! Dich hab ich* (✎ F 11 M) vorschlage, verkaufte sich kaum. Schriftsteller wie Franz Kafka und Hermann Hesse erkannten allerdings schon früh den ungewöhnlichen Reiz von Walsers Prosa und seit einigen Jahren hat sich nun Walsers Wertschätzung völlig verändert. Er gilt inzwischen als einer der großen deutschen Schriftsteller des 20. Jahrhundert, seine Werke sind in viele Sprachen übersetzt. Geboren wurde Robert Walser 1878 in Biel in der Schweiz; nach einer Banklehre arbeitete er an wechselnden Orten als Angestellter und war dann als freier Schriftsteller tätig. 1933 wurde er in eine Heil- und Pflegeanstalt gebracht, wo er mit seiner schriftstellerischen Tätigkeit aufhörte. Für die Schule bleibt er ein schwieriger Autor; seine Ironie, seine Sprachartistik, seine gespielte Naivität, seine Skurrilität lösen auf den ersten Blick meist Irritation aus. *So! Dich hab ich* gehört zu den vergnüglichsten Texten von Robert Walser; eine Alltagserfahrung wird ins Surreale gesteigert und in virtuoser, stark rhythmisierter Sprache entfaltet. Am wirkungsvollsten ist es, wenn der Text lebendig und zügig vorgelesen wird. Einem bestimmten Typus von Kurzprosa kann Walsers Text kaum zugeordnet werden - allenfalls könnte man von schwankhaften Zügen sprechen.

Robert Walser
So! Dich hab ich
Einer, der seinen Augen nicht traute, schaute eine Zimmertüre an, ob sie zu sei. Wohl war sie zu, und zwar ordentlich, daran war nicht zu zweifeln. Die Türe war ganz bestimmt zu, aber der seinen Augen nicht traute, glaubte es nicht, schnüffelte mit seiner Nase an der Türe herum, damit er rieche, ob sie zu sei oder nicht. Sie war wirklich und wahrhaftig zu. Ohne Frage war sie zu. Offen war sie auf keinen Fall. Sie war auf alle Fälle zu. Zweifellos war die Türe zu. Zweifel waren auf keinen Fall zu befürchten; der aber seinen Augen nicht traute, zweifelte stark, daß die Türe tatsächlich zu sei, obschon er deutlich sah, wie fest sie zu war. Sie war so fest zu, wie Türen fester überhaupt nicht zu sein können, aber der seinen Augen nicht traute, war noch lange nicht überzeugt davon. Heftig starrte er die Türe an, und fragte sich, ob sie zu sei. „Türe, sage mir, bist du zu?" fragte er, aber die Türe gab keine Antwort. Es war ja auch gar nicht nötig, daß sie antwortete, denn sie war zu. Die Türe war vollkommen in Ordnung, aber der seinen Augen nicht traute, traute der Türe nicht, glaubte nicht, daß sie in Ordnung sei, zweifelte in einem fort, daß sie ordentlich zu sei. „Bist du eigentlich zu

oder bist du nicht zu?" fragte er wieder, aber die Türe gab begreiflicherweise von neuem keine Antwort. Kann man von einer Türe verlangen, daß sie Antwort gibt? Wiederum wurde die Türe mißtrauisch angeschaut, um herauszubekommen, ob sie wirklich zu sei. Endlich begriff er, daß sie zu sei, endlich war er überzeugt davon. Da lachte er laut, war ganz glücklich, daß er lachen konnte, und sagte zu der Türe: „So! Dich hab ich", und mit diesem schönen Wort war er zufrieden und ging an die tägliche Arbeit. Ist so einer nicht ein Narr? Freilich! aber er war eben einer, der an allem zweifelte.

Einmal schrieb er einen Brief. Nachdem er ihn fix und fertig, d. h. vollständig zu Ende geschrieben hatte, schaute er den Brief schief an, denn er traute wieder einmal seinen Augen nicht und glaubte noch lange nicht, daß er einen Brief geschrieben habe. Der Brief war aber fix und fertig geschrieben, daran war nicht zu zweifeln, aber der seinen Augen nicht traute, schnüffelte, wie bei der Türe, mit seiner Nase am Brief herum, war im höchsten Grad mißtrauisch und fragte sich, ob der Brief nun wirklich geschrieben sei oder nicht. Ohne Zweifel war er geschrieben, ganz bestimmt war er geschrieben, aber der seinen Augen nicht traute, war keineswegs überzeugt davon, roch vielmehr, wie gesagt, vorsichtig und sorgfältig am Brief herum und fragte, indem er laut rief: „Brief, sage mir, bist du geschrieben oder nicht?" Der Brief gab begreiflicherweise nicht die leiseste Antwort. Seit wann können Briefe Red und Antwort geben? Der Brief war vollkommen in Ordnung, fix und fertig, hübsch leserlich geschrieben war er Wort für Wort, Satz für Satz. Säuberlich und prächtig standen die Buchstaben, Punkte, Kommas, die Semikolon, die Frage- und Ausrufungszeichen und die zierlichen Anführungszeichen an ihrem Platz. Kein i-Tüpfelchen fehlte an dem Prachtwerke; der aber das Meisterstück von Brief geschrieben hatte und leider seinen Augen nicht traute, war von allem dem keineswegs überzeugt, fragte vielmehr von neuem: „Bist du in Ordnung, Brief?" Der gab aber begreiflicherweise wieder keine Antwort. Dafür wurde er von neuem schief angeschaut und schräg betrachtet. Endlich wußte es der dumme Mensch, daß er wirklich und wahrhaftig den Brief geschrieben habe, lachte deswegen froh und laut, war glücklich wie ein kleines Kind, rieb sich voll Vergnügen die Hände, faltete den Brief zusammen, steckte ihn frohlockend in ein passendes Kuvert und sagte: „So! Dich hab ich", über welches schöne Wort er sich ungemein freute. Daraufhin ging er an die tägliche Arbeit. Ist so einer nicht ein Narr? Jawohl, aber er war eben einer, der an nichts glaubte, einer, der aus Sorgen, Qualen und Bedenken nicht herauskam, einer, der, wie gesagt, an allem zweifelte.

Ein anderes Mal wollte er ein Glas Rotwein trinken, das vor ihm stand, aber er wagte es nicht, weil er wieder seinen Augen nicht traute. An dem Glas Wein war nicht zu zweifeln. Zweifellos stand das Glas Wein in jeder Beziehung da, und die Frage, ob es dastehe oder ob es nicht dastehe, war durchaus lächerlich und albern. Jeder Durchschnittsmensch würde das Glas Wein augenblicklich begriffen haben, er aber, der seinen Augen nicht traute, begriff es nicht, glaubte es nicht, schaute das Glas Wein eine gute halbe Stunde lang an, schnüffelte mit seiner Narrennase einen Meter lang daran herum wie bei dem Brief, und fragte: „Glas Wein, sage mir, stehst du eigentlich da, oder stehst du eigentlich nicht da?" Die Frage war überflüssig, denn das Glas Wein stand ja da, das war Tatsache. Eine Antwort auf die dumme Frage gab es natürlich nicht. Ein Glas Wein gibt keine Antwort, es steht einfach da und will getrunken sein, das ist besser als alles Reden und Antwort geben. Mißtrauisch wurde unser gutes Glas Wein von allen Seiten mit der Nase beschnüffelt, wie vorher der Brief, und mit den Augen angestarrt, wie früher die Türe. „Stehst du im Grunde da, oder stehst du nicht da?" wurde neuerdings gefragt, und neuerdings wurde keine Antwort abgestattet. „So trink's doch, so kost es doch, so laß es dir doch schmecken, dann hast du's erfüllt und erlebt und seine Existenz wird dir nicht mehr zweifelhaft sein", hätte man ihm zurufen mögen, der seinen Augen nicht traute, der das Glas Wein mißtrauisch anschaute, statt es an die Lippen zu setzen. Noch lange war er nicht davon überzeugt. Noch viele zarte und lange Umstände machte er, endlich aber schien er es begriffen zu haben, endlich glaubte er, daß tatsächlich ein Glas Wein vor seiner Nase stehe. „So! Dich hab ich", sagte er, lachte laut wie ein Kind, rieb sich wieder vor Vergnügen die Hände, schnalzte mit der Zunge, gab sich vor lauter närrischer und diebischer Freude einen tüchtigen Schlag auf den Kopf, nahm das Glas Wein behutsam in die Hand und trank es aus, war damit zufrieden und ging daraufhin an seine tägliche Arbeit. Ist so einer nicht ein Erznarr? Gewiß, aber er war eben einer, der seinen Ohren und Augen nicht traute, einer, der vor lauter zarten und überzarten Bedenken keine ruhige Minute hatte, einer, der unglücklich war, wenn nicht alles bis aufs genaueste paßte und klappte, ein Ordnungs- und Pünktlichkeitsnarr, ein Exaktigheits- und Genauigkeitsnarr, einer, den man in die hohe Schule „Sorglosigkeit" hätte schicken und jagen sollen, einer, der in Gottes Namen, wie gesagt, an allem zweifelte.

Aus: Robert Walser 1985: Sämtliche Werke in Einzelausgaben. Hrsg.v. Jochen Greve. Band 5: Der Spaziergang © Robert Walser-Stiftung Bern. Alle Rechte bei und vorbehalten durch Suhrkamp Verlag, Zürich 1978 und 1985, S. 147–151

Für den Unterricht schlage ich eine szenische Lesung vor. Vorbereitend sollen mit den Schülerinnen und Schülern einige Beobachtungen zu Struktur und Stil angestellt werden. Der Text enthält drei Teile, die je eine Situation entfalten (Zimmertüre schließen, Brief schreiben, Glas Rotwein trinken); dabei ist eine Steigerung insofern zu beobachten, als von Situation zu Situation das Verhalten des Protagonisten „närrischer" wird. Der Stil des Textes ist von vielen Wiederholungen einzelner Wörter, Wortgruppen und Sätze geprägt. Auffällig ist auch der Wechsel von kurzen und sehr langen Sätzen, man vergleiche zum Beispiel den kurzen zweitletzten und langen letzten Satz. Das Verhalten des Protagonisten wird beschreibend erzählt; dabei werden einzelne direkte Redeäußerungen eingefügt. Auch gibt es Kommentare des Erzählers, die man am Tempuswechsel erkennen kann, z.B. „Ist so einer nicht ein Narr?". Damit wird auch ein Bezug zum Leser hergestellt, der sich auch ergibt, wenn von „unser gutes Glas Wein" die Rede ist. Im Unterricht soll die szenische Lesung in drei Gruppen vorbereitet werden, jede Gruppe übernimmt einen der drei Teile (Zimmertüre, Brief, Glas Wein). Bei großen Klassen mit über 23 Schülerinnen und Schülern werden sechs Gruppen gebildet; jeder Textteil wird damit von zwei Gruppen bearbeitet. Der Arbeitsauftrag kann lauten:

Bereitet eine szenische Lesung eures Textteils vor. Überlegt euch, wie ihr die Sprecherrollen aufteilt; einzelne Textstellen können auch von zwei oder mehreren Sprechern gesprochen werden. Ihr könnt szenische Spielelemente einbauen, z. B. durch pantomimische Veranschaulichung des Verhaltens der Hauptfigur.

Nach der Präsentation der Lesung kann gemeinsam überlegt werden, inwiefern bei der Rollenaufteilung ein Prinzip erkennbar gewesen ist. Damit wird noch einmal der Blick auf die Textstruktur gestärkt.

Kreative Schreibaufgabe als weitere Möglichkeit
Die Schülerinnen und Schüler können einen zusätzlichen Textteil verfassen; drei mögliche Situationen, die man sich ausdenken kann, sind in der Aufgabenstellung formuliert (F 11 AB):

Walser schildert in seinem Text drei Situationen, in denen sich seine Figur seltsam verhält (Zimmertüre schließen, Brief schreiben, Glas Rotwein trinken). Schreibt einen Text zu einer weiteren Situation; ihr könnt einen der drei folgenden Vorschläge aufgreifen und weiter ausführen oder selbst eine Situation erfinden:
▸ „Einmal wollte er aufstehen, aber er zweifelte daran, ob er schon wach sei. …"
▸ „Einmal wollte er eine Zwei-Euro-Münze in den Opferstock der Kirche werfen, aber er zweifelte, ob …"
▸ „Einmal wollte er seine Freundin küssen, aber …"

12. Eine literarische Kolumne – *Heute ist Sonntag* von Peter Bichsel (ab 9. Schuljahr)

Bei diesem Unterrichtsvorschlag steht das literarische Lernen nicht im Vordergrund; vielmehr wird der Text als Anregung für eine wirklichkeitsbezogene Reflexion eingesetzt. Das hängt damit zusammen, dass Bichsels Text nicht fiktional ist.

Der Schweizer Autor Peter Bichsel ist vor allem durch seine beiden frühen Kurzgeschichtenbände *Eigentlich möchte Frau Blum den Milchmann kennenlernen* und *Kindergeschichten* bekannt geworden; einige Geschichten aus diesen schmalen Bänden sind zu Schulklassikern geworden. Ein wichtiger Teil seines späteren Werks sind die Kolumnen, die Bichsel seit vielen Jahren für Zeitungen und Zeitschriften schreibt; ein Beispiel schlage ich hier für den Unterricht vor (F 12 M):

Peter Bichsel

Heute ist Sonntag

Also: Kalbsragout, Kartoffelstock, Gemüse, Salat. Das Kalbsragout weiß, am Tag zuvor Knochen angebraten, mit Wasser aufgesetzt, stundenlang auf kleinem Feuer gekocht, gewürzt, gepflegt, probiert – Pfefferkörner, Zwiebel, Knoblauch, Karotten, Sellerie, ein wenig Lauch; den Kartoffelstock selbst gemacht – sehr aufwendig gekocht, als ginge es um ein Bankett.

Dabei bin ich allein, ich koche nur für mich selbst. Aber es ist Sonntag, und am Sonntag gibt es ein Sonntagsessen, den Teller schön angerichtet, den Tisch gedeckt – Sonntag.

Ich setze mich an den Tisch und habe plötzlich Lust auf eine ganz gewöhnliche Bratwurst mit Zwiebelschweize und gewöhnlichen weißen Spaghetti.

Aber es ist Sonntag, und am Sonntag gibt es ein Sonntagsessen – ob mir das paßt oder nicht. Es will mir nicht so recht schmecken – ich habe den Geschmack der Bratwurst im Kopf.

Mein Vater erzählte, daß es dort in der Nähe, wo er als Kind war, einen Papagei gab, der immer am Sonntagmorgen früh – und nur an einem richtigen Sonntag – das Lied „Sonntag ist's heut" krächzte.

Auch das fällt mir ein an einem Sonntag – überhaupt mein Vater, am Sonntag trug er sein Sonntagskleid: Hemd, Krawatte, hellgrauer Anzug, und nachmittags ging es auf den Sonntagsspaziergang, auf den verhaßten Sonntagsspaziergang, der Vater im hohlen Kreuz mit seinem Filzhut, mit seinem Stockschirm – ein Schirm, über den man ein hölzernes Rohr ziehen konnte – mit großen Schritten voraus, die Mutter und ich und später auch die Schwester etwas unwillig folgend. Das mußte so sein: Sonntag und Sonntagsspaziergang – anständige Familien gingen am Sonntag spazieren: Sonntagskleider, Sonntagsschule, Sonntagsbraten und Sonntagsspaziergang.

Wenn es mal neue Sonntagskleider gab, dann wurden die alten zu Werktagskleidern. Mein Vater – Handwerker, Maler – fuhr auch in Anzug und Krawatte zur Arbeit, auf dem Fahrrad. Er war so gekleidet wie die anderen am Sonntag – aber die Kleidung war der Werktagsanzug und ohne Hut – Hut und Schirm, das war Sonntag.

Dabei war mein Vater auch ein leidenschaftlicher Bergsteiger, und als Bergsteiger war er so gekleidet wie die Bergsteiger. Das konnte auch sonntags sein, dann entfiel der Spaziergang. Nun sitze ich also an meinem Ragout. Der einzige schäbige Rest eines ehemaligen Sonntagsrituals.

Ich habe einen Beruf ohne feste Arbeitszeiten. Ein Montag ist für mich kein besonderer Tag und ein Freitag auch nicht. Meine Woche kennt keine Einteilung, trotzdem bleibt es mir wichtig: Heute ist Montag, heute ist Dienstag, Mittwoch – und dann eben: Heute ist Sonntag.

Ab und zu beneide ich jene, die mittags aus dem Fabriktor kommen und sich gegenseitig wünschen, gut zu speisen: „E Guete!" Und ich erschrecke, wenn mir jemand ein schönes Wochenende wünscht. Wer ein Wochenende hat, der hatte auch eine Woche – irgendwie hatte ich keine, wenn ich sie auch durchaus verbracht habe. Ich war zwar mal Lehrer mit einem wöchentlichen Stundenplan, aber wir kamen nicht gemeinsam aus dem Schulhaus und wünschten uns einen schönen Abend.

So bleibt mir nur der Sonntag als spezieller Tag – aber er gelingt mir nicht. Das Ritual des Sonntagsspaziergangs, der Sonntagskleider, zu denen man Sorge zu tragen hatte, war mir als Kind zwar ein Greuel – aber ein Sonntag ohne Ritual ist halt dann kein Sonntag mehr.

Ich glaube, nicht nur mir, sondern uns allen sind die Rituale mehr und mehr abhandengekommen. Die Kirchen sind nicht einfach nur leer aus Desinteresse, sondern sie sind es vor allem auch, weil wir entritualisiert leben. Die Kneipen sind nicht etwa leer, weil die Männer nicht mehr trinken, sondern weil das Trinken entritualisiert wurde. Das Feierabendbier zwischen fünf und sechs – und etwas mehr – hatte zwar auch nur mit Alkohol zu tun, aber es war eingebettet in ein Ritual. Die privatisierte Partygesellschaft braucht keine Rituale mehr: Bier ist Bier und zu Hause billiger.

Nur die Gemeinschaft braucht Rituale – aber die Gemeinschaften haben sich privatisiert. Wir leben alle mehr und mehr in Gettos, in luxuriösen mitunter, aber in entritualisierten Gettos.

Ja, der Sonntagsspaziergang. Ich hatte die Eltern immer wieder im Verdacht, daß sie ihn eigentlich nicht für sich, sondern für die Nachbarn machten – eine anständige Familie geht spazieren. Allein, und nur für sich allein, kann man das nicht.

Nein, ich werde nicht spazierengehen. Ich werde mir keinen Sonntagsanzug kaufen, und ich werde den alten Anzug nicht am Werktag austragen.

Zu sehr habe ich mitunter gelitten unter solchen Ritualen. Daß ich sie hinter mir hatte, erschien mir als Freiheit. Jetzt sitze ich in meiner Freiheit, und der Sonntag ist keiner mehr.

Trotzdem weiß ich, daß Sonntag ist. Irgendwie erwarte ich ihn auch eine Woche lang, gehe freitags oder samstags einkaufen in Erwartung des Sonntags.

Und dann sitze ich an meinem Ragout und sehne mich nach werktäglichen Bratwürsten und bilde mir ein, daß Bratwürste weniger einsam machen.

Aus: Peter Bichsel: Heute kommt Johnson nicht. Kolumnen 2005–2008. (Erstveröfft. in der Schweizer Illustrierten 2005). S. 15–18. © Suhrkamp Verlag Frankfurt a. M. 2008. Alle Rechte bei und vorbehalten durch Suhrkamp Verlag Berlin

Die Geschichte enthält einige schweizerische Ausdrücke, die erklärungsbedürftig sein können:

▸ „Kartoffelstock": Kartoffelbrei
▸ „Zwiebelschweize": geröstete Zwiebeln
▸ „Sonntagsschule": kirchliche Unterweisung für Kinder am Sonntag
▸ Das Wort „Sonntagsspazierganz" dürfte ein Druckfehler sein. Im Downloadmaterial ist er verbessert.

In seiner Kolumne erzählt Bichsel Gegenwärtiges und Erinnertes aus seinem Leben, und zwar im Hinblick auf das Problem der Entritualisierung. Eine leichte ironische Färbung durchzieht den Text – besonders auffällig ist dafür der Schluss „und bilde mir ein, daß Bratwürste weniger einsam machen".

Bichsels Kolumne ist kein fiktionaler Text, aber eine literarische Stilisierung ist deutlich erkennbar, vor allem an

▸ Sätzen ohne finites Verb (etwa am Anfang des Textes),

‣ Wortwiederholungen („Aber es ist Sonntag, und am Sonntag gibt es Sonntagsessen [...] Sonntag."),

‣ Abwandlung von Redewendungen („Bier ist Bier und zu Hause billiger."),

‣ sprachspielerisch-bildliche Ausdrucksweise (wie „Jetzt sitze ich in meiner Freiheit").

Für den Unterricht ist vor allem die Auseinandersetzung mit dem Thema „Entritualisierung" interessant. Darüber mit Schülerinnen und Schülern nachzudenken entspricht dem, was eine Kolumne auch bei den Leserinnen und Lesern – neben dem Vergnügen an der stilistischen Gestaltung – auslösen möchte. Man kann z. B. darüber diskutieren, ob wir tatsächlich in einer entritualisierten Welt leben, weil sich die Gemeinschaften privatisiert haben. Die Schülerinnen und Schüler können ferner darüber nachdenken, ob es in ihrem Leben auch Rituale gibt – solche, die ihnen wichtig sind, und solche, unter denen sie leiden oder über die sie sich ärgern. Konkret schlage ich eine Podiumsdiskussion vor:

Bildet zwei Gruppen für eine Podiumsdiskussion. 4 Schülerinnen oder Schüler bilden eine Pro-Gruppe, die Bichsels Auffassung von der Entritualisierung in der modernen Gesellschaft für zutreffend hält; 4 weitere Schülerinnen und Schüler bilden ein Kontragruppe, die gegen Bichsels Auffassung argumentiert. Diese Gruppe beginnt mit einem ersten Statement.

Bichsels Text kann auch als Anregung dienen, selbst einen Text über persönliche Erfahrung mit Ritualisierung zu verfassen (F 12 AB):

Kennt ihr auch Ritualisierungen – in eurem Alltag heute oder früher, bei anderen Menschen? Schreibt dazu einen Text. Beginnt mit einer konkreten Situation.

13. Da, wo sonst Rosmaries Platz ist – eine Kurzgeschichte von Peter Stamm (ab 9. Schuljahr)

Besonders berücksichtigte Bezüge zu den Kompetenzen literarischen Lernens (Teil C):

‣ 4 Perspektiven literarischer Figuren nachvollziehen

‣ 7 Metaphorische und symbolische Ausdrucksweise verstehen

Peter Stamm, geboren 1963, gehört zu den erfolgreichsten schweizerischen Gegenwartsautoren. Seine Schreibweise ist behutsam und eindringlich, in einer ganz eigenen Verbindung von Distanz und Nähe zu den Figuren, die sich dadurch ergibt, dass auch kleinste Reaktionen und Verhaltensweisen erzählt werden und dabei offen bleibt, inwieweit die Menschen bewusst oder mehr gesteuert von ihrem Unbewussten handeln. Dafür ist die Kurzgeschichte *Der Koffer* (F 13 M u. AB) sehr typisch.

Peter Stamm
Der Koffer

Kaum hat Hermann die Liste auf das ungemachte Bett gelegt, nimmt er sie wieder in die Hand. Er hat schon vergessen, was er eben gelesen hat. Toilettenartikel. Er geht ins Bad, sammelt Rosmaries Sachen zusammen, die Olivenölseife, die sie letztes Jahr in Südfrankreich gekauft hat, ihre Haarbürste, Zahnbürste und Zahnpasta, das Deodorant. Er weiß nicht, welches der vielen Shampoos sie benutzt, und packt aufs Geratewohl eines ein. Was noch? Eine Nagelschere. Den Nagellack stellt er nach kurzem Zögern zurück. Er geht ins Schlafzimmer, holt den kleinen Lederkoffer vom Schrank und legt den Waschbeutel hinein. Dann schaut er wieder auf die Liste. Genügend Unterwäsche. Er steht vor dem geöffneten Schrank und kramt in Rosmaries Unterwäsche, weiße Knäuel, die ihn an die Blüten der Pfingstrosen im Garten erinnern. Er hat das Gefühl, etwas Unrechtes zu tun. Was heißt genügend? Er weiß nicht, wie lange Rosmarie im Krankenhaus bleiben muss, er ist froh, wenn sie überhaupt zurückkommt. Pyjama oder Nachthemd. Er geht durch die Wohnung auf der Suche nach ihren Hausschuhen. Dann fällt ihm ein, dass er die Hausschuhe gesehen hat, als Rosmarie auf der Bahre lag und die Sanitäter sie hinaustrugen. Sie hingen an ihren Füßen wie an Haken. Er hatte einen Moment lang daran gedacht, ihr Schuhe anzuziehen. Nicht einmal die Post hätte sie in Hausschuhen geholt. Feste Turnschuhe, falls Physiotherapie vorgesehen ist. Er weiß nicht, was die Ärzte mit Rosmarie vorhaben. Nur schon bei der Vorstellung, sie könnte Turnschuhe tragen, muss er lächeln. Vorläufig ist an solche Therapien nicht zu denken. Die Ärzte haben sie in ein künstliches Koma versetzt und ihren Körper auf dreiunddreißig Grad hinuntergekühlt. Sie haben sie kaltgemacht, daran muss er seit gestern immer denken.

Er schaut auf die Uhr. Jetzt wird sie operiert. Ein erweitertes Blutgefäß im Gehirn, hat einer der Ärzte ihm nach stundenlangen Untersuchungen gesagt und ihm den Eingriff erklärt. Dann hat er ihm eine Broschüre des Krankenhauses in die Hand gedrückt und ihn nach Hause geschickt. Ruhen Sie sich aus. In der Broschüre ist ein Grußwort des Chefarztes, eine Karte des Geländes, ein Zugfahrplan und sonst noch einiges an Informationen. Ganz hinten hat Hermann die Liste gefunden. Bitte bringen Sie am Eintrittstag Folgendes mit.

Niemand hat ihm sagen können, wie es weitergeht, niemand scheint es zu wissen. Hermann schaut auf die Liste. Hilfen wie Brille oder Hörgerät inkl. Batterien. Rosmarie braucht keine Hilfe. Wenn jemand Hilfe braucht, dann er. Seit Jahrzehnten hat er keinen Koffer gepackt. Sogar seine Militärsachen hat Rosmarie immer eingepackt, als er noch Dienst leisten musste, und das ist dreißig Jahre her. Wenn er in der Truppenunterkunft seinen Spind einräumte, fand er jedes Mal eine Tafel Schokolade zwischen der Wäsche. Er geht in die Küche, aber er findet keine Schokolade. Seit er unter Diabetes leidet, versteckt Rosmarie die Süßigkeiten. Lesestoff, Briefpapier, Schreibsachen. Auf dem Nachttisch liegen drei Bücher aus der Bibliothek. Er liest die Titel und die Namen der Autoren, die ihm nichts sagen. Er selbst ist kein Leser. Auf den Büchern liegt Rosmaries Lesebrille. Er packt alles ein. Weil er das Etui der Lesebrille nicht findet, wickelt er sie in ein Taschentuch und steckt sie in den Waschbeutel. Der Koffer ist nur halb voll. Hermann legt eine Strickjacke dazu und ein paar Zeitschriften, die er im Wohnzimmer gefunden hat, und schließt den Koffer sorgfältig.

Im Café gegenüber dem Eingang sitzen Patienten mit ihren Angehörigen. Manche tragen Bademäntel, an die Tische gelehnt stehen Stöcke, einer zieht ein Infusionsgestell auf kleinen Rädern hinter sich her. Seit Jahren ist Hermann nicht im Krankenhaus gewesen, aber an den Geruch kann er sich sofort wieder erinnern. Hinter dem Café gibt es einen kleinen Kiosk. Er kauft eine Tafel Schokolade, obwohl er weiß, dass Rosmarie sich nicht viel daraus macht. Es ist das Einzige, was er tun kann, ein Liebesbeweis. Blumen sind ihm zu demonstrativ. Blumen schenkt man, wenn ein Kind geboren wird und alle es wissen sollen. Er kann sich an Sträuße erinnern im Krankenhausflur. Wie Trophäen sahen sie aus in ihren Vasen. Die Schokolade wird Rosmarie in ihrem Nachttisch aufbewahren. Sie wird an ihn denken wie an etwas Verborgenes, hier, wo alles sonst öffentlich ist, ausgestellt im hellen Licht der Leuchtstoffröhren. Hermann öffnet den Koffer ein wenig, um die Schokolade zwischen Rosmaries Wäsche gleiten zu lassen, dabei springt der Deckel auf, und alles fällt auf den polierten Steinboden. Er kniet nieder, rafft die Sachen zusammen und stopft sie so schnell wie möglich wieder in den Koffer. Er blickt sich um, als täte er etwas Verbotenes. Der Mann mit der Infusion schaut mit ausdruckslosem Gesicht zu ihm herüber. Die Kleider, die Hermann mit viel Mühe zusammengelegt hat, sind zerknittert.
Der Portier erklärt ihm den Weg zur Intensivstation. Die Stationen hier sind mit unterschiedlichen Farben markiert, das soll die Orientierung erleichtern. Die Intensivstation ist blau, Gelb steht für die Klinik für Kinder und Jugendliche, die Urologie und die Frauenklinik sind grün, die Chirurgie ist violett. Hermann versucht, einen Sinn in den Farben zu erkennen, aber es gelingt ihm nicht. Nur das Rot der Kardiologie leuchtet ihm ein.
Er steht an Rosmaries Bett. Ihr Kopf ist verbunden und ihr Körper an Maschinen angeschlossen, sie wird künstlich beatmet, hat eine Magensonde und einen Blasenkatheter. Medikamente werden ihr über Schläuche direkt ins Blut verabreicht. Ihre Arme und Beine werden gekühlt, um die Körpertemperatur tief zu halten. Sie ist nackt bis auf eine Art weiße Schürze, die an den Seiten offen ist und die sie kaum zu bedecken vermag. Ihr Gesicht hat einen seltsam schlaffen Ausdruck. Hermann steht neben dem Bett und starrt sie an, er mag ihr nicht einmal die Hand auf die Stirn legen, so fremd kommt sie ihm vor. Einzig ihre Hände mit den lackierten Fingernägeln sind ihm vertraut. Manchmal hört er vom Flur einen Alarm. Es klingt, als schlüge eine Pendeluhr die Stunde.
Der Arzt sagt, er müsse noch einmal operieren, einen Bypass legen. Er macht ein ernstes Gesicht, aber er sagt auch, Rosmarie habe Glück gehabt. Wäre sie eine halbe Stunde später eingeliefert worden. Er spricht den Satz nicht zu Ende. Hermann kann sich den Rest denken. Wir hoffen das Beste, sagt der Arzt. Haben Sie noch Fragen? Nein. Hermann schüttelt den

Kopf. Es ist ihm, als hätte das alles nichts mit ihm und Rosmarie zu tun. Der Arzt verabschiedet sich mit einem Kopfnicken und einem Blick, der wohl aufmunternd sein soll. Die Schwester sagt, Frau Lehmann brauche nichts, es sei ihr lieber, wenn er den Koffer wieder mitnehme, dann könne auch nichts wegkommen. Er solle die Sachen bringen, wenn seine Frau die Intensivstation verlassen könne. Sie gibt ihm einen Fragebogen zu den Vorlieben und Gewohnheiten der Patientin. Seine Antworten würden helfen, sie besser zu betreuen, sagt sie, reicht ihm einen Stift und führt ihn ins Wartezimmer. Er liest die Fragen durch. Gehört die Patientin einer Religion an? Wie praktiziert sie diese? Mag die Patientin Musik? Und wenn ja, welche? Welche Geräusche mag die Patientin, welche machen ihr Angst? Welche Gerüche sind der Patientin angenehm? Er denkt an die Seife aus Olivenöl. Und welche mag sie nicht? Was ist ihre Lieblingsfarbe? Hat sie Einschlafrituale? An welchen Körperstellen empfindet sie Berührungen als angenehm?

Er geht durch die Flure, vorbei am Empfang und am Café und hinaus in den kalten Winternachmittag. Die Haltestelle liegt zwischen dem Krankenhaus und dem See. Hermann sieht einen Zug abfahren. Der nächste wird erst in einer halben Stunde kommen. Er könnte zu Fuß nach Hause gehen, in einer Stunde müsste es zu machen sein, aber er hat die Fahrkarte schon gelöst, und er ist müde, die letzte Nacht hat er kaum geschlafen. Er drückt den Knopf, *Halt auf Verlangen* und setzt sich auf die schmale Bank. Den Koffer hat er neben sich auf den Boden gestellt. Er betrachtet den See. Etwa hundert Meter vom Ufer entfernt wechselt die Farbe des Wassers plötzlich von einem hellen Blau zu einem dunklen Grün. Auf dem Uferweg gehen ein paar Wanderer vorbei. Sie bleiben bei einem Wegweiser stehen und schauen zurück. Als der Zug endlich kommt, ist Hermann durchgefroren.

Er ist nicht oft in der Bibliothek gewesen. Nur manchmal hat er Rosemarie begleitet, oder er hat ihre Bücher zurückgebracht, wenn er ohnehin in die Stadt hinuntermusste. Trotzdem begrüßt ihn die Bibliothekarin mit Namen. Sie nimmt die Bücher in Empfang und fragt, ob sie Rosemarie gefallen hätten. Hermann ist erstaunt, dass sie seine Frau beim Vornamen nennt. Ja, sagt er, ich glaube schon. Ich habe das neue Buch von Donna Leon für sie beiseitegelegt, sagt die Bibliothekarin und nimmt es von einem kleinen Gestell auf Rollen, das neben ihrem Schreibtisch steht. Ich habe ihr versprochen, sie kriege es als Erste. Sie stempelt ein Datum auf einen Zettel, der hinten im Buch klebt. Dann erst scheint sie Hermanns Koffer zu bemerken und fragt, ob er wegfahre? Ja, sagt er, er hat keine Lust, Fragen zu beantworten. Die Bibliothekarin sagt, sie könne das Buch auch hierbehalten, wenn er es nicht mitnehmen wolle. Ich bin nicht lange weg, sagt er und nimmt ihr den Roman mit einer schnellen Bewegung aus der Hand. *Wie durch ein dunkles Glas*. Die Bibliothekarin sagt etwas vom Unruhestand, sie lacht. Hermann bedankt sich und geht.

Draußen hat es zu dämmern begonnen. Er dreht sich noch einmal um, und als er sieht, wie die Bibliothekarin ihm durch die Glastür nachschaut, geht er in Richtung Bahnhof davon. Unterwegs trifft er einen seiner Nachbarn. Die Familie ist erst vor zwei Jahren eingezogen, der Mann arbeitet bei einer Versicherung, die Frau ist zu Hause und kümmert sich um die beiden Kinder. Hermann sieht sie manchmal im Garten. Sie hat ihm Komplimente für die Pfingstrosen gemacht und ihn ein paarmal um Rat gefragt. Sie hat gesagt, sie hätten vorher in einer Mietwohnung gelebt, sie kenne sich mit Pflanzen nicht aus. Das Wichtigste ist, für jede Pflanze den richtigen Standort zu finden, hat er gesagt. Sie muss sich wohl fühlen, dann wächst sie fast von selbst.

Geht es in den Urlaub?, fragt der Nachbar. Hermann murmelt etwas, und der Mann wünscht ihm, ohne anzuhalten, schöne Ferien. Gleichfalls, sagt Hermann, ohne nachzudenken. Die Nachbarn scheinen die Ambulanz gestern Nacht nicht bemerkt zu haben.

Er hat den erstbesten Zug genommen. Als der Schaffner kommt, fragt Hermann, wohin der Zug fahre, und löst eine Karte bis zur Endstation. Die meiste Zeit schaut er aus dem Fenster in die Dunkelheit. Der Zug füllt sich langsam und leert sich nach Zürich wieder, die Namen der Haltestellen klingen immer weniger vertraut. Eine ältere Frau, ungefähr in Rosmaries Alter, sitzt im Abteil schräg gegenüber und beobachtet ihn so unverfroren, dass er schließlich den Platz wechselt. Nach drei Stunden sagt die Stimme aus den Lautsprechern, der Zug habe die Endstation erreicht, *gare terminus*. Die Ansage ist zweisprachig wie die Stadt, in der Hermann nun steht. Er kann sich nicht erinnern, schon einmal hier gewesen zu sein, aber er kann es auch nicht ausschließen. Er geht ziellos umher. Die Geschäfte haben geschlossen, und es sind nicht viele Leute unterwegs. Irgendwann gerät er auf eine schmale Straße, die an einem Kanal entlangführt. Er kommt zu einem Park und dann an einen See. Eine langgezogene Mole führt weit hinaus. Hermann geht auf dem mit Holzplanken belegten, elegant geschwungenen Steg, der von kleinen Lampen beleuchtet wird, bis zu einer dreieckigen betonierten Plattform weit draußen im See. Lange steht er dort, den Koffer neben sich, wie ein Reisender an einer Bushaltestelle. Es ist ihm, als würde in dem alten Koffer alles stecken, was von Rosmarie übrig geblieben ist. Die Sachen scheinen mehr mit ihr zu tun zu haben als der kalte Körper, den er vor ein paar Stunden im Krankenhaus gesehen hat, ausgestellt auf einem Metallbett und reduziert auf seine Vitalfunktionen. Behutsam nimmt er den Koffer und geht die Mole zurück. Erst jetzt sieht er, auf der dem Hafen abgewandten Seite, eine Sandbank, auf der eine kleine Tanne liegt, vermutlich ein Christbaum, den jemand nach den Feiertagen in den Kanal geworfen hat und der hier gestrandet ist. Er geht durch den Park und den Kanal entlang zurück in die Innenstadt.

Der Nachtportier schaut Hermann komisch an, als er ein Doppelzimmer verlangt und gleich bezahlt, aber er stellt keine Fragen, nur ob der Herr einen Parkplatz brauche und ob er morgen früh geweckt werden wolle. Frühstück gibt es von sieben bis halb zehn im sechsten Stock. Über den Dächern der Stadt, fügt er unnötigerweise hinzu.

Hermann sitzt auf dem Bett in seinem Zimmer. Er hat nicht einmal die Schuhe ausgezogen, er ekelt sich vor dem durchgetretenen Teppichboden und dem Bettüberwurf, auf dem schon wer weiß wer gesessen hat. Das Zimmer ist klein und nur mit einer Sparlampe beleuchtet, deren mattes Licht nicht ausreicht, die Dunkelheit zu vertreiben. Es zieht, die Metallfenster schließen nicht richtig. Hermann hätte sich ein besseres Hotel leisten können, aber es schien ihm unangebracht. Ganz aus der Nähe sind Kirchenglocken zu hören. Er zählt die Schläge bis zehn. Dann schlagen die Glocken elf. Er muss eingenickt sein. Erst jetzt fällt ihm ein, dass niemand weiß, wo er ist. Er hat seine Medikamente nicht dabei, und gegessen hat er seit dem Mittag nicht mehr. Wenigstens hat er den Meldeschein beim Portier ausgefüllt.

Sollte ihm etwas passieren, würde man wissen, wer er ist. Er überlegt, ob er im Krankenhaus anrufen solle, um sich nach Rosmaries Zustand zu erkundigen, aber er tut es nicht.
Vermutlich würde man ihm am Telefon ohnehin keine Auskunft erteilen. Er zieht die Schuhe
aus, aber nicht die Socken. Die Kleider hängt er über einen Stuhl. Dann legt er sich ins Bett.
Der Koffer liegt neben ihm, da, wo sonst Rosmaries Platz ist. Das Licht lässt er brennen.

Als Hermann am Morgen erwacht, ist es draußen noch dunkel. Bevor er aufsteht, öffnet er
den Koffer und nimmt die Gegenstände heraus, einen nach dem anderen, betrachtet sie
lange. Er zieht Rosmaries Strickjacke an, isst die Tafel Schokolade, liest den Klappentext
des Buches. Ist ein Familienzwist zwischen dem Fabrikbesitzer und seinem Schwiegersohn
schuld? Oder musste der Nachtwächter der Glasmanufaktur dafür büßen, dass er ein fanati-
scher Leser ist? Hermann blättert weiter und findet ein Motto aus Don Giovanni:

Welch' ungewohntes Angstgefühl
Fesselt und lähmt die Sinne mir,
Gewittersturm umbrauset mich
Und wilde Feuersglut.

Im Buch wimmelt es von kursiv gedruckten italienischen Wörtern, *maestro, canna, serven-
te, l'uomo di notte.* Hermann kann sich nicht vorstellen, was Rosmarie mit diesem Unsinn
anfangen könnte. Er legt das Buch zurück und nimmt die Unterwäsche aus dem Koffer, zählt
sie, wie man Tage zählt, mit dem kurzen Zögern der Erinnerung.
An diesem Morgen wäscht er sich das Haar mit Rosmaries Shampoo, er benutzt ihre Olivenölseife und putzt sich mit ihrer Zahnbürste die Zähne. Er frühstückt nicht, ihm ist ein wenig
übel von der Schokolade. Er hat starken Durst und trinkt drei Gläser Leitungswasser.
Im Zug stellt er den Koffer neben sich auf den Sitz. In Olten steigen viele Leute zu. Ein junger
Mann fragt Hermann, ob der Platz neben ihm frei sei. Ja, sagt er und nimmt den Koffer auf
die Knie. Soll ich ihn in die Gepäckablage tun?, fragt der junge Mann. Nein, sagt Hermann
schroffer, als er es beabsichtigt hat. Er hält den Koffer während der ganzen Fahrt fest, als
würde ihn ihm jemand wegnehmen wollen. Als er zur Toilette muss, nimmt er ihn mit.

Es ist das Krankenhaus, in dem Hermann geboren wurde, in dem seine Kinder geboren
wurden. Damals gab es nur das alte Gebäude. Der langgezogene Backsteinbau daneben
muss aus den Siebziger- oder den frühen Achtziger-Jahren stammen. Hermann geht am
Portier vorbei, er glaubt, sich an den Weg in die Intensivstation zu erinnern, dann verläuft er
sich doch und muss eine Krankenschwester um Hilfe bitten. Sie fragt, ob ihm nicht wohl sei,
und bringt ihn, obwohl er den Kopf schüttelt, zur Station. Dort kann man ihm nichts sagen.
Der Arzt sei in einer Besprechung, er werde gleich bei ihm sein. Ob Herr Lehmann seine
Frau sehen wolle? Er bittet um ein Glas Wasser, möchte sich erst einmal setzen. Eine
Schwester reicht ihm den Fragebogen, den er gestern nicht ausgefüllt hat. Es ist wichtig.
Hermann sitzt im Wartezimmer und blättert in einer Broschüre zur Früherkennung von Herzin-
farkten, dann in Frauenzeitschriften. Franz Beckenbauer betet für die schwerkranke Monica

Lierhaus, eine Sportschau-Moderatorin, von der Hermann noch nie gehört hat. Er interessiert sich nicht für Sport, trotzdem liest er den Artikel. Die Frau hatte ein Blutgerinnsel im Gehirn, wurde operiert, es gab Komplikationen, sie wurde in ein künstliches Koma versetzt. Ihr Leben hängt am seidenen Faden, endet der Artikel, die engsten Vertrauten von Monica machen sich auf das Schlimmste gefasst. Warum gerade sie?, steht unter dem Bild einer schönen jungen Frau mit rotbraunen Haaren. Hermann spürt, wie ihm die Tränen kommen. Er räuspert sich und reißt die Seite aus der Zeitschrift, faltet sie und steckt sie ein. Dann geht er mit dem Koffer in Rosmaries Zimmer. Er schaut sich um, niemand ist zu sehen. Er versteckt den Koffer hinter dem Gestell mit den medizinischen Geräten und verlässt, ohne Rosmarie noch einmal anzusehen, den Raum.

Als Leitfrage für die Beschäftigung mit der Kurzgeschichte kann man den Titel aufgreifen:

A

Welche Rolle spielt der Koffer in der Geschichte?

Man kann dazu drei Etappen im Text unterscheiden:
▸ Hermann packt den Koffer, das ist eine ungewohnte Tätigkeit für ihn. Er bringt ihn ins Krankenhaus.
▸ Hermann muss den Koffer wieder mitnehmen. Weil er mit dem Koffer herumläuft, vermuten die Bibliothekarin und der Nachbar, dass er in den Urlaub verreist – Hermann fährt dann tatsächlich mit dem Zug weg, bis zur Endstation (schweizerische Leser mögen in der Stadt, in der er dann aussteigt, die Stadt Biel erkennen).
▸ In der Stadt am See verhält sich Hermann für seine Umwelt etwas befremdlich: Er nimmt sich ein Doppelzimmer, obschon er allein ist – und legt dann den Koffer auf das zweite Bett. Bei der Rückfahrt stellt er den Koffer im Zug auf den Sitz neben sich, nimmt ihn dann auf die Knie und hält ihn fest, auch in die Zugtoilette nimmt er ihn mit. Im Krankenhaus lässt er dann den Koffer versteckt im Zimmer seiner Frau zurück.

Zu allen drei Etappen können Fragen besprochen werden, mit denen Details des Textes mit dem größeren Erzählzusammenhang in Verbindung gebracht werden. Fragen zum Kofferpacken:

- ▸ „Er hat das Gefühl, etwas Unrechtes zu tun." Warum hat Hermann dieses Gefühl?
- ▸ Im Krankenhaus fällt, als Hermann die Schokolade in den Koffer gleiten lassen will, alles heraus. Er stopft alles wieder in den Koffer; da heißt es im Text: „Er blickt sich um, als täte er etwas Verbotenes." Warum blickt er so um sich?

Frage zur Zugfahrt:

Warum geht Hermann zum Bahnhof, steigt in den Zug und fährt weg, obschon er gar nicht weiß, wohin der Zug fährt?

Es gibt zu dieser Frage mindestens drei Interpretationsmöglichkeiten von unterschiedlicher Abstraktion:

- ▸ Hermann mag nicht darüber sprechen, was es mit dem Koffer auf sich hat, und macht deshalb das, was die Leute (in der konkreten Situation vor allem der Nachbar) erwarten, wenn sie ihn mit dem Koffer sehen.
- ▸ Das Wegfahren ist aber auch eine Möglichkeit, nicht in die Wohnung zurückgehen zu müssen, wo seine Frau fehlt.
- ▸ Schließlich kann man das Wegfahren als ein Entfliehen aus der veränderten Lebenssituation interpretieren.

Fragen zum Aufenthalt in der Stadt am See und zur Rückreise:

- ▸ Warum nimmt Hermann ein Doppelzimmer? Warum legt er den Koffer auf das zweite Bett?
- ▸ Warum wäscht er das Haar mit Rosmaries Shampoo und benutzt ihre Zahnbürste?
- ▸ Warum will Hermann im Zug den Koffer nicht in die Gepäckablage legen?
- ▸ Warum verlässt Hermann Rosmaries Zimmer im Krankenhaus, ohne Rosmarie noch einmal anzusehen (letzter Satz der Kurzgeschichte)?

Für diese Fragen zum Aufenthalt in der Stadt am See und zur Rückreise und zum Verhalten im Krankenhaus ist die folgende Textstelle erhellend (Hermann steht auf der Mole im See):

„Lange steht er dort, den Koffer neben sich, wie ein Reisender an einer Bushaltestelle. Es ist ihm, als würde in dem alten Koffer alles stecken, was von Rosmarie übrig geblieben ist. Die Sachen scheinen mehr mit ihr zu tun zu haben als der kalte Körper, den er vor ein paar Stunden im Krankenhaus gesehen hat, ausgestellt auf einem Metallbett und reduziert auf seine Vitalfunktionen."

Bei der zweiten Frage („Warum wäscht er das Haar mit Rosmaries Shampoo und benutzt ihre Zahnbürste?") kann man als mehr äußeren Grund angeben, dass Hermann selbst ja nichts für die Übernachtung dabei hat; aber es geht auch um die Verbundenheit mit der abwesenden Frau.

Es sei ausdrücklich darauf hingewiesen (in Zeiten, in denen Lesetests Hochkonjunktur haben, ist das meines Erachtens immer wieder nötig), dass auf Fragen wie die angeführten nicht eine einzige richtige Antwort erwartet werden soll. Dafür ist die menschliche Psyche, die das Verhalten steuert, zu komplex. Ein Autor wie Peter Stamm, der als Praktikant auch an psychiatrischen Kliniken tätig gewesen war, weiß das nur zu gut.

Das vorgeschlagene Vorgehen für die Interpretation ist eng an einzelnen Fragen orientiert – mit allen Nach- und Vorteilen, die damit verbunden sind. Weniger durchstrukturiert (soll man sagen: weniger gängelnd?) ist der folgende Arbeitsauftrag, der inhaltlich in die gleiche Richtung zielt:

Der Koffer ist das zentrale Motiv in Stamms Kurzgeschichte. Welche Bedeutung kommt ihm zu? Stellt einige Textstellen zusammen, die dafür erhellend sind, und kommentiert sie.

Dieser Auftrag kann in Gruppen mit anschließendem Austausch im Plenum bearbeitet werden.

Es seien noch zwei weitere Anregungen zur Textbesprechung gegeben. Sie beziehen sich auf Textstellen, die eine eher zufällige Wahrnehmung des Protagonisten wiedergeben, sodass man sich fragen kann, welche Funktion ihnen eigentlich zukommt. Der Text gibt dazu keinen direkten Aufschluss; die Interpretation ist deshalb etwas anspruchsvoller als bei den oben genannten Fragen. Die erste Textstelle bezieht sich auf eine Wahrnehmung Hermanns, als er von der Mole zurückgeht:

„Erst jetzt sieht er, auf der dem Hafen abgewandten Seite, eine Sandbank, auf der eine kleine Tanne liegt, vermutlich ein Christbaum, den jemand nach den Feiertagen in den Kanal geworfen hat und der hier gestrandet ist."
Die Tanne, die Hermann hier sieht, spielt keine weitere Rolle in der Geschichte. Könnt ihr euch vorstellen, warum der Autor von der Tanne, die Hermann sieht, überhaupt erzählt?

Im Kontext der Kurzgeschichte mag man bei „gestrandet" daran denken, dass Hermann auch ein Gefühl des Gestrandetseins haben mag. Ein Christbaum assoziiert Familienfeier – ein Gegensatz zur gegenwärtigen Situation von Hermann.

Nach der Weite des Sees wirkt die Sandbank mit der kleinen Tanne auch wie ein Blick auf das, was im Kleinen geschieht.

Als zweite Textstelle greife ich das Motto aus *Don Giovanni* auf:

> *Welch' ungewohntes Angstgefühl*
> *Fesselt und lähmt die Sinne mir,*
> *Gewittersturm umbrauset mich*
> *Und wilde Feuersglut.*
>
> Hermann findet diese Verse im Buch, das er in den Koffer gepackt hat. Was könnte er beim Lesen dieser Verse denken? Schreibt seine Gedanken in Ich-Form auf.

Die Verse sind, bezogen auf die Gefühle von Hermann, Spiegel und Kontrast: So etwas wie Angst hat er auch, die Lähmung der Sinne könnte die gewisse Benommenheit, die in seinem Verhalten sichtbar ist, spiegeln. Aber Gewittersturm und wilde Feuersglut passen nicht zu seiner Situation, auch wenn diese für sein Leben dramatisch genug ist. Das Zitat steht in dieser Hinsicht in deutlichem Gegensatz zur psychologischen Schreibweise von Stamm, der nicht dramatisiert, sondern eine leise Verstörung in einer kritischen Lebenssituation zeigt.

14. Rätselhafte Geschichten – Kafka, Brecht und Schubiger (ab 10. Schuljahr)

Besonders berücksichtigte Bezüge zu den Kompetenzen literarischen Lernens (Teil C):
- ▸ 1 Beim Lesen und Hören lebendige Vorstellungen entwickeln
- ▸ 4 Perspektiven literarischer Figuren nachvollziehen
- ▸ 8 Sich auf die Unabschließbarkeit des Sinnbildungsprozesses einlassen
- ▸ 9 Mit dem literarischen Gespräch vertraut werden

Die Erzählungen von Franz Kafka, die Keuner-Geschichten von Bert Brecht und die Kurzprosa von Jürg Schubiger irritieren den Leser; eine schlüssige Interpretation erarbeiten zu wollen, wird da eher zum fragwürdigen Geschäft. Aber zum Nachdenken sollen diese Texte anregen; sie eignen sich deshalb insbesondere für ein literarisches Gespräch. Ich habe hier vier solche Texte zusammengestellt, eine Parabel von Kafka, zwei Keunergeschichten von Brecht und ein ziemlich surrealer Kurzprosatext von Schubiger. Dass ich, abweichend vom sonstigen Prinzip in diesem Band, mit Kafkas *Vor dem Gesetz* einen Schulklassiker aufnehme, hat sich aus der Überlegung ergeben, den Text von Schubiger in die für diesen Autor wichtige Kafka-Tradition zu stellen.

Text von Franz Kafka

(F 14.1 M)

Franz Kafka

Vor dem Gesetz

Vor dem Gesetz steht ein Türhüter. Zu diesem Türhüter kommt ein Mann vom Lande und bittet um Eintritt in das Gesetz. Aber der Türhüter sagt, dass er ihm jetzt den Eintritt nicht gewähren könne. Der Mann überlegt und fragt dann, ob er also später werde eintreten dürfen. „Es ist möglich", sagt der Türhüter, „jetzt aber nicht." Da das Tor zum Gesetz offen steht wie immer und der Türhüter beiseitetritt, bückt sich der Mann, um durch das Tor in das Innere zu sehn. Als der Türhüter das merkt, lacht er und sagt: „Wenn es dich so lockt, versuche es doch, trotz meines Verbotes hineinzugehn. Merke aber: Ich bin mächtig. Und ich bin nur der unterste Türhüter. Von Saal zu Saal stehn aber Türhüter, einer mächtiger als der andere. Schon den Anblick des dritten kann nicht einmal ich mehr ertragen." Solche Schwierigkeiten hat der Mann vom Lande nicht erwartet; das Gesetz soll doch jedem und immer zugänglich sein, denkt er, aber als er jetzt den Türhüter in seinem Pelzmantel genauer ansieht, seine große Spitznase, den langen, dünnen, schwarzen tatarischen Bart, entschließt er sich, doch lieber zu warten, bis er die Erlaubnis zum Eintritt bekommt. Der Türhüter gibt ihm einen Schemel und läßt ihn seitwärts von der Tür sich niedersetzen. Dort sitzt er Tage und Jahre. Er macht viele Versuche, eingelassen zu werden, und ermüdet den Türhüter durch seine Bitten. Der Türhüter stellt öfters kleine Verhöre mit ihm an, fragt ihn über seine Heimat aus und nach vielem andern, es sind aber teilnahmslose Fragen, wie sie große Herren stellen, und zum Schlusse sagt er ihm immer wieder, dass er ihn noch nicht einlassen könne. Der Mann, der sich für seine Reise mit vielem ausgerüstet hat, verwendet alles, und sei es noch so wertvoll, um den Türhüter zu bestechen. Dieser nimmt zwar alles an, aber sagt dabei: „Ich nehme es nur an, damit du nicht glaubst, etwas versäumt zu haben." Während der vielen Jahre beobachtet der Mann den Türhüter fast ununterbrochen. Er vergisst die andern Türhüter und dieser erste scheint ihm das einzige Hindernis für den Eintritt in das Gesetz. Er verflucht den unglücklichen Zufall, in den ersten Jahren rücksichtslos und laut, später, als er alt wird, brummt er nur noch vor sich hin. Er wird kindisch, und, da er in dem jahrelangen Studium des Türhüters auch die Flöhe in seinem Pelzkragen erkannt hat, bittet er auch die Flöhe, ihm zu helfen und den Türhüter umzustimmen. Schließlich wird sein Augenlicht schwach, und er weiß nicht, ob es um ihn wirklich dunkler wird, oder ob ihn nur seine Augen täuschen. Wohl aber erkennt er jetzt im Dunkel einen Glanz, der unverlöschlich aus der Türe des Gesetzes bricht. Nun lebt er nicht mehr lange. Vor seinem Tode sammeln sich in seinem Kopfe alle Erfahrungen der ganzen Zeit zu einer Frage, die er bisher an den Türhüter noch nicht gestellt hat. Er winkt ihm zu, da er seinen erstarrenden Körper nicht mehr aufrichten kann. Der Türhüter muss sich tief zu ihm hinunterneigen, denn der Größenunterschied hat sich sehr zu ungunsten des Mannes verändert. „Was willst du denn jetzt noch wissen?" fragt der Türhüter, „du bist unersättlich." „Alle streben doch nach dem Gesetz," sagt der Mann, „wieso kommt es, dass in den vielen Jahren niemand außer mir Einlaß verlangt hat?" Der Türhüter erkennt,

> dass der Mann schon an seinem Ende ist, und, um sein vergehendes Gehör noch zu erreichen, brüllt er ihn an: „Hier konnte niemand sonst Einlass erhalten, denn dieser Eingang war nur für dich bestimmt. Ich gehe jetzt und schließe ihn."
>
> Aus: Franz Kafka 1994: Drucke zu Lebzeiten. Kritische Ausgabe. Hrsg. v. W. Kittler u.a. Frankfurt a. M., S. 267–269.

Dieser 1914 entstandene Text löst beim Leser viele Fragen aus. Was ist das Gesetz? Ist es die Rechtssprechung? Ist es das göttliche Gesetz? Ist es die Wahrheit? Ist es das, was unsere Welt lenkt? Oder existiert das Gesetz gar nicht und ist nur eine Illusion? Und warum wird der Mann vom Lande nicht eingelassen, obschon die Türe nur für ihn bestimmt ist? Hätte er einfach hineingehen können, ohne aufgehalten zu werden? Die Geschichte vom Türhüter hat Kafka für seinen Process-Roman geschrieben; sie wird dort von einem Geistlichen, dem Gefängniskaplan, erzählt und soll Josef K. klarmachen, dass er sich bezogen auf das Gericht täusche. Der Geistliche und Josef K. unterhalten sich dann, worin die Täuschung in der Geschichte bestehe, ohne zu einem eindeutigen Ergebnis zu kommen. Die Rätselhaftigkeit ist also offensichtlich von Kafka gewollt. Publiziert hat Kafka die Türhüter-Geschichte dann losgelöst vom Roman. In der Literaturwissenschaft und -didaktik gibt es viele Interpretationen, aber ihre Unterschiedlichkeit zeigt, dass man mit dem Interpretieren bei diesem Text offenbar nicht zu einem Ende kommt. Trotzdem oder vielleicht gerade deshalb fasziniert er seit Langem seine Leserinnen und Leser.

Es ist sinnvoll, wenn die Schülerinnen und Schüler selbst Deutungen versuchen, wobei gleich zu Beginn gesagt werden kann, dass es ganz unterschiedliche Deutungen von Fachleuten gibt und dass vielleicht ein Sinn des Textes gerade darin besteht, dass man mit der Suche nach dem Sinn nicht zu einem abschließenden Ergebnis gelangt. Ein Austausch über den Text kann in einem offenen literarischen Gespräch erfolgen; man kann aber auch folgendes Arrangement vornehmen:

Teilen Sie sich in Gruppen von 4 bis 5 Teilnehmer(-inne)n auf. Formulieren Sie in der Gruppe zum Text von Kafka eine Frage, zu der sich eine andere Gruppe Gedanken machen soll, und schreiben Sie sie auf einen Zettel. Die Frage kann sich allgemein auf den Text oder nur auf eine bestimmte Textstelle beziehen. Geben Sie einer anderen Gruppe Ihren Zettel und lassen Sie sich einen Zettel mit einer Frage geben. Überlegen Sie, was Sie auf die Frage antworten könnten. Anschließend werden die Fragen im Plenum vorgelesen und die Überlegungen dazu vorgetragen.

Als weitere Möglichkeit der Beschäftigung mit dem Text schlage ich Verfahren der szenischen Interpretation vor:

Ⓐ

„Vor dem Gesetz steht ein Türhüter", so beginnt Kafkas Text. In welcher Haltung mag der Türhüter dastehen? Man kann dazu unterschiedliche Vorstellungen entwickeln. Jemand von Ihnen soll sich als Türhüter hinstellen, jemand anderes stellt sich hinter den Türhüter und sagt in drei/vier Sätzen, was der Türhüter denkt. Dann nehmen Sie einen Spielerwechsel vor und spielen die gleiche Situation noch einmal, wobei der Türhüter eine andere Haltung einnehmen soll und entsprechend etwas andere Gedanken äußert. Die Situation kann dann noch zweimal mit anderen Spieler(-inne)n gespielt werden.
(2 Rollen: der Mann vom Lande und der Türhüter, je viermal besetzt)

Stellen Sie sich vor, ein anderer Mann käme vorbei, sähe den Mann vor dem Gesetz und spreche ihn an mit der Frage, was er denn hier mache. Spielen Sie das Gespräch, das sich entwickeln könnte.
(2 Rollen: der Mann vom Lande und ein Vorbeikommender)
Variante: Spielen Sie diese Situation dreimal (mit verschiedenen Spielern), einmal eine Begegnung am Anfang des Wartens vor dem Gesetz, dann eine Begegnung nach einigen Jahren und schließlich eine Begegnung kurz vor dem Tod des alten Mannes.
(2 Rollen: der Mann vom Lande und ein Vorbeikommender, je dreimal besetzt)

Der Türhüter, heißt es im Text, macht oft kleine Verhöre mit dem Mann vom Lande und fragt ihn „über seine Heimat aus und nach vielem andern". Der Mann vom Lande äußert vor allem immer wieder die Bitte, eingelassen zu werden, und versucht den Türhüter zu bestechen. Spielt ein solches Gespräch zwischen dem Türhüter und dem Mann vom Lande.
(2 Rollen: der Mann vom Lande und der Türhüter)

Man kann nach solchen szenischen Interpretationen jeweils darüber sprechen, ob die Präsentation bezogen auf den Text von Kafka plausibel erscheint. Ein solches Anschlussgespräch muss aber nicht unbedingt sein. Denn die Hauptfunktion der szenischen Interpretation liegt darin, dass auch ein körperlicher Zugang zum Text realisiert wird. Wichtig ist ferner der textbezogene Austausch in der Gruppe vor der Präsentation. Schließlich können sich für die Zuschauenden neue Interpretationsaspekte ergeben – manchmal auch dann, wenn ihnen eine Präsentation nicht einleuchtet und sie sich ihres eigenen Verständnisses bewusster werden.

Texte von Bertolt Brecht
(F 14.2 M)

Bertolt Brecht: [aus den *Keunergeschichten*]

Zu Herrn Keuner, dem Denkenden, kam der Schüler Tief und sagte: Ich will die Wahrheit wissen.

Die Wahrheit ist bekannt. Welche Wahrheit willst du wissen, die über den Fischhandel? Oder die über das Steuerwesen? Wenn du dadurch, daß sie dir die Wahrheit über den Fischhandel sagen, ihre Fische nicht mehr hoch bezahlst, wirst du sie nicht erfahren, sagte Herr Keuner.

Die Mühsal der Besten

„Woran arbeiten Sie?" wurde Herr Keuner gefragt. Herr Keuner antwortete: „Ich habe viel Mühe, ich bereite meinen nächsten Irrtum vor."

Aus: Bertolt Brecht 1995: Werke. Hrsg. v. W. Hecht/J. Knopf/W. Mittenzwei/K.-D. Müller. Große Kommentierte Berliner und Frankfurter Ausgabe. Band 18: Prosa 3. © Bertolt-Brecht-Erben/Suhrkamp Verlag 1995, S. 32 und 15

Die beiden Keunergeschichten sind 1929 entstanden. Sie sind nicht so rätselhaft wie Kafkas *Vor dem Gesetz*, aber auch sie irritieren das alltägliche Verständnis. In der Geschichte vom Schüler Tief, der die Wahrheit wissen möchte, kann man eine gewisse Parallele zu Kafkas Text von der Suche des Gesetzes sehen. Allerdings ist der Fortgang der Handlung und der sich daraus ergebende Textsinn bei Brecht ganz anders. Er entwickelt eine materialistische Sicht: Es gibt die Wahrheit nicht, denn was die Menschen als Wahrheit ausgeben oder auch verschweigen, ist abhängig von ihren materiellen Interessen.

Die Keunergeschichte *Die Mühsal der Besten* habe ich hier eingefügt, weil sie indirekt auch von der Wahrheit handelt: Herr Keuner, der Denkende, wie es in der ersten Geschichte heißt, macht deutlich, dass er nicht auf dem Weg ist, die Wahrheit zu finden, wohl aber, so kann man schließen, auf dem Weg, sie zu suchen. Das ist in gewisser Weise auch eine Antwort auf die Frage des Schülers Tief. Im Unterricht können die Schülerinnen und Schüler sich überlegen, ob Sie bezogen auf den Inhalt Parallelen zwischen dem Kafka-Text und den Keunergeschichten sehen und worin sich die Texte unterscheiden. Damit kann zugleich eine Deutung der Keunergeschichten versucht werden (F 12 AB).

Kann man inhaltliche Parallelen zwischen Kafkas *Vor dem Gesetz* und den Keunergeschichten erkennen? Worin unterscheiden sich die Texte?

Zu beiden Keunergeschichten ist auch eine produktive Aufgabe möglich, die dem inhaltlichen Verständnis dient. Zur Geschichte mit dem Schüler Tief kann die Anregung lauten:

Herr Keuner erläutert seine Antwort am Beispiel des Fischhandels. Überlegen Sie sich ein anderes Beispiel und formulieren Sie mit ihm die Antwort von Herrn Keuner.

Zur Geschichte Mühsal der Besten ließe sich als Aufgabe formulieren:

Stellen Sie sich vor, der Fragende führe den Dialog weiter. Was könnte er zur Antwort von Herrn Keuner sagen? Und was würde dann Herr Keuner sagen? Schreiben Sie eine solche Fortsetzung der Geschichte.

Nahe läge z. B. die folgende Reaktion des Fragenden: „Warum machen Sie sich dann überhaupt die Mühe? "

Text von Jürg Schubiger

Der folgende Text des Schweizer Autors Jürg Schubiger (F 14.3 M) irritiert durch seine Surrealität. Schubiger hatte Germanistik, Psychologie und Philosophie studiert und war als Verleger, Psychologe und freier Schriftsteller tätig. Sein Studium hatte er mit einer Dissertation zu Kafkas *Verwandlung* abgeschlossen – diese literarische Tradition ist in seinen Geschichten sichtbar.

Jürg Schubiger
Lange Seelen

Menschen, die oft traurig sind, haben eine zu lange Seele. Da diese ihnen bis über die Schuhe reicht, treten sie darauf, wenn sie gehen, und stolpern darüber, oder sie haben die Schultern emporgezogen, weil sie den Saum der Seele hochheben.

Es gibt auch kurze Seelen. Sie gehören Menschen, die lange lustig sind und plötzlich zu frieren anfangen.

Doch von diesen soll hier nicht die Rede sein, sondern nur von den langen Seelen, über die man bei jedem Schritt stolpert, die man im Himmel, wo sie sichtbar sind, am schmutzigen Saum erkennen kann und vor allem am stärkeren Flattern, vorausgesetzt, dass ein Wind geht – oder im Fegefeuer ein Durchzug oder in der Hölle ein Blasbalg. Nur von diesen, den langen Seelen, soll hier, wie gesagt, die Rede sein.

Aus: Franz Hohler (Hrsg.) ²1982: 111 einseitige Geschichten. Erstveröffentlichung 1981 Darmstadt und Neuwied, S. 38

Surreal wirkt diese Geschichte dadurch, dass der abstrakte Begriff „Seele" ganz konkret gefasst wird. Das beginnt schon mit der Überschrift, in der den Seelen sichtbare Größe zugeschrieben wird. Als Leser versucht man, die konkreten Beschreibungen als bildliche Ausdrücke zu verstehen – das ist man bei literarischen Texten ja gewohnt –, aber hier will das nicht so recht gelingen. Was soll das bedeuten, dass die langen Seelen bis über die Schuhe reichen und dass sie einen Saum haben, der schmutzig wird? Bei Schubiger weiß man nie, ob hinter seinen Imaginationen ein tieferer Sinn steckt oder ob er einfach mit der Sprache und mit Vorstellungen spielt. Man kann versuchen, einen Sinn zu entdecken – man sollte das allerdings durchaus spielerisch tun, als Versuch mit offenem Ausgang. Die Arbeitsanregung (F 14.3 AB) für die Schülerinnen und Schüler könnte deshalb lauten:

Wenn Sie beim Lesen von Schubigers Text den Kopf schütteln, dann geht es Ihnen wie den meisten Lesern. Vielleicht würde Jürg Schubiger, wenn er das sähe, sogar denken: Dann habe ich ja erreicht, was ich wollte. Aber er hätte sicher auch nichts dagegen, wenn man versucht, seinem Text einen Sinn oder mehrere Sinnmöglichkeiten abzugewinnen. Sie können sich z. B. die folgende Frage stellen: Ergibt es einen Sinn, sich vorzustellen, dass traurige Menschen über ihre lange Seele stolpern?

Sie können den Text von Schubiger auch weiterdichten. Schubiger hört mit dem Satz auf „Nur von diesen, den langen Seelen, soll hier, wie gesagt, die Rede sein." Das klingt so, als würde nun noch mehr über die langen Seelen gesagt. Versuchen Sie, dies zu tun!

Sie können auch einen Text mit dem Titel Kurze Seelen oder Dicke Seelen schreiben.

15. Vom Vorteil der Überwachung – ein satirischer Text von Lutz Rathenow (ab 10. Schuljahr)

Besonders berücksichtigte Bezüge zu den Kompetenzen literarischen Lernens (Teil C):
▸ 3 Sprachliche Gestaltung aufmerksam wahrnehmen
▸ 10 Prototypische Vorstellungen von Gattungen/Genres gewinnen

Lutz Rathenow hat die DDR als kritischer Schriftsteller erlebt; er wurde zweimal verhaftet und wurde vom Studium ausgeschlossen. Etwa 15000 Seiten Stasi-Akten über ihn sind vorhanden. Die Erfahrungen mit einem Unrechtsstaat werden in der kleinen Satire, die hier für den Unterricht vorgeschlagen wird, sichtbar. Der Text (F 15 M) ist allerdings neueren Datums und nimmt satirisch gegenwärtige Entwicklungen der Überwachung aufs Korn.

Lutz Rathenow
Ein Bewerbungsschreiben. August 2009
Sehr geehrte Geschäftsführung, ich beglückwünsche Sie zur gelungenen Werbeaktion, die Mitarbeiter-Überwachung erweist sich als voller Erfolg. Sie sind in aller Munde. Und selbst die, die sich empören, wollen im Unterbewusstsein eigentlich beachtet – also beobachtet – werden. Beobachten und Beobachtet-werden-wollen sind Ur-Bedürfnisse des Menschen, lassen Sie sich da kein schlechtes Gewissen einreden. Warum nur innerhalb Ihrer Geschäftsräume die Kameras einsetzen? Interessanter wäre zu erfahren, was Ihre Mitarbeiter außerhalb der Arbeitsstelle so treiben. Stellen Sie Freundlichkeitsprämien in Aussicht, das sage ich Ihnen als ehemaliger leitender Mitarbeiter eines ehemaligen Ministeriums, das die Überwachungskünste als kreatives Handwerk pflegte. Unser Fehler war, die allgegenwärtige Überwachung nicht auch mit positiven Erlebnismöglichkeiten zu verknüpfen: Prämien für den schönsten Bericht zum Beispiel, ein paar nette Schnappschüsse den Leuten ab und zu für das Familienalbum schenken. Und schon ist die Stimmung der Observierten gegenüber ihren Observateuren besser. Und wenn Sie erst mit außertariflichen Prämien für die freundlichsten Mitarbeiter locken, lächeln Ihre Angestellten plötzlich in alle Richtungen, bedienen eifriger – sie wissen ja nie, wo die nächste Kamera steckt.
Zu meinen Beratungsdienstleistungen gehört es zu errechnen, ob sich das technische Gerät von der Steuer besser unter den Betriebs- oder den Werbekosten absetzen lässt. Ihre Kaufeinrichtung in meiner Nähe unterzog ich einem konspirativen Blitzbesuch: überdurchschnittlich frequentiert, einige spähten nach den erwähnten Minikameras – einer wollte ein Set für zu Hause: aber nur um das Verhalten seiner Katze zu studieren, keinesfalls das seiner Frau.
Ich entwickle gern Vorschläge, wie Sie die neue Neugier nutzen können: Lassen Sie die Kunden nach Kameras suchen, in manchen Löchern deponieren Sie Gutscheine – gehen Sie positiv und selbstbewusst mit der Tatsache um. So eine Überwachung kostet. So viel sind Ihnen Ihre Kunden wert – und ohne Überwachungssteuer. Das Problem des Finderlohnes löst sich so auch – keiner kann behaupten, er habe etwas Verlorenes aufgespürt – die Sachlage bei versehentlich aufgefundenem Überwachungsgerät verlangt noch nach Präzedenzurteilen. Um effizient zu sein, reicht es jedenfalls nicht, überall Kameras anzubringen und Aufzeichnungen über Leute anzufertigen. Wie oft diese zum Beispiel die Toilette besuchen. Wenn schon, sollte analysiert werden, was da hinten rauskommt – solange noch keine Datentransfers von der Krankenversicherung möglich sind.
Haben Sie Ihre bisherigen Detektive von Profis gegenchecken lassen? Gerade Überwacher benötigen permanente Kontrolle. Effizient wird die erst, wenn sie Zersetzungsmaßnahmen plant, um die Leute aktiv zu beeinflussen. Man muss sie subtil und sensibel fertigmachen. Also einen relativ arbeitsunfreudigen Mitarbeiter zum Beispiel dazu anhalten, noch fauler zu sein, damit er wegen offensichtlicher Arbeitslust disziplinarisch belangt und endlich entlassen werden kann. Geld lässt sich auch mit guten Botschaften verdienen. Sie wissen über das aktuelle Liebesleben Ihrer Mitarbeiter Bescheid? Berechnen Sie für neu auf der Arbeitsstelle zueinandergefundene Pärchen eine Vermittlungsgebühr – ähnlich der bei einer Partneragentur. Wer heimlich raucht, den sollten Sie aber nicht entlassen! Menschen mit schlech-

tem Gewissen sind belastbare Arbeitskräfte, die machen alles für den, der sie bezahlt. Im Grunde geht es immer um Treue und Belastbarkeit. Auch regelmäßige Stammkunden sollten erfasst und deren Einkaufsverhalten analysiert werden. So kann man die einen mit gezielten Tipps zu mehr Einkäufen animieren, auf der anderen Seite lassen sich Dauerangrabscher und Kaufverweigerer herausfinden. Über unzuverlässige Mitarbeiter und Kunden legen Sie „Operative Vorgänge" an. Schön verschlüsselt; nicht jeder Journalist, der versehentlich ein Blatt vor die Augen bekommt, muss gleich wissen, wovon die Rede ist.

Und lassen Sie sich vor allem kein schlechtes Gewissen einreden! Sie sind noch lange keine Stasi, schließlich liquidieren Sie niemanden und sperren keinen ein. Zumindest nicht, solange Sie diese Gefängnisse selbst finanzieren müssten. Wenn natürlich durch eine umfassende Privatisierung der Strafvollzugsanstalten sich auch dieser Markt öffnete – die Synergieeffekte sind gewaltig, wenn überlagerte Lebens-, Reinigungs- und andere Mittel aus Ihren Regalen kostengünstig im Privatknast verwendbar werden. Jeder Mensch hat ein Recht darauf, überwacht zu werden. So nimmt man ihn ernst.

Ich beende meinen Brief mit potentiell dienstbereitem Gruß, Ihr Markus-Erich Zuverlässig. Lebensdesigner.

Aus: Lutz Rathenow 2010. Klick zum Glück. Prosa. Weimar, S. 83–85 (Erstauflage im gleichen Jahr).

Zwei Druckfehler sind in Absprache mit dem Autor korrigiert.

Für heutige Schülerinnen und Schüler dürften einige DDR-Anspielungen erklärungsbedürftig sein:

▸ „eines ehemaligen Ministeriums": Damit ist das Ministerium für Staatssicherheit, der Geheimdienst der DDR, gemeint;

▸ „Zersetzungsmaßnahmen": Sie wurden von der Staatssicherheit gezielt eingesetzt;

▸ „Operative Vorgänge": Damit sind Überwachungsaktionen der Staatssicherheit gemeint;

▸ „Stasi": Abkürzung für Staatssicherheit;

▸ „Markus-Erich": Der Vorname des Verfassers des Briefes ist eine Anspielung auf Erich Mielke, Minister für Staatssicherheit 1957 1989, und Markus Wolf, Chef der Auslandsspionage 1951–1986.

Manche Aussage im satirischen Brief ist auch sonst nicht auf Anhieb verständlich und erfordert eine zweite Lektüre; am schwierigsten mag die Bemerkung zum Finderlohn sein: „Das Problem des Finderlohnes löst sich so auch – keiner kann behaupten, er habe etwas Verlorenes aufgespürt – die Sachlage bei versehentlich aufgefundenem Überwachungsgerät verlangt noch nach Präzedenzurteilen." Man könnte die Stelle folgendermaßen erläutern: Wenn alles überwacht wird, dann ist auch nichts wirklich verloren, sondern mit der Kamera zu finden. Damit erübrigt sich das Zahlen von Finderlohn. Schwieriger wird es, wenn jemand eine Überwachungskamera findet; der fiktive Briefschreiber meint, man müsse ein erstes Urteil zu einem solchen Fall abwarten, ein sog. Präzedenzurteil, an das sich die Rechtssprechung dann halten kann.

Es gibt von Rathenow einen weiteren Kurzprosatext zum Thema Überwachung (*Die Kamera*), der eventuell zusätzlich einbezogen werden kann. Er steht in Rathenows Band *Fortsetzung folgt. Prosa zum Tage* (Weilerswist: Landpresse 2004, S. 52–54), auch abgedruckt in dem von mir herausgegebenen Band *Geschichten 9/10* (Berlin 2009, S. 50–52).

Vorschläge für den Unterricht

Im Unterricht eignet sich der Text dazu, Gestaltungsmerkmale der Satire herauszustellen. Dabei denke ich nicht an das Herausarbeiten allgemeiner Merkmale der Satire (diese sind keineswegs einheitlich), sondern an Beobachtungen, wie Rathenow die satirische Wirkung erzielt (F 15 AB).

> Untersuchen Sie, mit welchen sprachlichen Mitteln Lutz Rathenow die satirische Wirkung erzielt. Kategorisieren Sie Ihre Beobachtungen und ordnen Sie Formulierungsbeispiele aus dem Text zu.

Hier sind einige mögliche Beobachtungen zusammengestellt:

▸ Etwas Fragwürdiges wird mit positiven Ausdrücken belegt, z. B. bezogen auf die Anwerbung von Überwachungsmitarbeitern „beglückwünschen", „gelungen", „voller Erfolg", „in aller Munde" usw. Diese lobhudelnden Formulierungen wirken einschmeichelnd.

▸ Gegenwärtige Entwicklungen werden mit Anspielungen auf ein früheres kriminelles System verknüpft und damit in ein fragwürdiges Licht gerückt.

▸ Absurde psychologische Argumente werden vorgebracht: „Beobachten und Beobachtet-werden-Wollen sind Urbedürfnisse des Menschen", „positive Erlebnismöglichkeiten" zur Hebung der „Stimmung der Observierten gegenüber ihren Oberservateuren", „Jeder Mensch hat ein Recht darauf, überwacht zu werden. So nimmt man ihn ernst."

▸ Wortneubildungen werden für fragwürdige Maßnahmen kreiert: „Freundlichkeitsprämien", „Zersetzungsmaßnahmen", „Dauerangrabscher und Kaufverweigerer herausfinden" und schließlich als letztes Wort des Textes: „Lebensdesigner".

▸ Sprachformeln aus der heutigen Welt des Managements werden in den Kontext der Überwachungsoptimierung gestellt: „Prämien für …", „Beratungsdienstleistungen", „gehen Sie positiv und selbstbewusst mit der Tatsache um", „sich auch dieser Markt öffnete".

Die Satire von Rathenow kann ferner als Anregung dienen, selbst einen satirischen Text zu schreiben; dazu habe ich zwei Arbeitsaufträge formuliert:

Nehmen Sie an, Markus-Erich Zuverlässig sei inzwischen Vertreter einer Firma, die Überwachungskameras verkauft. Schreiben Sie einen Brief, den er an den Rektor Ihrer Schule schreibt und in dem er Vorschläge für bessere Überwachung in der Schule macht – mit dem Hintergedanken natürlich, entsprechende Ausrüstung dann verkaufen zu können.

Nehmen Sie an, der Besitzer einer Supermarktkette wolle ein neues Überwachungssystem mit Kameras in seinen Filialen einführen. Da er weiß, dass so etwas auf Widerstand stoßen kann, informiert er die Belegschaft in einem offenen Brief, in dem er Vorzüge des neu einzuführenden Systems schildert. Schreiben Sie diesen Brief im Stil einer Satire.

Die Beschäftigung mit dem Text von Lutz Rathenow lässt sich verbinden mit einer Diskussionsübung, in der auf eine aktuelle Debatte zu Überwachung oder Datenspeicherung Bezug genommen wird.

16. Schreiben zu Kurzprosatexten von Botho Strauß (Sekundarstufe II)

Besonders berücksichtigte Bezüge zu den Kompetenzen literarischen Lernens (Teil C):
▸ 3 Sprachliche Gestaltung aufmerksam wahrnehmen
▸ 4 Perspektiven literarischer Figuren nachvollziehen

Im Band *Paare Passanten* von Botho Strauß (München: dtv 1984, Erstausgabe © Carl Hanser Verlag München 1981, S. 114) ist ein kurzer Text enthalten, der als Charakterisierung seines Schreibstils gelten kann:

Ich mag nur noch sagen: ‚ein Haus‘. Es ist mir zuwider zu sagen: ‚ein Fachwerkhaus‘, ‚ein Klinkerbau‘, ‚ein Mauerverputz wie Streuselkuchen‘ usw. Jede Art von sondernder Beschreibung wirkt am Unheil der Zerstreuung und der Überinformation mit, durch das wir ohnehin schon bedroht genug sind. Schreiben heißt auch, gegen den individuellen Blick vorgehen, das treffende Detail abwehren. Wir haben zu lange vom Reichtum der Differenz gelebt. Das Grobe und das Gleiche sind das Interessante; das Wirkliche ist das Wenige.

Viele Kurz- und Kürzestprosatexte im Band *Paare Passanten* und in dem einige Jahre später erschienenen Band *Niemand anderes* zeigen eine entsprechende Stiltendenz. Sie vermitteln einen präzisen Blick auf Alltägliches und eröffnen durch Aussparung zugleich einen Assoziationsspielraum. Beides kann Anregung für kreative Schreibaufgaben sein. An einem ersten Beispiel zeige ich, wie sich Schülerinnen und Schüler von einem Botho-Strauß-Text anregen lassen; anschließend schlage ich drei weitere Texte mit Arbeitsanregungen vor.

(F 16.1 M u. AB)

Botho Strauß: [aus *Paare Passanten*]

Der Einsamkeits-Kasper, der seinen äußeren Anschein, allein dazusitzen am Restaurant-tisch, kaum ertragen kann, mehrmals geschäftig und steif zum Buffet läuft und den Telefon-apparat zurechtrückt, um schließlich seine eigene Nummer zuhaus zu wählen, der in seinem leeren Zuhaus anruft und so, mit dem Hörer in der Hand und der Miene gewichtiger Erwar-tung auf dem Gesicht, sich gewappnet und beschäftigt genug fühlt, um die Leute, die paar-weise im Restaurant sitzen und von denen er sich niedergestarrt fand, ringsum ins Auge zu fassen, der nach einigen Minuten mit einem gekünstelten Seufzer der Enttäuschung den Hörer wieder auflegt und zu seinem Tisch zurückkehrt.

Aus: Botho Strauß: Paare Passanten. München: dtv 1984 (Erstausgabe © Carl Hanser Verlag München 1981), S. 155

Schreibanregung:

Verfassen Sie in formal ähnlicher Weise einen Text über

- ▸ Der/die Sprungbrettängstliche
- ▸ Der/die Kaufunschlüssige
- ▸ Der/die Briefsüchtige
- ▸ Der/die Vortragsschläfer(in)
- ▸ Der/die Frauen(Männer)schüchterne
- ▸ Der/die Unternehmungsunschlüssige

Zu dieser Schreibanregung haben Schülerinnen und Schüler einer 12. Klasse Tex-te geschrieben und ins Internet gestellt (http://www.fedor-pellmann.de/Kreativ/home.htm, Zugriff 14.03.02, inzwischen gelöscht). Eines der Beispiele lautet:

S

Der Frauenschüchterne

Der Frauenschüchterne, der jeden Abend in das nahegelegene Café geht, um dort endlich einmal auf seine Traumfrau zu treffen, sich aber nicht traut, eine Frau anzusprechen, aus Angst vielleicht, eine Abfuhr zu erhalten, der dann stundenlang an einem Glas Wasser schlürft und darauf wartet, von einer Frau angesprochen zu werden, weil es ihm dann leich-ter fällt, ein Gespräch mit ihr zu führen und um sich eventuell noch ein weiteres Mal mit ihr zu treffen, der aber ohne dass sich seine Erwartungen erfüllt haben, sein Getränk bezahlt und danach wieder einmal nach Hause geht, um sich auf seinen nächsten Café-Besuch vorzubereiten.

Der Text zeigt, wie Aufbau und Stil des Strauß-Textes übernommen werden, nämlich Relativsätze in Abhängigkeit von einem einleitenden Substantiv, das ohne Prädikat den Hauptsatz vertritt. Der Inhalt ist ein anderer und doch liegt auch inhaltlich eine Übernahme vor: Es geht um das Verhalten eines Einzelnen mit Hemmungen, um einen Versuch der Kontaktaufnahme und am Schluss um eine Rückkehr in die Situation der Einsamkeit. Man könnte sagen, dass der Strauß-Text sowohl formal als auch inhaltlich Anregung gegeben hat. Die Schülerinnen und Schüler empfinden ihre Texte dabei durchaus als Ausdruck eigener Erfahrungen; auf der Internetseite haben sie ihre Texte mit dem folgenden Satz eingeleitet: „Diese Seite ist ein Gemeinschaftsprojekt der Klasse F 12 cW. Sie gibt die Lebensgefühle und Schriftwerke einzelner Schüler wieder." Interessant ist dabei, dass die Texte nicht unbedingt direkte Wiedergabe persönlicher Erlebnisse sind: *Der Frauenschüchterne* ist von einer Schülerin verfasst! Es geht also auch um einen Prozess der Perspektivenübernahme.

Ein weiteres Schülerbeispiel bezieht sich auf eine andere Erfahrung, die viele Jugendliche kennen: Unschlüssigkeit beim Shoppen:

Der Kaufunschlüssige

Der Kaufunschlüssige, der es furchtbar findet, in einem Laden zu stehen, sich nicht entscheiden zu können, sich ständig zu fragen, welches der ausgewählten Sachen zu kaufen, sich immer wieder auf ein Neues beraten zu lassen und dennoch nicht zu wissen, welcher Gegenstand besser, schöner, bequemer und am gebräuchlichsten ist, weil dies ja sehr wichtig für ihn ist, aber alles ihm immer so gleich wertvoll, gleich schön und gleich gut erscheint und er deswegen so lange überlegen muss, bis er sich entscheiden kann, bis er sich schon beobachtet fühlt, bis die Verkäufer genervt sind und er immer noch nicht weiß, welches der zwei, drei oder vier Dinge er kaufen soll und sich zum Schluss dafür hasst, dass er sowieso alles kauft und kein Geld mehr in der Tasche für neue Sachen hat, die er gerne haben möchte …

Trotz einiger Ungeschicklichkeiten gelingt auch in diesem Text eine reizvolle Situationsbeschreibung, die das darstellerische Grundmuster von Botho Strauß aufgreift. Sehr gelungen wirkt die Dreierfigur mit „gleich … gleich … gleich" und „bis … bis … bis", die im Strauß-Text nicht vorgegeben ist.

Schließlich sei noch ein Text aus einer 11. Klasse, eine Gemeinschaftsarbeit von zwei Schülern, vorgestellt, der in enger Anlehnung an den Strauß-Text beginnt, aber dann die syntaktische Struktur mit fehlendem Hauptsatzprädikat nicht durchhält; inhaltlich zeigt die geschilderte Situation in mehrfacher Hinsicht Analogien zur Vorlage. Anders als die beiden vorigen ist dieser Text nicht für eine Internetveröffentlichung überarbeitet:

Der Sprungbrettängstliche, der seinem Äußeren Anschein nach alles andere als ängstlich ist, der jeden Tag mindestens 2 Frauen mit nach Hause nimmt und seinen Freunden permanent beweisen will, was für ein toller Hengst er ist, wird beim bloßen Anblick eines Sprungbretts kreidebleich und sein Herz rutscht ihm in die sonst so männlich ausgeprägte Hose. Genau in dieser Situation, die seine Männlichkeit deutlich infrage stellt, befindet er sich gerade, nachdem seine Freunde ihn Feigling genannt hatten und unser „Hengst" dies nicht auf sich sitzen lassen konnte, steigt er, sich seiner Männlichkeit bewusst, auf der Leiter den 5-Meter-Turm hinauf, der von oben so hoch aussieht, der ihm so Angst macht, er jedoch trotzdem unbedingt springen will, da er kein Feigling sein will, seinen ganzen Mut zusammen nimmt ... und ganz männlich auf der Leiter wieder nach unten geht.

Wenn man den Schreibauftrag, wie oben angeregt, ohne vorangegangene Textanalyse erteilt, muss man damit rechnen, dass auch Texte zustande kommen, bei denen die formale Anlehnung an den Text von Botho Strauß wenig ausgeprägt ist. Eine Analyse des Ausgangstextes kann dem vorbeugen, kann sich u.U. aber auch etwas hemmend auf die kreative Entfaltung von Schreibideen auswirken.

Weitere Schreibanregung
Der Text vom „Einsamkeitskasper" eignet sich auch zum Umschreiben in veränderter Perspektive; dazu kann ein Arbeitsvorschlag mit zwei Möglichkeiten gemacht werden:

Schreiben Sie den Text von Botho Strauß um
- im Stil einer traditionellen Kurzgeschichte, beginnen Sie mit „Er saß am Restauranttisch ganz hinten im Raum ..."
- in Ich-Form, beginnen Sie mit „Warum auch war ich ins Restaurant gegangen? ..."

Der vorgeschlagene Anfangssatz zur Ich-Form regt an, dass das schreibende Ich das Geschehene nicht nur erzählt, sondern auch darüber nachdenkt.
Zu einem weiteren Text von Botho Strauß (F 16.2 M u. AB) schlage ich eine dreiteilige Schreibaufgabe vor, die nacheinander von drei Schreibenden auszuführen ist:

Botho Strauß

Frau auf der Bettkante

Aus dem Schlaf gerissen von seiner Abwesenheit, allein im gemeinsamen Hotelzimmer, vor Morgengrauen noch, die Hände zwischen die Knie gepreßt, den Kopf leicht angehoben, den Blick zur Seite gesenkt – zur Besinnung kommen, heißt es nicht fassen können.

Was soll ich tun? Eine Entscheidung treffen? Keine Entscheidung treffen? Warten? Handeln? Warten worauf? Handeln was? Er ist weg. Er ist wirklich abgereist! Hierbleiben, allein, auf dem Hotelzimmer?

Sein Jähzorn, Vernichtungskoller, seine unbeherrschte Bosheit. Sie mußte sich wehren, und dann konnte sie nicht mehr zurück. Unmöglich, einzulenken. Jetzt, weit weg von zuhaus, plötzlich aus heiterem Himmel, Aufbruch im Zorn, das Ende. Er ist wirklich weg! Wie wenig kann ich ihm noch bedeuten, wenn er imstande ist, tatsächlich abzureisen. Diesmal ist es ein tiefer, kalter Schnitt. Nicht wiedergutzumachen. Hin und her reißt es sie zwischen erbittertem Stolz und reumütigem Gewinsel. So kann er nicht umgehen mit einem anderen Menschen! Das muß er für immer wissen. Aber, was soll's, nur eine Episode, in Wirklichkeit nur ein kleiner fieser Zwischenfall in unserer langen, großen Geschichte. Eine Gewalttat, ja, abscheulich, aber sie zeigt doch aufs neue: nichts ist erschöpft zwischen uns, nichts gleichgültig geworden.

Was werde ich tun? Was fange ich an? Allein in dieser verdammten Stadt. Es ist noch so früh. Ich werde zu Mittag essen unten am Hafen. Genau dort, wo wir gestern waren. Ich werde ins Kino gehen. Einen Spaziergang machen im Park. Mit den alten Straßenbahnen fahren. Ich sitze in der Fremde fest. Verstehe die Sprache nicht. Alles um einen herum ist höhnische Maskerade.

Gestern noch war es gut zu ertragen. Einander die Arme um die Hüften gelegt. Viel gesehen, viel Freude gehabt. Soviel gleiche Schritte! Was haben wir nicht alles schon hinter uns gebracht! Wie wenig bedeuten dagegen die wilden Störungen, Ausfälle, die immer wieder dazwischenfahren wie der Blitz. Letztlich gehören sie zu unserer Geschichte. Letztlich haben sie uns immer enger und kräftiger zusammengetrieben. Aber es gibt eine Grenze. Es gibt Verletzungen, die nicht mehr zu ertragen sind. Wunden, durch die auch die größte Geschichte langsam verrinnt und ausläuft. Das war exakt der falsche Zeitpunkt, mir seine Kaltblütigkeit zu beweisen. Seine angebliche Unabhängigkeit. Ort und Zeit exakt falsch gewählt. Dein erbärmlicher kleiner Stolz interessiert mich nicht, er stößt mich ab! Es ist in meinen Augen der Stolz eines zeternden Gnoms! Das bist nicht DU, und diese Brutalität, einfach davonzulaufen, diese lächerliche Strafaktion! Wozu das Ganze? Um mir eine Lehre zu erteilen? Mein Gott! Was für eine Kraftleistung an Rücksichtslosigkeit und Selbstüberschätzung! Oder gab es etwas, das ihn wirklich quälte? Nein. Der nackte Zorn. Sonst nichts.

Es kommt darauf an, den Tag einigermaßen planvoll einzuteilen. Bloß nicht hier sitzen bleiben!... Aber weg vom Telefon? Das Telefon verlassen? Ein einziger Anruf könnte die Befreiung bringen. So ungeheuerlich er auch wäre. So unversöhnlich ich auch erwidern müsste. Nein, mein Freund, mein Herz, es geht nicht mehr ... Das Telefon. Es wäre zu erniedrigend, sich auch davon noch abhängig zu machen. Ich muß raus hier. Es heißt Lissabon, wo ich bin, und ich werde einfach hineingehen und sehen, sehen. Vielleicht später eine Weile vor den Bildern sitzen im Museum. Die nehmen einem etwas von der Fremde. Ein Tag, zwei Tage. Eine halbe Woche vielleicht. Ich werde ihm ganz bestimmt nicht nachreisen. Ich schreibe einen Brief. Ich schreibe keinen Brief.

Er soll sich wundern, bloß das. Oh, es ist zu schlimm. Ich kann es nicht fassen, ich kann mich nicht rühren. Es übertrifft alles, was an Gemeinem bisher geschah. Meine Liebe braucht keinen Peitschenhieb, sie ist nicht müd! Aber, wenn ich's mir vorstelle jetzt, plötzlich käm er herein, sich anstarren und umarmen, lichterloh, alles vergeben-vergessen. Nein. Kann ich mir nicht vorstellen. Ich bin ziemlich sicher, dass ich es weder wünsche noch könnte. Diesmal ist es ein Riß, und seine Spur ist da, die zum Ausgang führt. Er wird der Verlierer sein und er wird sich wundern, wie er leiden muß. Mein Mut wird hart, ich merke es und es erleichtert mich.

Sicher ist nicht einmal, ob er heut noch bis nach Hause kommt.

Vielleicht fährt er ein paar Tage in die Schweiz. Vielleicht zum Bruder. Sicher ist nur, daß er in der Maschine nach Frankfurt sitzt. Sitzt wie? Die Zeitung liest. Whisky trinkt, den Imbiß nimmt? … Ich bin ihn nicht los – er ist mich nicht los. Da mag er sich gediegen zurücklehnen in welchem Sessel und an welchem Ort des Himmels und der Erde auch immer.

Aus: Botho Strauß: Niemand anderes. München: dtv 1990 (Erstausgabe © Carl Hanser Verlag München 1987), S. 14–16

Lesen Sie den Text von Botho Strauß. Schreiben Sie selbst einen Text mit dem Titel *Mann im Flugzeug*. Stellen Sie sich dazu den Ehemann der Frau vor, von der der Strauß-Text handelt. Geben Sie dann Ihren Text an einen nächsten Schreiber oder eine Schreiberin weiter.

(nach der Weitergabe:)
Lesen Sie den Text über den Mann im Flugzeug. Schreiben Sie einen Brief des Mannes an seine Frau. Geben Sie dann Ihren Text und den über den Mann im Flugzeug weiter.

(nach der Weitergabe:)
Lesen Sie die Texte Ihrer Mitschüler(-innen). Schreiben Sie einen Antwortbrief der Frau.

Der Text von Botho Strauß hat die Form eines inneren Monologs, mit Ausnahme des ersten Absatzes, der kein „ich" und kein "er" enthält und der wegen der Außensicht auf die Situation eher als Erzählerrede aufzufassen ist. Im dritten Absatz gibt es einen kurzen Einschub in Sie(Er)-Form: „Sie musste sich wehren, und dann konnte sie nicht mehr zurück." Die „sie"-Formulierung erklärt sich dadurch, dass das monologisierende Ich (die Frau) hier auf ein früheres Verhalten zurückblickt (deshalb Wechsel ins Präteritum), sich selbst also sozusagen von außen betrachtet. Der erste Arbeitsauftrag für die Schülerinnen und Schüler fordert nicht eine Erzählperspektive wie bei Strauß ein; die Schülerinnen und Schüler können also die Ich- oder die Er-Form wählen.

Für ein Gespräch nach dem Vorlesen von Schülertexten können vor allem Überlegungen zum Brief der Frau interessant sein: Ist ihre Reaktion auf den Brief des Mannes vor dem Hintergrund dessen, was der Text von Botho Strauß zum Ausdruck bringt, plausibel? Die Gedanken der Frau im Strauß-Text sind durchaus schwankend; in den Schülertexten können deshalb unterschiedliche Figureninterpretationen zutage treten, was zum Austausch im Gespräch anregt und einen erneuten Blick auf den Text von Botho Strauß nahelegt.

Als weitere Anregung zu Botho Strauß schlage ich hier zwei seiner Kürzestgeschichten vor, die beide die Wiederbegegnung mit einer ehemaligen Geliebten zum Thema haben:

(F 16.3 M u. AB)

Botho Strauß
Die Frage
Jene junge Frau mit der kantigen Frisur, violettbraunem Haar, im Ton der Rotbuche, hochkurzgeschnitten im Nacken, mit großer Stirnlocke, in einem alten Mantel mit Fischgrätenmuster, die langen Beine in abgetragenen geschlitzten Röhrenhosen, smaragdgrüne Schuhe mit halbhohen Absätzen, den Mantel mit den Händen in den Taschen über den Bauch zusammendrückend ... „Was ist?" fragt sie launig den Mann, der die Eintretende ungläubig anstarrt, er, zu dem sie nach so langer Zeit aus heiterem Himmel zurückgekehrt ist.

Aus: Botho Strauß: Niemand anderes. München: dtv 1990 (Erstausgabe © Carl Hanser Verlag München 1987), S. 113

Die Kürzestgeschichte *Die Frage* kann ohne Titel ausgegeben werden mit der Aufforderung, selbst einen Titel auszudenken. Es wird kaum ein Schüler oder eine Schülerin den Titel *Die Frage* vorschlagen; das gibt Anlass zur Überlegung, warum Strauß diesen Titel gewählt hat. Akzentuiert wird mit dem Titel, dass das eigentlich Überraschend-Unerhörte nicht so sehr die Rückkehr der Frau, sondern ihre Äußerung ist.

Überlegen Sie sich einen Titel für den Text.

Eine weitere kreative Arbeitsmöglichkeit besteht im Weiterschreiben des Textes, z. B. beginnend mit einer Äußerung des Mannes:

Schreiben Sie den Text von Botho Strauß weiter. Sie können z. B. mit einer Äußerung des Mannes beginnen.

Der Text ist auch für eine Textanalyse und -interpretation interessant. Dazu bietet sich ein Vergleich mit dem Text über den „Einsamkeits-Kasper" im Hinblick auf die sprachliche Gestaltung an. Der erste Teil von *Die Frage* enthält kein Hauptsatzprädikat, im zweiten Teil dominieren die Relativsätze; beides sind Charakteristika auch des Textes vom „Einsamkeits-Kasper". Dieser endet mit „zurückkehrt", *Die Frage* mit „zurückgekehrt ist".

Mehr auf inhaltliche Interpretation lenkt die Frage, inwiefern die Aufmachung der Frau zu ihrem Verhalten passt – die prägnante Beschreibung ihrer Frisur, Kleidung und Haltung (die Hände in den Taschen) zeigen, dass dies dem Erzähler offensichtlich wichtig ist.

Die folgende Kürzestgeschichte von Botho Strauß handelt ebenfalls von einem Wiedersehen; hier ist es aber nur ein kurzes Wiedererblicken einer ehemaligen Geliebten:

(F 16.4 M u. AB)

Botho Strauß

[aus *Paare Passanten*]

Ich sah aus dem Auto in einer Passantenschar, die die Kreuzung überquerte, die geliebte N., mit der ich – einst! seinerzeit! damals! – gut drei Jahre lang die gemeinsamen Wege ging, sah sie über die Fahrbahn schreiten und auf irgendeine Kneipe zuhalten. Ihr Kopf, ihr braunes gescheiteltes Kraushaar. Und das ist dieselbe, die ich im Tal von Pefkos auf Rhodos, als wir von verschiedenen Enden des Wegs über die Felshügel einander entgegengingen, so bang erwartet habe, in Sorge, es könne sie jemand vom Wegrand her angefallen und belästigt haben, da sie nicht und nicht erschien am Horizont. Das ist dieselbe Geliebte. Im halben Profil flüchtig erblickt, indem sie dahinging und ich vorbeifuhr. Mir ein unfaßliches Gesetz, das so Vertraute wieder in Fremde verwandelt. Verfluchte Passanten-Welt!

Aus: Botho Strauß: Paare Passanten. München: dtv 1984 (Erstausgabe © Carl Hanser Verlag München 1981), S. 75

Im Unterschied zu *Die Frage* endet dieser Text mit einem Kommentar des Erzählers („Mir ein unfaßliches Gesetz ... "). Für ein Unterrichtsgespräch bietet sich die Frage an, was mit „Passanten-Welt" bezogen auf den Text gemeint sein mag und warum sie „verflucht" genannt wird:

Was mag mit „Passanten-Welt!" gemeint sein? Warum wird sie im Text „verflucht" genannt?

Eventuell kann auch ein Bezug zum Titel der Textsammlung (*Paare Passanten*), in der Strauß die Kürzestgeschichte veröffentlicht hat, hergestellt werden. Der kommentierende Schluss kann als Anregung aufgegriffen werden, auch einen kommentierenden Schluss zur Kürzestgeschichte *Die Frage* zu verfassen. Dies unterstützt die Interpretation dieses Textes:

Den vorliegenden Text beendet Botho Strauß mit dem kommentierenden Ausrufesatz „Verfluchte Passanten-Welt!". Formulieren Sie eine derartige Schlussbemerkung zur Kürzestgeschichte *Die Frage*.

Literaturverzeichnis

Bellmann, Werner (Hrsg.) 2004: Interpretationen. Klassische deutsche Kurzgeschichten. Stuttgart.

Bellmann, Werner/Hummel, Christine (Hrsg.) 2006: Interpretationen. Deutsche Kurzprosa der Gegenwart. Stuttgart.

Deutsch 5–10 2010. H. 25 „Kurze Prosa".

Deutschunterricht 2010. 63. H. 2 „Epische Kurzformen".

Förster, Jürgen 1980: Kurzprosa als Spiegel der Wirklichkeit. Didaktische Analysen und Reflexionen von Texten von Aichinger, Bichsel, Musil, Meckel, Böll und Biermann. Bad Honnef/Zürich.

Gelfert, Hans-Dieter 2007: Wie interpretiert man eine Novelle und eine Kurzgeschichte. Stuttgart (Literaturwissen für Schüler).

Göttsche, Dirk 2006: Kleine Prosa in Moderne und Gegenwart. Münster.

Hildebrandt, Klaus/Möhring, Klaus 1973: Texte aus der Arbeitswelt. In: Projekt Deutschunterricht 4. Stuttgart. S. 120–137.

Köppert, Christine 2003: Reisen ins Wunderbare: Märchenlandschaften gattungsnah erkunden. In: Tatjana Jesch (Hrsg.): Märchen in der Geschichte und Gegenwart des Deutschunterrichts. Frankfurt. S. 125–144.

Köppert, Christine 2006: Kurzgeschichte. In: Heinz-Jürgen Kliewer/Inge Pohl (Hrsg.): Lexikon Deutschdidaktik. Band 1. Baltmannsweiler. S. 353–355.

Leubner, Martin/Saupe, Anja 2006: Erzählungen in Literatur und Medien und ihre Didaktik. Baltmannsweiler.

Marx, Leonie [3]2005: Die deutsche Kurzgeschichte. Stuttgart.

Nentwig, Paul [5]1975: Die moderne Kurzgeschichte im Unterricht. Interpretationen und methodische Hinweise. Braunschweig.

Nickel-Bacon, Irmgard 2008: Kurzprosagattungen und literarische Lesekompetenz. Überlegungen zur Prozeduralisierung des Gattungswissens. In: Didaktik Deutsch. Sonderheft. S. 66–77.

Praxis Deutsch 1986. H. 75 „Kurze Geschichten".

Praxis Deutsch 2007. H. 206 „Neue kurze Prosa".

Quinten, Roland 2010: Die Kurzgeschichte im Deutschunterricht. Didaktische Überlegungen zu einem literarischen Unterrichtsgegenstand vor dem Hintergrund eines an Bildungsstandards und Kompetenzen orientierten Deutschunterrichts. Dissertation Braunschweig.

Rohner, Ludwig 1973: Theorie der Kurzgeschichte. Frankfurt a. M.

Rosebrock, Cornelia 2007: Neue kurze Prosa. In: Praxis Deutsch. H. 206. S. 6–16.

Salzmann, Wolfgang [5]1980: Stundenblätter. Kurzgeschichten für die Sekundarstufe I. Stuttgart.

Scheller, Ingo [2]2008: Szenische Interpretation. Theorie und Praxis eines handlungs- und erfahrungsbezogenen Literaturunterrichts in Sekundarstufe I und II. Seelze (zu Kurzgeschichten S. 224–249).

Spinner, Kaspar H. 1984: Moderne Kurzprosa in der Sekundarstufe I. Hannover.

Spinner, Kaspar H. 1995: Die deutsche Kurzgeschichte und ihre Rolle im Deutschunterricht. In: Die Neueren Sprachen. 94. H. 3. S. 231–242.

Spinner, Kaspar H. 2006: Literarisches Lernen. In: Praxis Deutsch. H. 200. S. 6–16.

Stuck, Elisabeth 2008: Neue Ansätze im Literaturunterricht. Didaktische Grundlagen und Methoden. Mülheim an der Ruhr.

Ulshöfer, Robert 1958: Unterrichtliche Probleme bei der Arbeit mit der Kurzgeschichte. In: Der Deutschunterricht. H. 6. S. 5–35.

Werner, Rainer 2009: Kompetent in Kurzgeschichten. Braunschweig (Deutsch S II).

Die Aktualität der Webadressen entspricht dem Stand der Drucklegung.

Übersicht der Texte und Aufgaben im Downloadmaterial

Im Downloadmaterial sind die in Teil F abgedruckten Texte und die vorgeschlagenen Aufgaben enthalten. Die Nummerierung entspricht den Kapiteln in Teil F. Die Texte sind in reformierter Rechtschreibung wiedergegeben. Da die Beschäftigung mit kurzer Prosa nicht in einem Abarbeiten von Arbeitsblättern (Kennzeichnung mit AB) bestehen sollte, sind die Materialien (Kennzeichnung mit M) bewusst nicht als Arbeitsblätter gestaltet. Lehrerinnen und Lehrer können je nach Situation Texte mit oder ohne Aufgaben ausdrucken, diese von vornherein oder erst nach der Textlektüre und einem ersten Gespräch einbringen. Die Aufgaben sind zudem in unterschiedlichen Sozialformen – Klassengespräch, Einzel-, Partner-, Gruppenarbeit, Hausaufgabe – einsetzbar und sind ggf. entsprechend zu variieren.

F 1	M	Die kleine süße Sau	Buch-Seite 69
F 1	AB		Buch-Seite 69,75
F 2	M	Der Tag danach	Buch-Seite 77
F 3	M	Der König und …	Buch-Seite 82
F 3	AB		Buch-Seite 82, 84
F 4.1	M	Von einer Geiß	Buch-Seite 86
F 4.2	M	Grimm Der Wolf 1812	Buch-Seite 88
F 4.3	M	Grimm Der Wolf 1857	Buch-Seite 88
F 4.4	M	Rathenow Der Wolf	Buch-Seite 94
F 4	AB		Buch-Seite 91, 94
F 5	M	Scherben	Buch-Seite 100
F 5	AB		Buch-Seite 100
F 6.1	M	Stadtbefestigung	Buch-Seite 105
F 6.2	M	Wildnis	Buch-Seite 108
F 6.2	AB		Buch-Seite 108
F 7	M	Balder & Söhne	Buch-Seite 110
F 7	AB		Buch-Seite 110
F 8.1	M	Mein Werkzeug	Buch-Seite 117
F 8.1	AB		Buch-Seite 117
F 8.2	M	Der Stein	Buch-Seite 118

F 9.1	M	Er	Buch-Seite 125
F 9.1	AB		Buch-Seite 125
F 9.2.	M	An manchen Tagen	Buch-Seite 131
F 10.1	M	Anekdote	Buch-Seite 134
F 10.2	M	Schlechter Lohn	Buch-Seite 134
F 10.3	M	Franzosenbilligkeit	Buch-Seite 135
F 10	AB		Buch-Seite 138
F 11	M	So! Dich hab ich	Buch-Seite 139
F 11	AB		Buch-Seite 142
F 12	M	Heute ist Sonntag	Buch-Seite 142
F 12	AB		Buch-Seite 145
F 13	M	Der Koffer	Buch-Seite 146
F 13	AB		Buch-Seite 146
F 14.1	M	Vor dem Gesetz	Buch-Seite 155
F 14.2	M	Aus den Keunerge-schichten	Buch-Seite 158
F 14.2	AB		Buch-Seite 158
F 14.3	M	Lange Seelen	Buch-Seite 159
F 14.3	AB		Buch-Seite 160
F 15	M	Ein Bewerbungsschrei-ben. August 2009	Buch-Seite 160
F 15	AB		Buch-Seite 160
F 16.1	M	Aus Paare Passanten	Buch-Seite 165
F 16.1	AB		Buch-Seite 165
F 16.2	M	Frau auf der Bettkante	Buch-Seite 167
F 16.2	AB		Buch-Seite 167
F 16.3	M	Die Frage	Buch-Seite 170
F 16.3	AB		Buch-Seite 170
F 16.4	M	Aus Paare Passanten	Buch-Seite 171
F 16.4.	AB		Buch-Seite 171

Unter **www.friedrich-verlag.de** finden Sie Materialien zum Buch als Download.
Bitte geben Sie den Download-Code in das Suchfeld ein.

DOWNLOAD-CODE: **d11099kp**

Hinweis:

Download-Material (pdf)

Das Download-Material enthält die Textmaterialien des Teils F und Arbeitsblätter, die Sie bei der Vorbereitung Ihres Unterrichts unterstützen und/oder Ihnen vertiefende Hintergrundinformationen liefern. Als Käufer des Buches (ISBN 978-3-7800-1099-5) sind Sie zum Download dieser Datei berechtigt. Weder die gesamte Datei noch einzelne Teile daraus dürfen ohne Einwilligung des Verlages an Dritte weitergegeben oder in ein Netzwerk gestellt werden. Dies gilt auch für Intranets von Schulen und sonstigen Bildungseinrichtungen.

Der Verlag behält sich vor, gegen urheberrechtliche Verstöße vorzugehen..

**Haben Sie Fragen zum Download? Dann wenden Sie sich bitte
an den Leserservice der Friedrich Verlags GmbH.
Schreiben Sie uns oder rufen Sie uns an!**

Sie erreichen unseren Leserservice
Montag bis Donnerstag von 8 – 18 Uhr
Freitag von 8 – 14 Uhr
Tel.: 05 11/4 00 04-150
Fax: 05 11/4 00 04-170
E-Mail. *leserservice@friedrich-verlag.de*

Wir freuen uns über Ihre Rückmeldungen und helfen Ihnen gerne weiter!